岩波現代文庫／学術 401

新版 天使の記号学

小さな中世哲学入門

山内志朗

岩波書店

小さなまえがき

日本と西洋、現代と中世、人間と神、これらの対立概念の間には大きな断絶と落差と乖離がある。西洋中世の哲学が現代の日本にとっては縁遠いままであるのはその断絶に依るのだろう。どのような場面に現れるのであれ、断絶は様々な感情を引き起こす。戦慄、絶望、無感覚、傍観者としての心など。絶望の中で墜落しかけている人もいるかもしれない。薄い空気を喘ぎながら求めるように。

断絶の中での苦しみは、〈私〉と他者の間の奈落にも現れる。コミュニケーションも時として断絶を引き起こす。なぜ心が伝わらないのか。天使ならばそういった断絶や奈落を軽々と飛び越えていけるのではないか、天使に憧れる気持ちが芽生えてきたりする。

落差や乖離は、中世哲学において、神と人間、存在と無など様々な場面で論じられた。その差異を越えていこうとすることに中世哲学の真髄があった。その差異を語り、心の中で扱おうとして、様々な理論が考え出された。そのなかでも、この本で触れたいのは、神秘主義の「小さな火」、フランシスコの「小さな兄弟の会」の発想などに見出される〈小さなもの〉へのまなざしなのである。人間とは一人一人小さなものなのだ。

無限性と微小なるものとの接合には大事な論点が隠れていると私は思う。中世哲学の中でそれを十分に語るのは大著が必要だろう。豊かに語ることは私にはできないし、それを願うことはしないでいよう。中世哲学を、「小さなものの哲学(philosophia minorum)」として捉えることはできないのか。私はいつもそう思っている。この本は〈小さなもの〉を取り出すための小さな試みなのである。

二〇一九年一月

山内志朗

目次

小さなまえがき

序章　リアリティのゆくえ …… 1

第1章　天使の言葉 …… 11

1　天使に言語は必要なのか …… 13

2　天使の言語論 …… 16

3　言葉の裏切りと他者の裏切り …… 24

4　祈りの言葉 …… 30

5　言葉の受肉 …… 36

第2章　欲望と快楽の文法 …… 41

1　現代のグノーシス主義 …… 42

2　欲望の構造……50
3　欲望の己有化……55
4　欲望の充足可能性……60
5　快楽の技法……73

第3章　聖霊とコミュニカビリティ……87
1　コミュニケーションの多層性……93
2　聖霊論の構図……102
3　名前とコミュニカビリティ……114
4　コミュニカビリティの文法……128

第4章　肉体の現象学……139
1　魂と肉体……141
2　身体の聖性……148
3　身体図式と身体イメージ……153

4　肉体とハビトゥス……166
5　肉体と〈かたち〉……172
第5章　媒介の問題としての〈存在〉……187
1　媒介と共約不可能性……192
2　〈存在〉の一義性……204
3　〈存在〉の中立性……217
4　偶然なるものの神学……229
第6章　普遍とリアリティ……241
1　普遍論争の焦点……246
2　プロティノスの残照……254
3　存在と本質……269
4　普遍から個体へ……279
5　個体化論の構図……286

6 〈このもの性〉という深淵……300
終章 〈私〉というハビトゥス……317
参考文献……329
あとがき……333
文庫版のためのあとがき……339
解説……北野圭介……343
索引

扉絵＝ラスキン『建築の七灯』

序章　リアリティのゆくえ

「自分」とは定かなものではない。とても壊れやすい。「自分」ということのリアリティを見失ったとき、生々しい感覚を求めること、例えば、タバコの火を体に押しつける行為は特異なことなのだろうか。そこまでする人間は少ないとしても、それに類した行為に向かう人は多いのではないだろうか。タバコの火が体に触れるとき、その火は熱い、体中を熱さが駆け抜ける。ところが、そこに不思議なぐらいリアリティはない。いや、自分の感覚という感じがしない。どういうことなのだろう。

確かに、痛み・感覚がある。しかし、「私の痛み」という感じがしないのだ。誰か別の人の痛みなのだ。痛みがあることは確かなのだが、「私」から遠いところにある痛みなのだ。これは何を意味しているのだろう。一時的な離人症ということなのだろうか。

リアリティのなさは、激しく迫り来るとき、決して所在ない退屈さ、空虚さ、空っぽの自分ということにとどまるものではない。けだるい無気力としてではなく、激しく迫り来る。突然口を開け、襲いかかってくる深淵という方が近いだろう。

足を踏み外せば確実に死に至る絶壁の上に、立ちすくんでいる状態に似ているのかもしれない。そんなときに言葉は余計だ。どのような慰めの言葉であっても。

極度のストレス状態にあるときも似たことが起きる。そんなときは、精神を持った人間、言葉を使う人間ではなく、肉体としてのみある人間がほしいことがある。温かさを持った肌だけがリアリティを与えてくれるのだ。

このような生身の肉体でしか感じられない感覚的刺激こそが、リアリティ(現実性)の基本的形式なのだと考える人も多い。空虚な心が内部から「自分」を蝕むときそう考えたくなる。

現代は情報と事物と強い刺激に溢れた時代だ。だが、そういった豊穣性と反比例するかのようにリアリティが欠如した時代にも見える。リアリティが不足した時代では、感覚的刺激がリアリティの基礎として求められる傾向にある。痛みにしかリアリティを見出せず、しかもいくら痛みを重ねてもリアリティを得られない悲しい時代が現代なのかもしれない。都会の喧噪の最中に、真冬の独りぼっちの吹雪と同じような孤独を感じるのはなぜなのか。

とはいえ、痛みも感覚的刺激も、バラバラになった私をとりまとめてくれるわけではない。一番リアルであるはずのものがリアルではないことも少なくない。だから、毎日毎日こぼれ落ちてゆく自分の肉体を拾い集めるために、痛みを求め、自分の体を傷つける人も出てくる。

リアリティとは身体が生々しく感じられることでしかないのだろうか。リアリティを感覚する器官は肉体だけなのか。もしそうだとすれば、存在するのも生きるのも悲しいことだ。生々しい感覚、しかもすぐさま快感が低減していく法則の中では、薬物か麻薬に溺れる日々だけが待ち受けていることになる。ありきたりの日常生活にリアリティが欠けている場合、人間は常に刺激的で、破壊的で、破滅的な生活を送るしかないのだから。だからといって、精神だけがリアリティを感じるものなのだろうか。もちろん、そうではないだろう。

生々しいリアリティを求めずにいられないこと、これは「実感」を基準にする発想と重なってくる。生々しい実感が得られない場合、抽象的思考にその代償を求める人も出てくるが、リアリティはそのどちらかにしかないと考え、その一方を選択しようとする傾向は、丸山眞男が指摘したように、日本的思考の根に潜んでいるのかもしれない。そうだとすると、刹那的な激しい身体的刺激を求める狂騒と、真理の啓示に溢れた難解なテキストへの沈潜の間には、具体性と抽象性という両極端の対立、そして媒介しがたい距離があるように見える。しかし両者は同じ根を持つものであって、親近性を有しているのだろうし、だから案外そこに一挙の飛躍が起こりうることになる。丸山のよく知られた一節、「文学的実感は、この後者[引用者註――感覚的に触れられる]の狭い日常的感覚の世界においてか、さもなければ絶対的な自我が時空を超えて、瞬間的にきらめく真実の光を「自由」な直観で摑むときにだけ満足される。その中間に介在する「社会」という世界は本来あいまいで、どうにでも解釈がつき、しかも所詮はうつろい行く現象にすぎない」(丸山眞男『日本の思想』)という指摘は、今なお耳を傾ける価値がある。

天使主義的飛躍

肉体の具体性と思想の抽象性を対立させ、その一方のみを選択しようとして、結局一方から他方へと無媒介的に飛躍すること(天使主義的飛躍)は、媒介の欠如に基づいて生じる。天使主義は至るところに現れる。断絶がある場合に、媒介なしに直接飛び越えようとする願望が登場する。天使に憧れて飛躍して、その断絶を越えようとするのだ。媒介がいかなるものであれ、人間が人間として生きるのは本質だけによってではない。媒介を通して、媒介において、媒介として生きるしかない。

とはいえ、「媒介」とは何なのだろうか。媒介になり得るものとして、とりあえず、「世間」「身体性」「人間的尺度」といったものを挙げることができる。こういったものは、経験に先立って与えられない以上、経験によって獲得するしかないように見える。少なくとも経験主義者はそう考える。しかしそのような道しかないのか。いやその話の前に、経験の後に与えられるか、さもなければ経験の前に与えられるかという、二項対立的思考そのものに誤謬の巣があるのではないか。

「経験しなければ分からない」「経験しなくても分かる」といった水掛け論は、結局のところ「天使たちの戦い」なのかもしれない。たぶん、経験の前にあるといっても、経験の後にあるといっても、奇妙になるような事態、経験の中にあると言うしかない事態がそこにはあるのだ。瀬戸物の手触りもテニスの体の動かし方も、経験の前や後にあるものではない。最初にはわけの分からなかったものに「かたち」が与えられ、それを受容し、身体に内在化するにつれ、身体に適した尺度がどれくらいなのかを知るようになり、その後で、「かたち」が変化していくのが通例だが、その状態は、決して経験の前や後にあるものではない。

ここで私の思考は西洋中世に飛躍する。なぜ中世なのだろう。中世でなければならないのだろう。私もまた、日常生活のリアリティを得られなくなってしまい、その失望感から、抽象的概念が飛び交う、煩瑣《はんさ》・錯雑《さくざつ》たる中世スコラ哲学に逃避しただけなのかもしれない。

確かに、西洋中世の哲学は、日本においては馴染みのうすいキリスト教カトリック神学の本丸であるばかりでなく、煩瑣な概念の過剰、無味乾燥の極致である。そこでは、伝統的見解が羅列され、繰り返しが多く、明確な主張もなく、結論となると、場合分けがなされ、〈かくかくであれば正しく、しかじかであれば誤っている〉というような議論に満ちあふれている。しかも、キリスト教が人間性を抑圧した時代、魔女狩りと異端弾圧とペストの時代が西洋中世であったとなれば、その時代に興味を持つのは、護教的信念に溢れたカトリック教徒、中世崇拝のロマン主義者、愚か者、天使主義者のいずれかということになりそうだ。

しかし、翻って考えてみるとそもそも「中世」とは一つの時代だったのか。中世という名称そのものが、栄光の古代ギリシア・ローマと、栄光の復活としてのルネサンスの間の、空隙としての時代という蔑称の意味を持っている。そして、実はルネサンスが中世に準備されていたことを隠し、しかも、ギリシア・ローマの地中海文化と、アルプス以北のヨーロッパとの間にあった地域的、時間的、文化的、思想的な落差をも隠している。中世とは一つの時代ではあり得ないのに、一つの時代とすることで、何重にも及ぶ隠蔽が生じることになる。

それればかりではない。西洋中世とはカトリックが生活の全体を支配する暗黒の時代だったというステロタイプな見方は、近世の暗闇から目をそらすためのものではなかったのか。西洋中世は、異端審問、魔女狩り、ローマ法王の座をめぐる汚職と暗殺に満ちた権力闘争、生と性の快楽を徹底的に排除する非人間的な禁欲の時代、というイメージが今でも支配的だ。ところが、近世以降の人間の方が、途方もなく残虐であった。逆に、ホイジンガ(一八七二—一九四五年)の『中世の秋』やバフチン(一八九五—一九七五年)の

『フランソワ・ラブレーの作品と中世・ルネッサンスの民衆文化』が描き出した「中世」は、涙と笑いに満ちあふれた世界であった。感情は毎日繰り広げられるものだが、そういった身の回りにありふれたものは、遠い未来には伝わりにくいものだ。言うまでもなく、書かれた事柄は、砂浜の一粒の砂に等しい。歴史は書かれたものから成り立っているのではない。書かれなかった事柄にこそ、真実が潜んでいることはよくある。

もちろん、書かれることがなくとも、伝統や文化として継承されることも少なくない。ただ、西洋中世は、少なくとも極東の人間には書かれたものを通してしか与えられていない。すると、中世はおぼろげにしか与えられないはずだ。そういった仕方でしか与えられない中世に私がこだわるのは、近世以降の哲学への違和感が背景にあるからだろう。

対照的に中世哲学は、分からないけれど、読む度に何かを激しく伝えてくれるのだ。近世が忘却してしまった思考法が現代に呼びかけているように感じられる。実際に、そういった独自の思考法が中世にあったのかどうかは、これから考えていくしかないのだが、その思考のスタイルには、決して思考の意匠にとどまらないものがある。無味乾燥な文章、表現様式としてきわめて制約の多い、スコラ的ラテン語の背後には、何か熱い激流が潜んでいるように感じられるのだ。「意余って言葉足らざる」状態の中で紡がれた文章、強度に満ちた文章といってもよいかもしれない。

さらに、中世にこだわる別の理由もある。現代は「電子的グノーシス主義」、別の面から言えば、「天使主義」の時代だ。両者がどう関わるかは、後に触れるが、もし現代がグノーシスの時代であるなら、そしてグノーシスを乗り越えたければ、グノーシスと格闘した教父、グノーシスを越えて成立した中世に戻る必要があるのではないか、ということだ。

中世は、天使や奇蹟に溢れた時代に見えるし、それをあえて否定しようとする必要もない。しかし最近の中世史研究が明らかにしているように、神について語り、知ること（テオロギア）ばかりでなく、現世の営み（オイコノミア）を重視し、現世との関わりで天上を語る時代でもあった。いつの時代でも人間にとって最も関わりがあるのは、やはり人間のはずだ。謎めいた言い方になってしまうのだが、中世は基本的に内在か超越かの一方を選ぶのではなく、「超越的内在」の時代であったと言える。

媒介が経験の前や後にあるのではなく、中にあること――あえて言えば、リアリティは〈見えないもの〉と〈見えるもの〉のいずれの内にあるのでもなく、その間にある。このことを述べていたのが、中世の実在論だったと私は思う。リアリティは直接与えられるものでも、目の前にあるものでもない。後ずさりしながら、未来に向かうとき、背中に背負っているものだろう。重みを感じながらも、見ることができないために得体の知れなさに不安を感じながら、自分の重みとして引き受ければ、残された自分の足跡に影を見出すことができるようなものかもしれない。このようなヴィジョンは、近世以降の哲学に皆無ではないが、大部分、中世哲学から与えられたものだ。リアリティとは、常に指先の一センチ先にあって、つかめそうになりながら、必ず取り逃がしてしまうものではない。そして、視線を遮る限界の背後にあるものでもなく、常に視線の手前にあるがゆえに、見えないものにとどまるものではないのか。

見ることの手前、語ることの手前、「自分」ということの手前にリアリティがあると述べるのが、実在論ではなかったのか。もちろん、このような実在論の理解が私の思索の中でさえ、どこまで持ちこたえられるか分からない。しかしながら、この打ち捨てられてきた実在論への信頼があるからこそ、私は中世哲学にこだわるしかない。キリスト教徒でも、西欧人でもなく、中世から遠く離れた人間が、西欧中世との間に持つ絆はそれだけかもしれない。しかしそれだけで十分なのではないだろうか。

第1章　天使の言葉

人間は本来、穢《けが》れない存在、天使のような存在なのだろうか。赤ん坊のように穢れない姿、エデンの園の無垢の状態が本来の姿なのだろうか。天使の状態に戻ることができるとしても、天使が人間の理想状態なのか。

天使のように、欲望を持たぬ、清らかな存在になりたいと願う人間はたくさんいるだろう。しかし、天使になろうとしたとたん、人間は奈落に落ちていく。たとえ天使が清らかであっても、天使になろうとする欲望は清らかではないからだ。人間や自分が穢れたものとする発想は、浄化につながるどころか、淫《みだ》らな欲望により深くはまりこむ効果の方が大きい。それにまた、人間が人間以外のものになろうとするのは、哲学においても人生観においても、ロクなものにならない。

人間を天使に近づけようとする発想には、コミュニケーションの相手となる他者のあり方について、暴力的な人間理解が潜んでいるように思われる。自分を天使のように「透明な存在」として捉えること、またはそうなろうとすることは、残酷で、悪魔的なものになりかねない。人間の条件を逸脱してしまうからなのか。もしかすると、言葉をめぐる問題はコミュニケーションを成立させる媒介の問題にとどまらず、人間の存在理解そのものに関わるのかもしれない。それはともかく、ここでの問題は「天使の言語」がなぜ危険なのかということである。

1　天使に言語は必要なのか

天使は、人間よりも神に近い、無垢の存在とされてきた。ここで、「天使(angel)」という言葉について見ておけば、ギリシア語で「アンゲロー(伝える、伝達する)」という動詞があり、「天使」はその派生語で、言葉の上では「伝達するもの、メディア、メッセンジャー」、特に神の心を人間に伝える者である。神の心を伝える者は、話を歪めたり、混乱させる者であってはならない。空気のように透明で、存在しないに等しい媒体、これが天使だ。

ところで、天使たちはどうやって会話するのだろうか。いや、そもそも天使に言葉は必要なのか。天使は人間と違って肉体を持たない心だけの存在であり、他者に対して肉体という壁の後ろ側に立ってはいない以上、会話するのに言葉は必要ではない。考えているこ とはテレパシーのようにどんなに離れていても瞬時に伝わる。鏡に映った自分の姿を見るように相手の心が見えるのだ。そうすると、天使に言葉は必要ではないことになる。以上の議論を受け入れれば、当然の理屈として、人間は肉体を有するから言葉が必要だということになる。人間には肉体があるために、肉体が心を包み隠してしまう。直接的に相手の心に思いを届かせる方法がないために、言葉や文字を使って思いを伝えねばならない。困るのは、言葉では自分の思いがなかなか相手に伝わらないことだ。伝わったところで、相手からの返事はどこまでが本心か分かりはしない。言葉がなければコミュニケーションはできないが、言葉はコミュニケーションを妨害する邪魔ものにもなる。だから、言葉などなくて済むならない方がよい、と「言葉嫌い《ミソロゴス》」の人は考える。おそらく「問答無用」と切り捨てることが「言葉嫌い」人間の永遠の夢なのだろう。ここにも天使への憧れがある。

肉体がコミュニケーションの障碍《しょうがい》となっているために、やむを得ず言葉を用いているのだという考え方は分からないでもない。自分も他者も「透明な存在」ならば、ディスコミュニケーションに陥ることもないし、言葉の暴力性に身をさらす必要もない。もし人間が天使ならば、コミュニケーションに手間はいらないし、誤解される心配もない。これこそ理想的なコミュニケーションかもしれない。人間は、リアルタイムで短時間に多くの情報を遠くまで確実に伝えるために、電話、ファクシミリ、インターネットなどなどを発達させたが、人類が、ここまでメディアを発達させたのは、人間が天使ではなかったからだと言うこともできる。

メディアが意思や感情を伝えるための媒体にすぎないならば、媒体は空気のように透明なものの方がよい。人間の心を箱にたとえれば、メディアは箱と箱をつなぐパイプということになるが、そのパイプは、できるだけ太く、短く、何も詰まっていない方がよいわけだ。できるならばパイプが存在しない状態、これこそ天使に近い状態なのだ。言うまでもなく、言葉もメディアの一種だ。言葉を交わさない伝達とか「以心伝心」の世界、これが理想の状態かもしれない。

その世界は、身体を消去したコミュニケーションの世界であり、そして、顔と顔とを合わせることなく、電子的に関わりあうことで、インターネットの中を飛び交う天使たちが多くなったことに象徴されるように、現代のメディアの見方にもこういった世界を目指しているものが多い。しかし、パイプのない状態がほんとうに理想の状態なのだろうか。

言葉もメディアもない状態は、人間がエデンの園に戻り、天使のような生活を送ることにつながるのか。私の考えでは、人間のコミュニケーションの理想形態を、天使の会話におくのは、二重にも三重にも間違っている。そして、天使の会話ということも誤解されている。いやそれどころか、大きな危険を孕《はら》んでいる。

情報やメディアやＩＴという語の頻繁な使用によって、かえって時代錯誤になりかかっている現代において、天使の言語を語るのは反時代的だが、現代のメディアの多くが天使主義的でグノーシス主義的（四六ページ参照）である以上、反時代的に考察した方が、時代の歪みが見えることもある。言うまでもないことだが、天使が存在するか、たとえ天使が現実に存在していたとしても、天使の言語が存在するのかはどうでもよいことだ。問題はそんなところにはない。

2 天使の言語論

中世の正統的見解は、肉体を持たないにもかかわらず、天使もまた言葉を持つと考える。これはどういうことなのか。天使の言語に関する見解は、他のテーマに関してならば、多種多様な理論があったスコラ哲学でも、それほど多様なものに分類されるわけではない。中世最大の神学者トマス・アクィナス(一二二五頃―七四年)の天使言語論を、典型的な理論と見なし、拠り所として話を進める。

まず、当時の見解には、天使は肉体を持たないがゆえに、言葉を持たないというものがあった。この見方は前節で触れたものだが、実は正統的見解ではなかったのだ。それがなぜ異端とされたかに鍵がある。この考えによれば、肉体は、心を覆い隠す殻であって、外側から他者を見ても、その心の内は見ることも聞くこともできない。したがって、見たり聞いたりできる記号を使って、間接的に他者の心を知るしかない。しかし、天使の場合、肉体を持たないために、心のあり方は、他の天使にも手に取るように分かる。

つまり、天使たちは以心伝心の状態にあり、どんなに複雑な思いも、どんなにたくさんの思いも、どんなに離れても、瞬時に誤解されることもなく、コミュニケーションできるというのである。そして、天使論関係の著作の多くにもこのような捉え方を読みとることができる。

このような見解に対して、天使にも言葉は存在するというのが、トマス・アクィナスの立場だ。その立場は、人間においてなぜ言葉が必要なのかを吟味することで明らかにされていく。これまでも見たように、言葉という不確かな記号を、人間が相互に意思伝達する場合に用いるのは、人間が肉体という〈覆い〉を持っているからだ。しかし、肉体を有するがゆえに、そのためだけに、人間は言葉を用いねばならぬと考えるのはトマスによれば誤りである。人間において、精神の内側に懐《いだ》かれるものは、二重の障碍によって遮られ、閉ざされたものとなっている。その二重の障碍が肉体と意志である。人間が言葉を用いるのは、肉体という障碍だけでなく、意志という障碍も存在するからであり、意志という障碍の方が、より根本的なものだ。

話し手の考えは壊れた蛇口から垂れ流されていて、肉体がそれをせき止めているのではない。もしそうならば、肉体がなくなった場合、他者はバケツで水を受け止めるように垂れ流しの考えを受け止めることができるだろう。しかし、遮っているのは、肉体だけではない。心の「蛇口」を締めることは、話し手の能力（意志）の内に含まれる。相手に伝えよう理解されようと話し手が欲し、その思いが言葉として表現されるとき、コミュニケーションが始まる。

天使は確かに肉体を持たない。しかし、彼らは垂れ流しの言葉や考えの洪水のなかにいるはずもない。天使も意志を有し、他者に知られないよう欲するときは、心を閉じることができる。したがって、天使においても、コミュニケーションが成立するためには、コミュニケーションを成立させようとする意志が必要だ。伝えようとする意志によって、天使の心の内容は、他の天使に現前するものとなる。

天使の間に見られるコミュニケーションも一種の言葉だ。これは口から発せられる言葉ではないが、「心の言葉」と言われるものだ。ここでは、人間の言葉は物理的で天使の言葉はそうではないことが、両者の言葉を比較不可能にするわけではない。言葉の機能において、他者に働きかけることが重視されるならば、両者を言葉という枠内で論じることはできるからだ。そして、トマスが天使の言葉を語るのも、物理現象としての言葉という観点からではない。むしろ、意思を伝えるものが言葉なのだ。逆に、伝えないこともできるとすれば、そこには言葉があると言えるのだ。この議論の中で、天使の言葉がいったいいかなる言葉であるのかは、さすがの中世のスコラ神学者も詮索を加えるところではない。もっとも、一七世紀になると、天使の言語をヘブライ語と考える人々が現れてきただけでなく、普遍言語の夢想者たちは天使の言語を発見、発明しようとしたのだが。ここでの問題はむしろ、伝える／伝えないという切り替えが存在し、そしてそれを司るのが意志であるということだ。

意志がコミュニケーションの成立条件であるというのは、当然すぎてかえって見逃されやすい。伝えるべきものがあるとき、伝えたいと思い、そして伝えたいからコミュニケーションが始まるというのは、心情の論理としては当たり前だ。中世では、そういったかえって語りにくい、当たり前のことが正面から論じられもする。ところが、近世以降、普遍言語の理想と関連するのかどうか、意志が障碍、阻害条件ともなるという発想は珍しくなっていく。意志が、物事を成立させる、一種の「力」として捉えられることは、中世でも近世以降でも変わらないにしても、障碍としての側面は閑却《かんきゃく》されていくからだ。とにかく、「意志」が障碍としての機能を有すること、そしてこの論点が言葉の問題にとって重要であるという指摘は、中世における天使言語論から借り入れられる論点だ。

コミュニケーションを遮るもの

では、意志が障碍、〈覆い〉であるとは何を意味するのか。一つの理解としては、意志は心の内容の流出を止める、いわば心の扉のごときものと考える道がある。つまり、言葉に先立って、心の内容は確立されてあり、言葉は心の内容を記述するもので、意志は心の内容や言葉の意味に何もつけ加えない、と考えるのだ。トマスも意志を扉のように考えていた可能性がある。

別の理解として、意志は言葉を単なる記号としてではなく、「出来事」に化する力だと考えることもできる。例えば「この部屋は暑い」という言葉は、状況によって、発声練習だったり、窓を開けてほしいという依頼、命令だったり、汗を流すに相応しい場所を見つけた喜びの声だったりする。

この言葉は、話者の心の内容を記述しているわけではないし、哲学者でなければ、言葉をそのように捉える人は多くない。普通の人間は、節穴としての言葉を通して他人の心をのぞき見しようとはしない。

そして、言葉は、語学の練習のときのように例文が話される場合でなければ、常に特定の状況の中で、状況と関連して使用される。目を見つめ合う二人だけの状況で、突然状況と無関係に「愛する」という動詞の活用の練習を始める人間はごく少数だ。言葉と状況の関係の要点は、言葉が状況へと適用されることであるが、言葉を状況に「適用(application)」するのに必要なのは、言葉の概念的理解だけではない。意図(ここではとりあえず意志とほぼ同義に考えている)がなければ、状況に適用することはできない。意図は、言葉が状況に適応しているかどうかが決まる因子であると同時に、言葉を適用するための必要条件となるものだ。

ところで、言葉が状況に適応し、効果を発揮していること、これが「言葉は出来事(event)だ」ということの一つの意味だ。そして、その適用を行うかどうかを決定し、適用する能力が意志だ。すると、言葉の意味が、その辞書的理解ではなく、聞き手への働きかけにあるとすれば、言葉の意味を決定する最終因子は意志だということになる。これが、意志とは言葉を出来事に化する力だということである。

意志は、コミュニケーションに先立って存在する初期条件にとどまるものではない。もし初期条件ならば、コミュニケーションが始まったとたん、意志はコミュニケーションの内容には関与しないことになる。そして、聞き手の側の理解のプロセスが、話し手の側の発話のプロセス(意志－言葉の選択－発話行為－音声)とちょうど逆であるとすれば、コミュニケーションの初期条件は、理解のプロセスにおいては最後に得られるものとなる。しかし、聞くことと語ることは逆向きの操作なのではない。しかも、意志は、聞き手の理解のプロセスにおいて最後に得られるというわけでもない。コミュニケーションは反転可能性(reversibility)を前提するが、その反転はプロセスの反転といったものではない。ここには様々な論点が含まれているのだが、特に重要なのは、意志が前提条件であるばかりでなく、言葉が状況に適用されることによって、明確な姿をとること、つまり、最後に登場するものでもあることだ。自分が何を語ってしまったのか、語った後で気づくことは少なくない。

コミュニケーションの個別化

ここで、天使の言葉に戻ろう。意志が〈覆い〉になることは、今述べた第二の理解においてであると思われる。とはいえ、この第二の理解は、例えば、トマスの『神学大全』において天使の言葉を扱った箇所にはっきりと登場するものではない。したがって、第二の理解は、トマス理解に関しては誤解、誤読なのだが、誤解を避けてばかりもいられない。

確かに、意志が言葉を状況に適用する前提条件であること、そして言葉が適用された結果、言葉の個別化によって最後に登場するのが意志だという読み方は、現代では珍しくないとしても、中世スコラ哲学に馴染まないように見える。だが、コミュニケーションの個別化の論点が存在していた以上、木に竹を接《つ》いだようなものにはならないはずだ。トマスの天使言語論においても、コミュニケーションの個別化の論点が登場し、それを、ただ一人の天使にのみ語りかけることができるという指摘に見出すことができる。つまり、トマスは、天使はただ一人の天使に語りかけることができると明言しており、コミュニケーションの個別化ということを十分意識していたのだ。もし第一の理解においてのように、意志が扉のようにあるのなら、語りの方向性は定まらず、話し手が聞き手を取捨選択することは困難になってしまう。言葉とは、匿名の不特定の多数者に語られることは少なく、むしろ特定の状況で、特定の人間にのみ語られるものである。そして、或る天使が特定の天使にのみ語りかけるということは、意志によってなされるのであり、意志は、内部にある心の内容を外側にもたらすだけでなく、状況と聞き手の選択を行うものである。このように見れば、意志こそ言葉を適用するものだということができる。

天使の言語においてさえも、言葉は心の内にあるメッセージを他者に移送する乗り物ではない。意志が不透明性の起源としてあり、外に現れることが同時に個体化であって、出自の姿を変容させることは、天使言語論の要点となる。言葉の問題を離れて、一般的に述べても、個体化とは普遍的なものが個別的なものになることを指すだけではない。個体化とは、一番最初にあったものが、生成の過程であたかも一番最後に現象するごとく語るしかない事態に見られるものだ。このような個体化の捉え方は、特異なものである以上、ここで強く主張するつもりもないが、思った以上に錯綜したプロセスであると思われるし、同じことは肉体においても見られると私は思う。とにかく、言葉に、肉体と意志という二つの障碍があることは、コミュニケーションの阻害要因にもなるが、コミュニケーションが具体性・個体性を得るための条件でもあるのだ。

3　言葉の裏切りと他者の裏切り

天使の言葉を、そもそも存在しないと考えようと、必要がないと考えようと、障碍のない透明なコミュニケーションと考えようと、そのいずれにおいても言葉は付随的な道具としか捉えられていない。前節でのトマスの天使言語論は、天使の言葉に不透明性が見られることを述べていた。不透明性は、障碍と考えることもできるが、一方で、言葉が言葉として成立するための条件、それどころか言葉の本質とも考えられる。その不透明性は、単なる障碍としてより、内部と外部の間の非対称性として考えた方がよいかもしれない。

その非対称性を憎悪し、排除しようとする者にとって、言葉は裏切りの事件になる。誤った天使主義は、鏡に映る自己の像への憎悪のために、ひとが自分の姿とは反転した姿を鏡に見出すことから生じる。私が知りたいのは、人間言語論の裏返しとしての天使言語論ではなく、なぜ天使の言語への憧憬、誤った天使主義が倒錯に陥らざるを得ないかということだ。

言葉は常に語り手を裏切る。これは表現という行為の避けられない特質だ。表現(expression)行為は、確かに、自分の内面にあるものを外側に押し出す行為だ。しかし、外に出された途端、表現されたものは、取り戻すことのできない、そして自分では制御することのできない出来事として、表現者を裏切る。自分の思いが、思いのままに伝わることを夢想すること、表現されたものが表現者の手の内にあると考えるのは楽天的なことだ。

語ることとは、語り手の内に渾然として存在することに分節を与える。もちろん、語ることでなく、叫び声に出すことであろうと、涙を流すことであろうとかまわない。心の中に湧き起こってきた衝動が大声を出すことで怒りとして定着する場合を考えればよいだろう。人間の認識は経験を素材として始まるのではないが、経験と共に生じるのとちょうど同じように、心の情念も言葉を原因として存在し始めるのではなく、言葉と共に生じてくる。言葉が、素材として存在する心の内容に、形を与えるのだ。「悲しいから泣くのではない。泣くから悲しいのだ」という整理は言い過ぎであり、しかも単純すぎるが、「悲しみ」が原因で「泣くこと」が結果ではないように、言葉が発せられる前にある感情はあるともないとも言えないようなものだ。そこでは、不透明性は語ることの手前にある。

このように言っても、考えないでしゃべった方がよいと述べているのではない。語ることは、聞き手に意思が流れ込んでいくのにとどまらず、語り手に反射し、語り手が自らを見る鏡となるのであり、そして、その結果、消しがたい痕跡を出来事として世界に残すことだ。この意味では、言葉は、話者の心から投げ出された石つぶてというよりは、石つぶてが水面に飛び込むことで生じる波紋に近い。しかも、その波紋は、石つぶての形状よりもむしろ、水面の形や辺りに吹く風の強さなどに左右される。言葉が目指すものは、前節で見たように、いわば、石つぶてを水面に投げることにあるのではなく、波紋がいかなる形状になるかにある。そして、変化する周囲の状況の中で、そのタイミングを計ることが、「意図」に当たる。結果は見極められない以上、不透明性は語ることの後にもある。

人間嫌いと言葉嫌い

見境もなく、心に思うことを外側に吐き出すことは、決して「言葉」を使用していると言えない。内なるものを外に出すだけでなく、外の世界で働くことが言葉の生命なのだから。したがって、言葉を使用することは、いかに内面と対応しているかという「真理の尺度」によってよりは、状況にいかに適合しているかという「適切さ」という曖昧な尺度によって計られねばならないのだ。透明な天使の言葉を夢想することは、世界から切り離された自分を夢想することに等しい。世界から切り離されてあることが可能であるならばいざ知らず、世界の中にいることが事実であって、世界から独立することが不可能な場合、天使主義者は世界を消滅させる、もし消滅させられなければ、世界との

「絆」を破壊することを夢想する。

世界を消滅させることは、『新世紀エヴァンゲリオン』(監督、庵野秀明)のようなアニメの中では可能かもしれないが、現実には不可能だ。廃墟となった世界の中での人間の振る舞いと心を描くことは、現代の若者の心象風景を描く際に重要なファクターなのだ。積み木の遊園地を破壊する子どものように、世界ではなく、その代わりに世界を象徴するもの・絆ならば破壊することはできる。しかも、全能感を喪失しないまま破壊できる。世界を象徴するもの・絆は、各人がどのような状況、環境に生きているかによって、千差万別の姿をとるが、基本的に、制度、秩序に帰着する。その対象が、制度、秩序の中心に位置する権力、人物とされようと、ここでは大差はない。

また、世界との「絆」を破壊するとは、絆の最たるものが「言葉」である以上、「言葉嫌い」に陥ることでもある。絆の破壊が、世界からの離脱の思いに由来するとすれば、そこでは、「言葉嫌い」と「人間嫌い」は事実上一致する。媒介のない直接的な世界との結合、世界との癒合《ゆごう》的関係は、親密さ(インティマシー)を含んだものであるよりも、破壊性を孕んだものだ。直接的関係・癒合的関係を確立しようとすることは必然的に挫折に帰着するが、その挫折への呪詛から、関係一般の破壊衝動が導かれるからだ。これは、絆を求める者が絆から排除されることによって、あらゆる絆を破壊しようとすることに似ている。「誰もオレのことを分かってくれない」という叫びは、自分のすべてを分かってもらいたいという甘えばかりか、絆への幻想、幻想の必然的帰結としての絆への絶望、ついには絆の破壊衝動をも含んでいる。そこには、自己、他者、媒体への呪詛、世界の破壊願望が潜んでいる。

絆とは、壊れやすい不安定な自己を保護し、守ってくれるものではない。絆の確立とは他者を無毒化することではない。むしろ、他者の有害性が直接侵入してくる通路を開くことだ。その通路は、抵抗も障碍もない通路ではなく、検閲と抑圧に満ちた通路だ。しかも、通路を往来する内容とは無関係に、通路そのものが、慣習、規約、規則に満ちた制度的存在である以上、通路を開くこと自体が自己を危険にさらす。しかし、危険に身をさらさなければ、自己を守る免疫も成立しない。誤った天使主義は、いかなる病気からも免れて無菌状態にとどまること、それどころか自己の内臓に棲む細菌をも消滅させることを夢想することに似ている。

もちろん、安全な「絆」が可能だと考えるのも、安直でしかなかろう。〈私〉と世界の間には、共通の尺度など存在し得ないこと、顔の表情の背後にあるものに踏み込むこともできぬまま、顔と顔とを対峙させたまま存在するしかないこと、断絶しかないこと、こちらの方が現実味を帯びている。この共通の尺度が存在しないことを、共約不可能性(incommensurabilitas)と呼んでもよい。

断絶に対して、ひとはどのように対処しているのだろうか。もちろんのこと、こともなげに軽々と渡っていく人も多い。断絶に気づかず、足を滑らせて、何も分からないまま奈落に墜落していく人もいる。断絶から遠いところに身を置き、断絶の存在を認めない立場もある。そして、目の前の断絶に絶望して、奈落に自分から飛び込む生き方もある。このような断絶にもかかわらず、断絶を越えて、何かが交換されているのも事実だ。交換されているという事実を真に受けて、断絶を認めない考えもある。目をつぶれば、明白な事実も見ないで済む。しかし、人間に対する人間の蛮行の歴史を見て、断絶はないと言い切れるのか。毎日数え切れないぐらい生じる誤解や抗争の累積にもかかわらず、断絶はないと言えるのか。もしそう言える人間がいれば、敬して遠ざけ、お引きとり願うしか、他に手の打ちようがない。もちろん、いくら断絶を認めているとはいえ、歓喜の声を上げながら奈落に飛び込んでいくニーチェの「超人」のような人がいれば、とてもついていけないが。

〈私〉と他者の間に共約不可能性を認め、そしてコミュニケーションの困難さに絶望せず、当然のことと認めた上で、言葉を用いることは、「まともな、健康的な」大人にとって日常茶飯事でわざわざ論じるまでもないことであり、共約不可能性という用語で論じることは大げさかもしれない。しかし身の回りにあるすべてのものが、使い方次第で自殺の道具になり得るように、日常性の中に、身を破滅させるに足る深淵があるという指摘も無意味とは限らないだろう。料理をする度に包丁の輝きを見て死の恐怖におのののく人間（先端恐怖症）は存在するのだから。もちろん、平凡な日常が奈落の隣にあることに気づかないで済むならば、何も気づかないままでいられるのが「汝自身を知れ」というデルフォイ神殿の言葉に心をとめぬままの、一番の幸せなのだろうが。

天使が言葉を用いるというのは、天使もまた、奈落の縁にいるということだ。天使が奈落に臨んでいなければ、どうして天使が堕落して悪魔になることが可能だったのか。

4　祈りの言葉

前節までで見たのは、言語に関する天使主義的誤謬についてだった。天使もまた言葉を有するのに、天使の世界を言葉のない世界として捉え、そこに理想を見出すこと、これが誤った天使主義的言語論だ。人間の思想は心の中にある限り、渾然としたものであって、状況に適用され、特定の人物に向けて発信され、個体化することによって、力、出来事として世界の中に位置を占めるからだ。言語は世界に傷をつけずにはおかないのであり、自分にも他者にも世界にも傷をつけない言語、世界を上空飛翔する言語、世界から逃避しようとする言語は言語たり得ない。だからこそ、自分をも他人をも傷つけないと思って語った言葉が、自分をも他人をも癒しがたいまでに傷つけるということが起こる。

このような言語の捉え方には逸脱した論点も含まれているのだが、言葉のパフォーマティヴな機能の重視、いわゆる言語行為論に近いものだ。このような言語論は、一九六〇年代の言語論的転回(linguistic turn)とともに生じたというのが普通の理解だろう。そして、中世哲学に言語行為論的発想があったというのはなかなかのアナクロニズムである。

確かに、中世の言語論にはパフォーマティヴな側面への注目はなかなか見出されない。これは、中世哲学では、アリストテレスの『命題論』の冒頭に登場する記号論の三項図式が支配的であり、そこから言語に関する話が始まる以上、仕方のないことだ。この三項図式、つまり事物‐概念‐音声という枠組みでは、出来事としての言葉という側面は登場しにくい。概念は事物の自然的記号であり、音声は概念の人為的記号であり、音声は記号の記号という二重の記号作用を含んでいるという理解のままでは、記号作用＝意味作用が、文脈や状況から切り離されたものとして考察されており、音声は記述や描写をするものでしかない。音声が話された記号で、その音声を書き記した記号が文字だというように、四項図式で考えても事情は変わらない。

言葉が出来事であるという理解は、聖書の「光あれ」という神の言葉がそのまま創造であること、「はじめに言葉があった」という一節、「これ(パン)は私の肉体である」というイエスの言葉を踏まえれば、中世において稀有な発想ではなかったと考えられる。しかも、上記の聖書の諸節は、聖書に稀にしか登場しない論点ではない。それらの諸節は何度も何度も注解を加えられてきたものだ。ここでは、聖書解釈学に入ることはできないが、言葉が出来事としてあったことは、〈声の文化〉の影響を残している中世においては、当然のことだ。

言葉のもつ出来事・力としての側面、しかも神の言葉ではなく、人間の言葉にそれらの側面が見出されるとした場合、ここで考えられるものの一つが「祈り」ということだ。もし祈りが神へのコミュニケーションとしてあるならば、祈りを声に出す必要はない。神は祈るものの心の内をすべて知っているからだ。

祈りの神学

祈りに関する神学的枠組みを整理しておけば、祈り(oratio)とは、語源的には口(os)から発せられるものであり、宗教の場面を離れれば、oratioという語は「言葉」の意味で用いられる。祈りが言葉を伴うことは、語源学的には自明のことである。祈りは、伝統的には「知性が神へと昇ること」と整理される。祈りの内容は、悔恨であれ、祈願であれ、賛美であれ、祈る者の心の内はすべて神に知られている。すると、祈りにおいて言葉は必要ないことになる。

しかし、祈りはコミュニケーションではない。これが中世における標準的理解である。祈りとは行為なのであり、しかも自己へと帰ることによって、神に至る行為なのだ。そこでは言葉に発するということが大きな意味を持っている。

中世の神学者の多くは祈りにおける言葉の使用に意義を認める。まず、集団的祈りの場合、司祭が教会に集まった信徒を代表して祈りを捧げるが、司祭の祈りが声に出されなければ、信徒たちは、いつ祈りを捧げたらよいのか、どのように心を合わせて集団としての祈りを成立させたらよいのか分からなくなる。したがって、集団的祈りにおいては言葉が必要なのだ。神への語りにおいて、言葉は必要ないとしても、同時に人間に向かっても合図を送らねばならない以上、言葉が必要になるということである。

個人的祈りの場合、他の人間に知らせる必要はない以上、そして神にのみ語りかける以上、言葉は必ずしも必要ではない。これは多くの神学者が認めることである。しかし、その上で、神学者たちは、個人的祈りにおける言葉の意味を積極的に認めている。中世の議論を集約すると、七つの論拠があるという(ヨハネス・アルテンスタイク『神学辞典』一六一九年)。

①心の内に敬虔な思いを喚起するため
②心を照明するため
③祈るときに必要な事柄を覚えやすくするため
④心が放浪しないように見張りをするため、つまり心があらぬことを考えないよ

うにするため

⑤神より与えられた恩義、つまり精神と肉体の両方において報いるため

⑥激しい情念と献身によって、心の中に収まりきらなくなったものが肉体へと溢れ出てくるため

⑦隣人に祈りを教えるため

多くの神学者に共通するのは、①の論点である。祈りとは、先に敬虔な心情があって言葉や身振りとして外に現れてくる⑥のような場合もあるが、多くの場合、逆に、言葉や身振りといった外側の形が先にあって、その後で内面の心情がつき従うものなのである。

神仏に頭を下げて、手を合わせるのは、敬虔な心情が湧き起こったからではなく、敬虔な心情を引き起こすためだというのは重要な論点だろう。もちろん、敬虔な心情の発生時点、過程を調べるのは困難だが、外側の形、言葉が整って初めて、敬虔な心情が高まるという方が事実に近いと思われる。日々の労働の忙時、祈りに先立って、敬虔な心情を求めることは、非現実的であろう。世俗を離れて生きる者ならばいざ知らず、世俗の中に生きる者には、内的敬虔に先立って、言葉があり、祈りの言葉が敬虔な心情を引き起こすのは当たり前のことだ。

祈りは、心の内で唱えられる祈り、口先だけで唱えられる祈り、両者を備えた祈りに分類され、どの祈りが最も有効かという議論があったが、中世においてはすべての祈りは有効であるとされていた。近世以降に登場する心情重視の流れからすれば、口先だけで唱えられる祈りは、低俗なものであって、心の内に観想が伴った祈り、いやそれどころか黙想の方が重要だということにもなるが、中世ではそうではなかった。もちろん、そこにカトリックの妥協主義を見る考え方も可能だろうが、そこにあるのは、むしろ行為としての言語の側面なのである。「これは私の肉である」という言葉によって、パンが性質の上での変化を伴わないで、実体においてキリストの肉に変質するという議論は、神学的な困難にかかわらず、そして物事を一次元的にしか見られない人間たちの度重なる批判にもかかわらず、言葉に内在する力を強調する発想として、言葉を考える場合の原点におかれねばならないことだ。言葉とは、心の内で懐胎されたものの受肉した姿である以上、聖餐《せいさん》における実体変化(transsubstantiatio)との連関は当然のことだ。

神学を離れて、一般的な場面でも、心が、肉体の形、動作、習慣によって形が与えられることはおそらく当然のことだろう。言葉のパフォーマティヴな働きへの注目は中世においても存在していた。言葉の基本単位が、真偽を有する命題に置かれる限り、行為としての言葉の側面は閑却されるし、閑却されねばならない。これはたぶん当時の常識であり、しかも同時に論理を越えた領域においては、最も透明なはずのコミュニケーションでさえ、言葉を要すると考えられていた。言葉に備わっている物事を成立させる力が認識されていたのだ。

中世が、身振りにおいても言葉においても儀式の秩序においても、形式的で定型的であったのは、心の姿は、具体的な「形」を持ったもの——音声もそこに含まれる——に転じる過程で徐々に現象することを前提していたからだと思われる。「形相、形は事物に存在を与える(Forma dat esse rei.)」という中世の格率は、形相(forma)が、予め存在する事物の原型、範型の側面(〈かたち〉)と、目や耳や触覚といった感覚が把握する「〈形〉(forma)」の両側面を有していたこと、しかもその場合、形相は初めにあってしかも最後に登場するものであること、つまり、渾然としたものが明確なものとなる過程を表すものと理解することができる。そして、このような現象する過程を担う力が意志であるし、また意志であると理解されていたと私は思う。

5　言葉の受肉

前節で見たように、祈りにおける言葉も出来事としての側面を有していた。それは外的世界に物理的現象として現れ、物理的な変化を引き起こすということにとどまらず、心の内部をも調えるものだった。

このような過程は、物質的ならざるものが物質的なものとして現象することである以上、受肉(incarnatio)と呼ぶこともできる。言葉は出来事として生み出されてしまえば、話者の自由になるものとしてではなく、話者を拘束、束縛するものとして存在し始める。約束は話者に義務を負わせる。

口は災いの元と言いたいのではない。受肉という過程は一般に、外に向かう外化・物質化の側面と、自己への立ち返り、自己還帰の側面があると言いたいのだ。言葉とは、外部に現れた心の内容であり、語る者もそれを見るとともに、聞く者もそれを見る。この事態を表すのに、「話し手が語るのではない、言葉が語るのだ」と述べてもよい。だからこそ、言葉嫌いは、辿っていけば、人間嫌いに帰着する。しかも、その人間嫌いは、他者のみならず、自己をも忌み嫌う人間嫌いなのだろう。

現代に限らず、古代から、物質、肉体、感覚、情念、欲望などを、そればかりか場合によっては現実世界まで嫌悪する系譜が存在する。現実性、偶然性、可滅性などをそこに加えてもかまわないだろう。天使はそれらのいずれからも離れたものだ。確かに、今挙げたような特徴を全く免れた者を目指すということは、理に適ったことに見える。

ここで問題なのは、いま挙げられた諸性質が物質的なもの、その対極的な性質が精神的なものであるという前提の上で、物質的なものに悪が見出される場合、精神的なものが望ましいと考える発想そのものだ。そこには、純粋主義、潔癖主義という危険な発想が潜んでいる。AとBが反対である場合、すべてのものはAかBのいずれかであるとし、AでなければBであるという排中律的発想そのものが危険なのだ。もちろん、論理学を責めているのではない。規則そのものではなく、規則の適用が問題なのだ。論理において排中律が成り立っていようと、現実への適用の場面では二者択一は基本原則とはならない。

哲学の言葉は、AでなければBであるという排中律的発想を取らず、矛盾そのものが成立する次元まで入り込みながら語る。例えば、アヴィセンナ（アラビア名イブン・シーナー、九八〇—一〇三七年）に由来する「馬性としての馬性は一でも多でも、可能態でも現実態でも、精神の内にあるのでも外にあるのでもない」という、典型的に哲学的な語り方は、おそらく、語りを、いやそれどころか〈存在〉を成立させる次元を扱ったものだ。このような曖昧なもの、両義的な領域は名前を与えることはできても、述語を与えることができない。

名前はあっても、語りの地平にもたらし得ないものは多数存在する。神については論じないとしても、「私性」「個体性」「生命」といったものはそのようなものだろう。このようなものは概して、或る一時点で明確な概念的理解が得られるようなものではなく、むしろ、過程を通してしか現象しない。そして、それらのものは、知性によって概念的に把握されると考えるのではなく、この過程を担う力を意志と捉え、その意志に規定性の源泉を認めるのが、いわゆる「主意主義」である。

そして、そのプロセス、過程のリアリティ、移ろいの中でしか経験されないリアリティの確かさを主張するのが、実在論のはずだ。

このような語り得ぬことも、出来事として受肉し、目に見えるものとなり、語り得るものとなる。もちろん、語り得るものとなったときに、語り得ぬものであったときに感じられた、「得体の知れないところ」は消え失せ、泥や汗や涙や血にまみれた世界、偶然性の世界に産み落とされる。一般に、受肉することは、穢れたもの、堕落したものに陥ることである。しかし、穢れた現実・世界を拒否し、失われた純粋性を希求し、そこに回帰しようとするのは、傲慢の罪であろう。受肉への呪詛は、世界の存在への呪詛となるからだ。「私は生まれてこなければよかったのだ」「私は存在しない方がよいのだ」という思いは、自己の破壊、他者の破壊、世界の破壊のいずれかに帰着する傾向を有している。「ダメだダメだ、これじゃダメだ」という自暴自棄こそ、「だからみんな死んじゃえ」という思いにつながる罪悪だ。たぶん、世界の破壊衝動を持たない自暴自棄・自殺は存在しないのだろう。

天使への憧憬、「透明な存在」への憧憬は、喪われた全能状態へのノスタルジー、そしてこれと表裏をなす、途方もない呪詛を源泉にしている。私には、母親の胎内への還帰願望、失われた始源としての純粋性への希求は、現実への呪詛に発していると思われる。そして、この呪詛は誤った天使主義に由来している。過去を取り戻そうとする不可能を願望することは、不可能を希求するものであるがゆえに、そして不可能が知られているがゆえに、破壊的なものか、せいぜい退廃・無気力しか生み出さない。

天使への憧れは、人間の言葉のあり方を見逃してしまうばかりか、危険な傾向を含んでいる。私としては、天使の言葉への希望が、表面上の清らかさと裏腹に、呪詛に満ちた、穢れたものであること、そしてそこから逃れる鍵が意志と偶然性であることを確認できればよいのだ。言葉の不透明性は、排除できないし、排除されるべきでもない。たとえ、悪しき言語使用への居直りの口実となるにしてもである。それはちょうど修辞の使用が言葉の多義性を引き起こす危険性とともに、豊かさの源泉であることと類比的だ。誤った天使主義において、人間にとって最も危険で、有害で、絶滅されるべきものは肉体を持った人間なのだ。もちろん、ここで正しい天使主義を標榜しようというのではない。正しい天使主義があるとすれば、人間主義と重なるはずだから。ここでの私の結論はいたって単純素朴である。人間の内にある〈悪〉を認めないことも、絶滅させようと夢見ることも、〈悪〉から離れることではなく、もっと深い〈悪〉への墜落であるということが言いたいのだ。

第2章　欲望と快楽の文法

人間は神でも天使でもない。したがって、人間の内に〈悪〉は必ずある。ところが、天使への憧れがある場合、求める姿と現実の落差に落胆するためなのか、人間はことさらに自分の肉体の内に〈悪〉を見出そうとする。穢れた欲望、穢れた肉体、なぜそうまでして〈悪〉を見出そうとするのだろうか。天使から遠く離れた自分を確認することで、天使になる願望をそれだけ強く持てるようにするためなのか。泥んこ遊びに興じる子どものように、悪にまみれたがるためなのか。肉体に罪悪を感じることによってしか、肉体をまとっている感じを見出すことができないためなのか。

1 現代のグノーシス主義

人間は肉体を有し、肉体を有するがために、欲望を有する。喉が渇けば水を欲し、空腹になれば食べ物を欲する。欲望とは本来生命を維持するために存在するものだ。生命が尊いものならば、欲望もまた尊いものと考えることもできるはずだ。ところが、自らの欲望が、何か醜いと感じるときがある、いやほとんど常にそう表象されてきた。欲望のも醜いものであれば、肉体の命が欲望によって維持されるものである以上、生命そのものが醜いものとなりかねない。生命の誕生が性的欲望と性的行為を始まりとしている以上、生命の誕生は穢れた、醜いものになってしまう。数ある欲望の中でも、性的欲望だけが醜いものということなのか。人間にはなぜか罪悪感がつきものだが、人間が人間として生きるために持たざるをえない罪悪感、もしそれが、自分が犯した罪からしか生じないとすれば、罪悪感を求めて罪を犯すしかなくなってしまう。しかし、なぜ人間だけが罪悪感を持ち得るのか。

人間は産みの苦しみのなかで、血にまみれながら生まれてくる。そこに、欲望への罰、生命への呪いを感じる人もいる。しかしながら、欲望が醜いものであるはずがない。生命は、本来祝福されたものであるはずであり、そうでなければならないのだから。そうであるとすれば、欲望や快楽を醜く穢れたものと捉えることは、人間に固有な良心のゆえに生じることとも考えられるが、案外、人間の本来的な姿を天使と考える誤謬が控えているからではないのか。それとも、欲望の経済学の視点から考えた場合、欲望を効率的に平等に分配するメカニズムとして罪悪感があるということにすぎないのか。もちろん、欲望を清浄なるものと捉えて、放埒《ほうらつ》に陥り、快楽に耽溺する考えが度し難いことは考えるにも及ばないのだが。

欲望を醜いものとして捉えることが、誤謬であるだけならばまだよい。欲望を醜いものと捉えることは、欲望を消滅させるのではなく、かえって欲望を主人とし、欲望に囚われ、欲望に支配され、欲望を守り育てることになってしまうようだ。欲望は欠如を起源としているため、自らの存在を否定され、悪意を向けられることで、増大できる性質があるのだろう。そうなると、天使になろうとすることで、人間は欲望を際限なく肥大させることができる。天使主義とは欲望の最も貪欲な形式なのかもしれない。欲望を醜いものと捉えれば、欲望の充足が欲望の消失ではなく、欲望を強めることにもなる。そして、歯止めなく自己肥大化する欲望は、充足を介して安らかに眠るのではなく、自分自身、いや場合によっては他者を破壊しながら、決壊に向かう。

ここで思い起こされるのが、現代の症候群の象徴としての『新世紀エヴァンゲリオン』(以下『エヴァ』)だ。多くの若者が『エヴァ』を共感をもって眺めたことの背景には、作中にグノーシス主義の世界観が如実に現れていることもあるのだろう。ほぼ時を同じにして流行したものに天使本があるが、天使本と『エヴァ』の間には思想的な親近性を見て取ることができる。なぜ今、グノーシスであり、天使主義なのだろうか。

時代が混迷すると占いなどのオカルティズムが流行する。これは歴史のなかで繰り返されてきたことだ。新興宗教、占い、神秘主義、ニヒリズムは、一つのシンドロームを形成しているのだろう。現代にもそのような傾向は見られる。

少しだけ時代を遡ると、一九六〇年代から、禅、ハックスリ、クリシュナムルティ、テイヤール・ド・シャルダン、そしてヒッピーなどに代表される〈新しいグノーシス主義〉が登場したとされる。〈新しいグノーシス主義〉は、失われた真実へのノスタルジー、黙示録的な予言、新世界への希望を混在させたものだ。世界への憎悪と世界を造った者への憎悪、〈私〉への憎悪と〈私〉を造った者(〈私〉を生んだ親)への憎悪、そしてそういった憎悪に裏付けられて現れてくる、非現実的な未来への希望がそこにあったのだろう。肉体の重さを免れ、現実から離陸できる翼が手に入れば、どんな未来にでも飛翔できる、という夢があった。

ところで、この〈新しいグノーシス主義〉は、二、三世紀に隆盛した、過去のグノーシス主義がそのまま復活したものではない。現代のグノーシス主義は、社会全体に及んでいる、科学技術への信仰と浸透を背景にし、それへの反抗として登場していたのだ。「科学化」され、機械化された世界を拒絶し、拒否すること、そこに一九六〇年代の特徴があった。ただし、その流れはその後も残ったが、反科学主義のまま存続したのではない。一九八〇年代以降、〈新しいグノーシス主義〉には、反科学主義の色彩を持たない流れが付け加わってくる。電子メディアの時代が始まるのだ。電子メディアが、身体性の消失、少なくとも身体負荷性の軽減を目指している以上、現代は電子化されたグノーシス主義の時代ということもできよう。グノーシス、天使主義、電子メディアの三者が、簡単に重なり合うと考えるのはあまりにも楽天的かもしれないが、時期を同じにする現象であれば、それらの重なり合いに鍵があると考えることは、少なくとも仮説としては成り立つはずだ。

本来のグノーシス主義

では、本来のグノーシス主義とは何なのか。とりあえず、「キリスト教の異端思想。人間が肉体・物質世界から浄化され自分が神であることを認識することで救われると説く」(『広辞苑』)という説明が簡便だろう。要点となるのは以下のところだ。①現実世界を悪に満ちたものとして非難し、拒否する、②魂と肉体との結合を諫め、肉体から離脱することを勧める、③この世界・宇宙の創造者を、悪の張本人として責める、④世界の生成と完全な消滅を説く、⑤世界創造者を魂と同一視する、⑥世界創造者の魂に、人間の魂と同様の情念を帰す、などである。

グノーシス主義は、混乱と悪に満ちた現実を呪い、精神と身体を分離させ、精神(魂、本当の私)を神のごときものと発想するわけだが、そこにあるのは徹底した破壊衝動である。世界の破壊といっても、必ずしも暴力的な姿をとるわけではない。世界への憎悪、肉体への嫌悪、生命の忌避を実現するためには、人間の世界が存続していくための大前提である「生殖」を徹底的に禁止すればよいのだ。だから、グノーシス主義において、性的禁欲は、愛を地上的なものから神に向け変えるための禁欲ではなく、人類を絶滅させることによって、世界から逃避し、世界を拒否し、世界を破滅させせるための方法となる。自己への憎悪、世界への憎悪、親への憎悪、肉体への憎悪、性への憎悪、性的快楽への憎悪、それらはすべて一つの思考に帰着するのだ。

グノーシスの神話には憎悪ゆえにかえって耽溺に陥ってしまったためなのか、性的な事件が満ちあふれていた。そればかりか、男性原理と女性原理の徹底的対応や子宮として捉えられた世界といった発想に見られる性的世界観には、週刊誌のような過激さが見られる。当時の人々の耳目を集めただけでなく、非暴力的な仕方による世界の破滅というイメージを暗々裡に広めることに役立ったのだろう。世界や肉体への憎悪というイメージは、非暴力性の衣をまとえば、世界の破滅願望を隠すことができる。

エロティックでありながら、エロスを否定した世界観においては、双子の片割れであるタナトスが跳梁するのだろう。エロスが万物を維持する欲望であり、タナトスが破壊衝動、死の欲動であるとすれば、エロスが否定されれば、そこに残るのは破壊衝動だということは理解しにくいことではない。

もちろん、暴力性がグノーシスの教義そのものに満ちあふれているのではなく、かえってイノセンス、無垢を主要モチーフにしていることは指摘しておく価値がある。グノーシス主義は、人間の内に霊・魂・肉体という三元性を見出し、魂は本来霊の仲間であり、天上的なものなのだが、肉に引きずられて、物質的世界に幻惑されていると考える。

そこには、肉体を滅ぼせば、魂は自分が霊的なものであることに目覚め、霊とともに天上に還っていくというモチーフが見られる。換言すると、グノーシス教徒は、本来霊的であるが故に――どのような行いに関わろうとも、ちょうど黄金が汚物の中にあっても、汚物が黄金を害することはできず、黄金はその美しさを失わず、自分の美しさを守り抜くのと同様に――、穢れることなく、霊的実体を失うことがないために、確実に救われる、という信仰を持っていた。原初にあったイノセンス、いかなる行為によっても損なわれることのないイノセンス、そのイノセンスが救済の根拠となるという構図は、実は現代にも見られる。

グノーシス主義は、世界を巨大な悪と見て、それを拒否あるいは逃避して生きようとする考えである。これに類する発想はたくさんあるが、顕著な現代的形態は、宮台真司が喧伝した「テレクラ売春」「ブルセラ」「援助交際」「オヤジ狩り」をキータームとする女子高校生の生態に垣間見られるという指摘がある(大貫隆『グノーシスの神話』)。

「この「輝きを失った混濁した世界」には宇宙的な調和も、未来の希望も、魂の内なる輝きもありません。一切は意味を剝奪され、すべてが淀む灰色の世界。それが「終わりなき日常」の原風景なのです」(入江良平『世紀末精神世界』)。岡崎京子の『リバーズ・エッジ』にもそういう風景が描かれた。このような世界把握は、世界拒否と世界逃避の一つの現れだ。どうしても逃げたい世界から、いやそれが学校であれ、家庭であれ、逃げ出せない状況にある場合、そこに「灰色の世界」しか見出さないことは、受動的に世界を拒否し、そこから逃避することでもある。またグノーシス主義には、無限の価値を持った本来の自己というモチーフもある。「オヤジをカモり、徹底して戦略的に振る舞う現実の女子高生たちにとって、オヤジという存在は、「汚れ」かつ「世界を受容した者」の象徴だ。そのオヤジ相手に売春しまくる彼女たちは、「汚れ」てはいても「世界を受容していない」。その意味でイノセントな存在だ」(宮台真司『世紀末の作法』)。

要するに、すべて世界が悪くて、自分たちは無垢だという発想だ。そのような見方から無気力やシラケが生じても来るのだが、ここにも存在へのテロリズムがある。無気力は多くの場合、怒りや攻撃衝動を抱えているからだ。

古代のグノーシス主義は、確かに神を中心とはしていたが、至高神が実は人間の本来の自己の別名にすぎないのであるから、「絶対的人間中心主義」ということになる。しかも、私は神なのだという認識によるばかりでなく、人間の生の繰り広げられる世界を拒絶しようとするのだから、同時に独我論にもなってしまいやすい。その場合、独我論以上に暴力的な発想は存在しないだろう。ただし、現代のグノーシス主義には、本来の自己は神だという発想、神への憧れはあまり見られないようだ。本来の自己を、無垢の存在と見なそうとするか、さもなければ、計り知れぬ破壊力を持った巨大な機械「エヴァ」に投影しようとする発想ならばあると言える。したがって、昔のままではないとしても、そこには緩和されたグノーシス主義があるのであり、天使主義と整理した方がよいところもある。

ここでは、グノーシス主義と天使主義をほぼ同じ潮流にあるものとして互換的に用いるが、無垢で弱いものという自己把握から生じてくる世界の破壊、受動的な世界の拒否がどのようなメカニズムを有しているかということが問題だ。そこには何かが決定的に欠落しているのだ。その欠落は、この百年や二百年で成立してきた欠落ではないのかもしれない。欠落してしまったのは、欲望の文法ではないのか。古代のグノーシスが禁欲、欲望の消去を目指し(性的放縦があったという伝聞を忘れるべきではないが)、現代のグノーシスが性的放縦に陥っているように見えながらも、様々な点で呼応するとすれば、そこに共通の欠落を見出すことができるかもしれない。

2　欲望の構造

欲望は、希望と同じように本来臆病なものだ。欲望は自らが弱いものであることを知っているがために、欲望をもつ人間が欲望を恥じるように仕向け、自ら隠れる。その場合、うまく身を隠した欲望は、欲望の持ち主に、他人がその欲望の存在を知ることを恐れるように仕向け、何かが隠されていることを示すことで、自分の存在を示す。だからこそ、欲望の主体は、欲望が存在しないときも、存在していると錯覚できることになる。隠されていることが欲望のしるしとなれば、欲望が不在であっても、あたかも存在しているかのような仮象を与えることができるのだ。一番重要なのは、欲望の主体に、欲望が不在のときも、欲望を所有しているように誤解させることだ。つまり、忘却を強制されながら、その強制をも忘却しなければならないシステムの中に身を隠すのが欲望の本質なのだ。そうでなければ、我々は欲望の主体となり得ないし、そうであるがゆえに、罪が不在であっても、罪悪感を引き起こすことができる。

欲望の弱点は、欲望の持ち主にとっては、その欲望がいかに私的で、特異的で、恥じるべきで、隠されるべきものであるように映じているとしても、すべてあまりにも一様で、退屈なぐらいワンパターンで、月並みで、凡庸なことだ。いかに異常に見える欲望も凡庸である。凡庸さが知られることを恐れる者は、他者から自らを隠すことをたくらむ。隠すことによって独自性を保つことができるからだ。その際、罪悪感もまた、欲望の凡庸さを隠す、巧妙な仕掛けである。罪悪感の存在は、自己の存在を、世界から際だったものとし、自分が世界で唯一のものという感覚を与えることができる。罪悪感と欲望は敵対するものではなく、裏で結託した共犯者なのである。罪悪感こそ欲望を守り育てるための感情の形式なのだ。人間が欲望に対して貪欲であり得るのは、罪悪感を持っているためなのだろう。

しかしながら、欲望の主体が、罪悪感・良心と欲望の共犯関係を意識することがあってはならない。自分が選んだことが、外から強制されたものとして与えられることを望んでいるためなのだろうが、この隠された共犯関係を「欲望の文法」と言うこともできるだろう。このような欲望の形式はいかに形成されるのだろうか。

まず考えなければならないのは、自然的欲望の形式である。自然的欲望の場合であれば、与えられている目標は、個々の人間に予め与えられている生理的・身体的条件と連関している。睡眠不足であれば、睡眠を欲し、空腹であれば食べ物を欲する。この場合、欲望を他者から学ぶ必要はない。

生理的に何かが欠如している状態から、当の対象に向かうことは法則的に決まっており、その法則は外から与えられる必要がなく、肉体に初めから備わっている。初期条件と、人間が置かれている身体的状況のなかで、欲望の対象は自ずから与えられ、それを求めるべく、人間は駆り立てられる、ということだ。その場合、外から強制されることなく、「自ずと」対象を欲するということになる。

このような欲望においては、欲望が発生するとすぐに、欲望の対象は初めから明確な姿で与えられることになる。したがって、自然的欲望において、欲望の対象が何であるのか迷う必要はない。

さらに、自然的欲望を充足の可能性という点から見てみよう。もちろん、すべての欲望が充足されるわけではない。充足し得ない場合というのは、まず、そもそも欲望の対象が現実にあり得ない場合、または実現が困難な場合である。もちろんそれだけではなく、欲望の対象を誤認したり、曖昧にしか認識していない場合にも生じる。幼児が眠くなって、何か食べたいとぐずり、食べ物を手に入れても、泣きやまない場合がそうだ。いずれの場合であっても、欲望を充足する可能性の条件は整っている。欲望の対象が現実的に得られるかは別にして、少なくとも対象が与えられれば、欲望が充足する形式、充足可能性の形式はそこに見られるのだ。欲望充足の形式は、対象の獲得からは独立しており、充足の形式の確立そのものが、ある種の欲望(メタレベルの欲望、欲望充足の可能性の条件を満たそうとする欲望)を充足するのである。

満たされ得ない欲望

ところが、初めから充足する可能性の形式を備えていない欲望がある。普通の酒好きの人間と違って、酒を飲む行為そのものを求めているかのように、酔いつぶれるまで酒を飲む人間がいる。

彼らは酒のおいしさなど関係なく、自分への憎悪のためなのか酒への憎悪のためなのか知らないが、酒を飲む行為に耽溺する。これは対象の獲得が困難であるからでも、対象が曖昧なためでもない。アルコール依存者は、アルコールを欲望しているのではなく、他者を破壊したい攻撃衝動を、自分への破壊衝動に向け変え、酒を痛飲することで晴らしているのかもしれない。

そこにあるのは、欲望を成立させる初期条件も、欲望の対象もありながら、充足する可能性を持たない欲望、要するに、欲望の充足する可能性の形式を備えていない欲望だ。このような欲望において、何を求めるかが問題なのではない。求めたものが手に入っても、心が渇いたまま、充足しないままであること、そこに問題があり、しかも充足できると思われた対象の獲得が失望しか生み出さず、「欲望の達成」によってより深い失望につながることが問題なのだ。もしかすると、どのようなものが得られても充足しないままでいるという罰を自分に科しているのかもしれない。そこでは、欲望は欲望自身に向き直り、欲望の形式を享受することなく、欲望の対象にのみ拘泥し、しかも対象からは失望しか手に入れられない、という構図がある。充足の可能性の形式、ここに現代における欲望の問題の要があるようだ。

話を戻そう。先ほど、自然的欲望の文法について見てみた。自然的でない欲望の場合はどうなのだろう。自然的でない欲望としては、名誉心、金銭欲、所有欲、支配欲、権力欲などがある。そして、性的欲望、性欲もまた決して自然な欲望ではない。自然的ではない欲望、これを「人間的欲望」と言うこともできるが、この欲望において、その機序も、充足の可能性の形式も、対象も、虚構の側面が満ちあふれている。

「欲望とは何か」とか「性的快楽とは何か」ということが公に論じられることは少ない。欲望が自明視され、いや自明視するように強制されているためなのだろう。「私とは何か」という問いを考えていくと、答えが見えなくなるのと同じで、性欲も快楽も、あやふやな弱いものだ。

3　欲望の己有化

欲望とはなぜこのように弱いのだろうか。もちろん、「弱い」というのは、はかなく、すぐ消えていく姿を述べているのではない。安定した心的状態における欲望の場合であれば、目的を完遂した状態が消失であり、自己を完成させることが自己を消滅させることにもなるが、欲望というプロセスは、決して単純なままで終わることばかりではない。弱い欲望が肥大化するのだ。「弱さ」は、メカニズムの複雑さによるのだろう。

欲望が弱くはかないものであるとすれば、どのようにすると守り育てることができるのか。それは逆説的なことだが欲望を禁止することによってなのだ。その場合、欲望を禁止することは、欲望を消滅させることではない。

禁欲といえば、中世が世俗外禁欲で、近世が世俗内禁欲であるという整理が思い起こされるが、禁欲が欲望の消滅を目指したものでないことは最初に確認しておくべきことだろう。中世は、静謐な祈りの時代というイメージで捉えられることも多いが、欲望が現代よりも少なかった時代というわけではないだろう。中世においても、禁欲とは様々な欲望を一つの対象に集中することであったからだ。

ここでもスコラ哲学的に話を進めよう。生命が一つの欲望である以上、そして地上の生を絶滅させることが至福の状態であると考えるのでない限り、欲望が存在することは現世が存続するための必要条件である。その際、存立の必要条件が悪、つまり必要悪なのかは問題ではない。重要なのは、必要条件を悪として語る言説が、なぜ流通しているのかということだ。その背景にある、欲望を悪と見なすことの一つの源泉は、人間的欲望が、欲望への欲望であるということである。

動物は、自らの内に欠如したものを補うために対象を求める。空腹であれば食べ物を、渇きであれば水分を求める。「もの」への欲望を持つことがその特徴だ。しかし、人間は何も欠けていないのに欲望することができる。人間は友だちが手に入れたおもちゃを見て、そしてカタログを見て何かを欲しがることができる。嫉妬、羨望において、対象が求められているのだろうか。いやそうではない。求められているのは、他者の欲望であり、場合によっては自分への他者の欲望を欲望することも生じる。「愛されたい」という欲望が一番分かりやすいだろう。他者が自分を欲望していることを欲望しているのだ。愛されたいという気持ちを持たせてやりたいという、保護者的な思いとなると、欲望への欲望への欲望となり、積み重なる多層的な欲望となる。このように、多層的な欲望は決して珍しいものではない。

では、こういった多層的欲望はいかにして学ばれるのか。多くの人は、欲望を、主体と対象を結びつける単純な直線で表現する。主体は、自発的かつ自由に対象を欲していると思う。欲望とは、自分に固有なものであり、他者に隠された「穢れた欲望」の場合であれば、自分の最も深いところにあり、自分に刻み込まれた、打ち消しがたい罪悪のように感じる。罪深い欲望でも、普通の欲望でも、それを生み出す源は主体の内にあり、そして罪を生じさせ、誘惑するものは、対象の内にあると捉えられることが多い。その場合、誘惑に負けた自分の弱さを後悔するということは少なくない。

しかしながら、そもそも人間は欲望の主体となりうるのだろうか。もしかすると自分に穢れた欲望が宿っていると感じることで、自らが欲望の主体となれたと思うこと、そしてそのために罪悪感を持つこととそのものが、傲慢な思いなのかもしれない。というのも、主体は自らの欲望を、対象との間の関係だけに基づいて抱くことはできないからだ。

欲望の三角形

生理的欲望、欲求の場合であれば、対象との間に、何も介在させないで欲望を持つことができる。しかし、人間的欲望は、ルネ・ジラール（一九二三―二〇一五年）の整理にしたがえば、欲望の主体と欲望の対象以外に、欲望の媒体、手本、モデルが必要となる。そして、ここでの「手本、モデル」とは、自分がそうなりたいと思っている他者、その人の欲望を模倣しようとしている他者である。ここにある「欲望の三角形」においては、欲望の主体－欲望の媒体－欲望の対象といった、三項関係が成立し、主体は対象を欲望していると錯覚しているが、実は媒体の欲望を模倣しているにすぎない。「虚栄心をもった男がある対象を欲望するためには、その対象物が、彼に影響力をもつ第三者によってすでに欲望されているということを、その男に知らせるだけで十分である」(ジラール『欲望の現象学』)という場合を考えてもよい。また、恋愛をめぐる相談の多くが三角関係であるということでもよいだろう。そもそも欲望があったのは、媒体、モデルにであって、その欲望を源泉にして、借り入れているにすぎない。主体は、自分がモデルのようになりたいという憧れを打ち消し、模倣しているにすぎないことを否定するために、モデルの方を、自分の欲望を邪魔するライバルと捉え、ライバルに敵対心を持つ。背後にあるライバルへの憧れと、表面にあるライバルへの敵対心と憎しみ、その両価的な苦しみ、しかもこの世の中でこれほど苦しんでいるのは自分しかいない、という自惚《うぬぼ》れがそこにはある。これは日常ごくありふれたことだ。手に入りにくく、他人がほしがっているものは、その対象に興味がなくても、欲しくなる。もちろん、この三角形にとどまる限り、ライバルに勝利し、対象を獲得したとたん、三角形も欲望も消滅してしまう。

以上のことを簡潔に述べれば、欲望とは他者の欲望の模倣であるということだ。自分の内の秘められた欲望、それは借りものなのだ。自分のものでないことに、半ば気づいているために、主体は自分のものであることの偽りの証拠として、自分に対して、苦しんでいることを演技しているのかもしれない。苦しみとは、一般に、自分が或る問題の当事者であることの証拠となることだ。自分のことでなければ、誰も苦しまない、苦しんでいるとすれば、苦しんでいる以上、自分の問題だと思いこめる。

重要な論点はその先にある。欲望の源泉が他者にあるとしても、欲望は個体化され、欲望の安定した帰属先を探し、そこに住まう方法を見つけなければならない。換言すれば、欲望は「己有化《こゆうか》」されなければならない。他者の欲望によって支配されている「主体」が、欲望の真の源泉であって、その欲望を支配しているといえる枠組みを、欲望の方が供給しなければならない。だからこそ、欲望は外国語と同じように学習されなければ、身につくものではない。欲望とは一種の能力なのだろう。

欲望が主体に帰属するための最も大事な条件は、外部に由来するものが、内部に取り込まれ、起源が忘却され、内部から湧き起こること、いや自ずから湧き起こることだ。その場合にこそ、欲望は自分の欲望となる。欲望を模倣したとしても、対象の獲得によって、喜びがこみ上げてくるのでなければ、欲望の主体となったといえないだろう。起源を忘却すればそれだけでよいのかといえば、そうではないだろう。望ましい対象の獲得によって、喜ばしいことが生じたと認識するだけでなく、「喜び」の感情が伴わなければならない。感情が、認識や推理によって必然的に生じることではない以上、認識と感情の間には乖離があり、その乖離は媒介されねばならない。乖離を媒介することと、欲望の己有化は重なることだ。普通の人間がこともなげに行っていることも、一部の人には困難な課題となる。

4 欲望の充足可能性

ここまで述べてきた欲望論の枠組みは、「欲望論」という名前そのものが、定着していないことを見ても分かるように、かなり新しいものである。哲学において、欲望が中心問題となることはなかったからである。欲望は、せいぜい近代的個人が登場して以来、つまりルネサンス以降において重要な問題になるというようにも見える。もっとも、二一世紀になって、遅れた歩みを取り戻そうとするためか、情念や感情や欲望を主題とする研究が次々と現れてきたが。

しかしながら、トマス・アクィナスの『神学大全』第二部において、人間の情念が扱われ、欲望・性欲の問題にずいぶん紙数が割かれているのはどういうことなのか、そればかりかアウグスティヌス(三五四―四三〇年)の『神の国』において、人間の欲望があれほど扱われているのを見ると、近世の方が見ないフリをしていたようにも思われる。とにかく、中世とは人間性が抑圧され、宗教が生活の隅々まで支配していた暗黒時代だったというのは、当を得たものではないだろう。

さて、人間的欲望においては、欲望の対象は初めにおいては、曖昧な姿でしか登場しない。対象のあり方が曖昧なためなのだろうか。その対象は、常に他者から与えられる。そのとき、一つの問題点として、欲望を充足するための能力、形式が与えられて、欲望の姿が明確になると、同時に欲望の対象の姿も明確になっていくということがある。若者が「自分が何をしたいのか分からない」「自分の夢が分からない」というのは当然のことだ。なぜならば、人間的欲望は、充足の形式が整っていくにつれて明確になっていくのであり、その欲望において、対象を獲得することが快楽の頂点を形成するのではなく、充足の形式を整えていく過程が、欲望の享受ということを引き起こすからだ。欲望は、充足の形式が漸進的に形成される過程の最後の段階において、確定した姿をとる。つまり、人間的欲望において、欲望は一番最後に現れる。その欲望を初めから確定したものであると考え、欲望の対象がぼんやりとしか見えないことにいらだち、既製品の目標を欲望の対象とすることは、天使主義に陥っていると言えるのかもしれない。

なぜ欲望においても天使主義が広がっているのだろうか。現代は、「もの」に満ちあふれている。そして欲望が人間に満ちあふれた時代にも見えるが、逆に欲望の対象はふんだんにあり、そのためにかえって欲望が不足している時代なのだ。ところが、大量消費社会においては、かつてより消費の欲望が増加していなければならない。豊かさのなかで、豊かさゆえに、欲望において貧しくなるように、つまり求める力を強くするように人の心を動かさねばならなくなる。心貧しき者は幸いなのだろう。さもなくば、消費社会は成り立たない。大量に「もの」が溢れている時代で、欠如、不足に基づかないで、欲望を喚起するにはどうしたらよいのか。

欲望の対象における戦略が使えなければ、欲望の充足の形式に訴えるしかないだろう。欲望の充足の形式に訴える戦略は、基本的に人間的欲望のすべてに適用できるものである。というのも、人間的欲望の対象は、ジラールの欲望の三角形で理解されるように「もの」が事物として不足していることから生じるのではなく、「もの」を記号と見なし、そこに意味や価値を付与することから生じるのだから。つまり、人間的欲望においては、自然的欲望の場合と同じように、不足している、欠如しているが故に、その対象を求めているのだと欲望の持ち主に思いこませながら、充足の形式においては、自然的欲望と違ったメカニズムで欲望を喚起しているからだ。そして、理想的な欲望喚起システムは、対象を獲得することで、より多くの欠如を生み出すものだ。このシステムの中では欲望は死ぬことがない。

七つの大罪

欲望の充足の形式についての考察は、中世における欲望論に一つのモデルを見出すことができる。キリスト教倫理においては、七つの大罪(peccatum capitale; capital sins)があるとされ、以下のものが含まれる。原語は(ラテン語、英語)の順で付しておく。高慢(superbia; pride)、貪欲(avaritia; avarice)、嫉妬(invidia; envy)、大食(gula; gluttony)、怒り(ira; anger)、怠惰(acedia; sloth)、淫欲(luxuria; lust)。大罪は「死すべき罪(peccatum mortale; deadly sins)」とも言われる。死に至る罪、永遠に罰せられる罪だからである。「許されうる罪(peccatum veniale)」は「小罪」とも訳される。

それぞれ定義を述べるまでもないだろうが、誤解が生じないように説明を付しておく。

高慢――自分の卓越を目指す、度を越した欲望
貪欲――人間の生活の中で用いられるものへの、過剰な欲望
嫉妬――自分の卓越を損なう場合に、他者の善を悲しむこと
大食――食べ物への過剰な欲望
怒り――目の前にある取り除きにくい悪への感情で、本来は「怒りっぽいこと」
怠惰――肉体を働かせるために、心を使うことをしたがらなくなる悲しみ
淫欲――満ち足りることなく、貪るように性的快楽を欲求すること

これらをさらにどう区分するかでは、スコラ哲学内部でもいろいろな議論があるのだが、七つの大罪の基本的理解ではそれほど違いはない。これらの罪は、もともとの欲望としては、例えば大食の場合は、食欲が原型であって、対象は飲食物であり、欲望の目的は個人の生命の維持である。貪欲の場合、その原型は金銭欲であり、対象は富である。すべてについて記す必要はないだろうが、淫欲に関して述べておけば、淫欲の原型は性欲であり、対象は性的結合であり、目的は種の保存である。トマス・アクィナスは、「淫欲とは、性的行為における快楽への欲求において、過剰という、秩序からの逸脱を引き起こすものである」と述べている。英語の lust は肉欲とも訳されるが、要するに、制御されていない、異常な性的欲望のことである。

ところで、七つの大罪が罪であるのは、対象の選択に関してではない。対象の選択に関しては普通の欲望の場合と同じであり、大罪たる理由は見あたらない。では、欲望の始まる条件、つまり生育環境・家庭環境・遺伝因子に関して異常なのだろうか。現代においては、欲望に関する異常を遺伝因子や母体内環境などの生得的条件に求める論調もよく見られるが、中世ではそのような「生まれつき呪われている」と考えるような論点は見られない。

では、どこに罪があるのか。トマス・アクィナスによれば、七つの大罪が罪であるのは、節度・節制・中庸を逸脱しているからだ。節度を守ることは案外難しいことだが、節度とは、肉体の健康を損なわない限りにおいて、社会の秩序を犯さない限りにおいて、法律に抵触しない限りにおいて、律法に反しない限りにおいてなど、様々に考えられる。どれなのだろうか。このことは、七つの大罪において、度を越すことがなぜ罪なのかを考えることから示される。

罪とは魂の病気であって、小罪は修復可能な罪であり、病気で言えば、治癒可能な病気なのである。ところが、大罪においては根源が破壊されており、修復不可能であり、治癒不可能な病気であり、致命的な病気なのである。大罪とは治癒不可能であり、したがって死に至る病なのである。しかし、大罪に挙げられている罪は、日常においてあまりにも頻繁に犯されている罪であって、これらの罪をすべて免れている者は人間とは言えない。天使に近づくことで、これらの罪をすべて免れられると考える者がいるとしたら、「天使主義者」であり、天使に近づくよりも悪魔に堕落してしまう。

大罪といってもこれらは赦されるものであるから小罪ではないのか。治癒可能な病気ではないのか。罪の基体には、トマスによると、意志と感能(感覚能力)と理性がある。理性は永遠の理念を目指す上位の理性と、外的行為に導くものとしての下位の理性、いうなれば実践的な理性がある。意志も感能も下位の理性も大罪の基体(主体)ではない。それらは命令を下す立場にあるさらに上位の基体を有している。上からの命令に服する基体であり、それは修正を受け入れるものだ。しかし、永遠の理念を目指すべき上位の理性が誤ってしまったら、もはやその上位の理性を訂正する能力は存在せず、訂正不可能な誤りに陥る。

トマスによれば、欲望とはある目的に秩序付けられているものだ。この目的連関の関係は秩序付けと呼ばれる。「秩序付け」という関係において、作用と対象を取り出した場合、対象が作用の方よりも、優位に立つとされる。秩序付け(ordinatio)とは、ordo(秩序、順序、命令)が見出されることだが、対象の方が先立ち、作用の方にいわば「命令」し、そのことによって、作用が秩序の中に収まる、ということだ。そして、この秩序付けの機能こそ、意志でも感能でも下位の理性でもなく、上位の理性が果たすべき働きなのである。この上位の理性が壊れてしまうことこそ、根源の破壊なのである。「理性の破壊」という状態に入れば、もはや修復することはできない。

欲望と限界

欲望は、このような目的への秩序付けによって、尺度と限界が与えられる。たとえば、我々が空腹のとき、食べ物を欲するのは、食べることや食べ物が目的なのではなく、空腹をいやすためだ。満腹になっても、嘔吐してまで、ひたすら食べ続けることが食欲の目的ではない。言い換えれば、空腹には自然的限界が与えられている。体が動かなくなるまで食べ続けたり、満腹になって嘔吐する動物は聞いたことがないから、秩序に反して(inordinate)食べるというのは人間だけがすることだろう。

ところで、限界を越えること、度を越すこと(inordinatio)は、節制に反し、秩序付け、その中でも特に目的連関の秩序を破壊してしまう。目的連関の中に収まる限り、フィードバックが作用して、限界を越えてまで欲望が残存することはない。ところが、この目的連関からはみ出れば、もはや欲望を制御する機能は働かず、欲望は果てしない自己増殖を繰り返すことになる。食べ続けても、嘔吐し続ければ、胃壁はただれ、歯がボロボロになりはするが、どこまでも食べ続けることができる。いや、食べ続ける自分への嫌悪感を忘れるために食べ続けるしかなくなってしまうのだろう。

その場合、欲望は、対象を獲得しても休止することなく、自己目的化し、食べること自体が目的となってしまう。そういう場合、食欲はもはや食べ物を対象とする必要はない。ピンポン玉にひもを付けて飲み込んだり吐いたりしても効果は同じだろう。歯止めなく、繰り返されることが要点であれば、髪の毛を抜き続ける行為でもよいだろう。同じことは、性欲に関しても、名誉欲に関しても、金銭欲に関しても言える。

このように、対象によって安らぐことなく、歯止めなく肥大する欲望は、当初の欲望の姿とは異質な悪魔的なものに変わってしまう。自然的限界が機能するのは、人間の肉体に生理的な限界があるからなのだが、目的連関の秩序からはみ出したとたん、人間は肉体を有するのに、肉体を持たないかのように振る舞ってしまう。生理的限界に「なぜ?」という問いを突きつけ、その答えのなさに直面してその結果、「なぜ?」という問いが剣、しかも諸刃の剣となって、人間の限界を突き破ってしまう。秩序付ける働きを持っていた理性が抑制する力を失ってしまったら、欲望は暴走するだけである。生命の根源まで破壊し、その〈存在〉が破砕されない限り、自分ばかりか他者をも破壊し続ける。

確かにご飯を三杯食べて満腹にならねばならない理由はない。そして、おのれの肉体を破壊したり、他者や共同体の秩序を破壊しても、いかなる充足を味わうこともなく、自らも苦しみ他者を苦しませ、なおも破壊を止めることなく、暴走し続ける。欲望が己有化されることなく浮遊したままで、しかも充足の可能性を初めから喪失した状態であるならば、それこそ不死の欲望、永遠に自己増殖する欲望として生き残ることができる。その欲望が消費に向けられるならば、破産するまで消費しようとする「理想的消費者」を生産できることになる。七つの大罪の議論も、この悲喜劇的事態を予言していたのだろう。このような歯止めない欲望に汚染してしまった人間は、自己の終末か世界の終末かを期待するしかないのだろうか。

ここで、大食であれ淫欲であれ、他者に害を及ぼさなければ、「大罪」ではない、という反論も考えられる。善良な市民としての生活を送りながら、人に知られず大罪の時間を持つとすれば、それは個人的な罪で、大罪に及ばないのではないか、という考え方である。

しかしそれは、貨幣の偽造に似ているところがある。誰も見破れない精巧な偽造貨幣であれば、受け取った者も被害を被ることはないし、そして露見することなく、社会において流通するとすれば、大罪ではなさそうだが、各家庭が卓上貨幣製造器を所有したらどうなるのか。マクロに見れば、貨幣の流通量の膨張、途方もないインフレにすぎないとしても、ミクロに見れば、貨幣が自分の価値を自己否定することになっているのだ。自分を壊すことが最大の罪だというのはそういうことだろう。

七つの大罪は、言葉の文法違反や偽金作りと同じように、そして自殺と同じように、ミクロなレベルでは私的なものだからといって許容されるのではなく、それ自体である普遍的なものの破壊であるがゆえに、大罪なのである。それが尊厳ということの意味だ。

話を戻すと、肉体がある限り欲望には限界がある。しかし、肉体を失った状態では、記号の差異が歯止めない欲望を生み出す。たとえば、ある特徴が性的差異の記号となれば、その記号がどんなものでも欲望を引き起こすこと、つまりフェティシズムに陥ることができる。時代が進めば、電話帳から女性の名前を、いやそれどころか、仏和辞典から女性名詞だけ切り取って、悦に入る人間が出てくるかもしれない。性的欲望とは差異に基づく、差異への欲望だ。差異の最たるものが記号の間のそれである以上、記号に倒錯するのは実に自然な欲望なのである。エロティシズムとは本質的に、一つの言語であり、一つの記号体系であり、一つの象徴体系であるからだ。その姿は倒錯じみているが、「正常」な人間と大差はないのかもしれぬ。過剰なる記号作用は、七つの大罪が過剰なる欲望であることによって、欲望の自己壊滅を導くように、意味の消失をもたらす。

肉体の中の欲望

肉体が欲望の源泉で、しかもそれゆえに罪の源泉であるというのではない。欲望はそれ自体では罪も穢れもないものであって、罪や穢れに転じてしまうのは、欲望が肉体から浮遊し、人間的尺度を逸脱すること、限度を受け付けなくなることによる。肉体の存在こそ、欲望に正しい路を歩ませる保障なのである。

もし肉体が大罪への歯止めであるとすれば、肉体が罪の源泉であるなどという発想はどこから生まれたのだろうか。七つの大罪が大きな罪であるのは、欲望の充足可能性を破壊してしまうからだ。七つの大罪に陥ったとたん欲望は秩序から逸脱したもの(inordinatus)として、人間に制御できる欲望ではなくなってしまう。その際、七つの大罪を措定することは、決して欲望の腐海を絶滅しようとしているのではなく、人間を守り育てるものに欲望を引き戻そうとしているのだ。

では、大罪に陥らないようにするにはどうすればよいのか。中世においては、アンブロシウス(三三九頃―三九七年)の「すべての罪は悔悛《かいしゅん》(paenitentia)によって小罪となる」という典拠が大事にされた。大罪がそのまま放置されれば、永遠の劫罰へと導かれるが、悔悛によって許されうる小罪に変化するとされていた。現代のカトリックにおける悔悛の具体的作法については、A・ファン・コール『倫理神学概論』(全二巻、浜寛五郎訳、エンデルレ書店、一九七五、七六年)が便利だ。神父になる人しか購入しない本だが、とても面白い。悔悛という儀式において、哲学的に重要なのは、それが、心の転向、向き変え(conversio)を含んでいることである。対象に耽溺している精神は対象を獲得しようという衝迫の中で、そしてその衝迫をさらに強化するフィードバック(正のフィードバック、再備給)によって、どうにも止められない勢いにはまりこんでいく。

フィードバックとは、出力が再び入力に取り込まれ、出力が限度に到達した場合には、入力が制限され、出力が抑えられるメカニズムだ。この場合は、「負のフィードバック」である。抑制し安定した状態を保つために用いられる。正のフィードバックとは、出力を再び入力に取り込み、その取り込んだ入力を出力の亢進のために使用するメカニズムである。これは歯止めがなければどこまでも出力が増大し、システムが崩壊してしまう。破壊に結びつきやすいメカニズムだが、人間文化においては一定の場面で盛んに用いられる。出力が弱い場合、正のフィードバックを使い、再備給を行えば、出力は増大する。「盛り上がる」のである。祭りや恋愛、物事を立ち上げる場合において使用され、ケン力や争いが生じる場合には頻繁に発生する。宴会の盛り上げにも使用される。この正のフィードバックは、終極が設定されていない限り、破滅に陥る形式なのである。秩序付けを逸脱するための形式でありながら、秩序に戻るための限界が設定されていなければ、そのようなフィードバックは使用されてはならないのである。正のフィードバックは、狂騒に陥りやすいが、途方もないエネルギーを発生させるメカニズムであり、それを制御することがマツリゴト(政治)とされてきたのである。

激しい興奮に陥った心の動きを止められるのは、心の向きを変えることだ。それが転向(conversio)である。この心の向きを変える「転向」は、トマス・アクィナスの哲学において、私が最も崇敬する概念だ。認識においては、物質的対象から、感覚を通じて、知性に至り、認識を形成する「抽象」の過程に対して、逆向きに、「抽象」の逆操作を行い、心の認識から対象に向かう働きが「個体化」である。そこには、精神が受動的に行っている認識の働きを対象化し、振り返り、反省を加える「立ち返り(reflexio)」という働きがある。「反省」と訳してしまうと、日常化しているために浅薄な響きがしてしまうが、反省こそ、認識においても、対象に向かう精神の働きを示すものであり、それが後には、倫理的な場面に用いられることで、倫理的是正原理として「反省」という概念として定着していくわけだ。罪の場面において、決定的に重要な働きこそ、「転向、向き変え」ということであり、認識においては「反省、立ち返り」ということだったのだ。心の向きが変えられなくなった人間は、ハンドルを失った自動車のように何かに衝突し破壊するまで止まることはない。

七つの大罪は、それぞれある欲望を基本型としていた。大罪を予防するためには、萌芽となる欲望を消去する方法も考えられるが、肉体がある限り欲望は残る。欲望の対象を断念すればよいのか。ここまで見てきたように、大罪は対象との間の目的連関を失うことで生じていた。対象の断念は必ずしも大罪の予防策とはならない。大事なのは、欲望が秩序付け(ordinatio)の内部にとどまり、充足する形式を維持することだ。性的欲望の管理と制御を身につけること(ハビトゥス)こそ、青年期の課題であり、自己同一性の起源であり、倫理学の源泉なのだ。充足する形式には、快楽が伴うが、快楽とは外から与えられているように見えて、内部から湧出するものなのだろう。受動的なものでも能動的なものでもないのかもしれない。ここで、快楽の形式について考察しておこう。

5　快楽の技法

中世では、肉体を罪の源泉と捉える発想は馴染まないことをここまでに見た。しかしながら、従来、中世では性的快楽に代表される肉体的快楽は徹底的に抑圧されていたと述べられてきた。セクシャリティに関する研究が進む中で、中世における異様なまでに厳格な禁欲主義は、非人間的な欲望観として、批判的に言及されることが少なくなかった。しかも中世では、修道院において、厳しい禁欲的生活が営まれていた。そこでは、肉体性を脱することが、罪や穢れから免れることにつながるという発想が前提されていたと見えないでもない。古代においては、オウィディウス(前四三―後一七年頃)の『愛の技法』に典型的に見られるように、大きな快楽を目指す技法が破廉恥に語られたのだが。

それはともかく、なぜ人間は、肉体から湧き起こる快楽を罪悪と見なすのだろう。罪悪感は、行為の後においては後悔の念を引き起こす。罪悪感は、未来の行為に対する倫理であるより、過去の行為への贖罪だ。過去の行為への贖罪が、繰り返される未来の行為へと向けられる場合、それは反復強迫を引き起こし、同一の行為を繰り返すことがそれ自体で逸脱となり、何度も繰り返されることでさらに大きな逸脱になっていく。そして、同一の行為を繰り返しながら、退屈な反復に堕することなく、増大する逸脱によって、ますます大きな快楽を得ることができる。罪悪感とはマンネリに陥ることなく、退屈な日常から大きな快楽を得ることのできる、乏しい快楽環境の中での、案外打算的な心的メカニズムかもしれない。

性への罪悪感ゆえに、性の罪悪を重ねずにはいられない人間は、嗜癖の手法を体得した、計算高い人間だ。罪悪感を悪用することで、無際限の快楽が得られるのだ。

性の快楽を禁止することは、予想に反して、性の快楽を享受するための手段にもなる。

人間の心はずいぶんしたたかなものだ。禁止規則を守ることによって、規則を破った場合よりも、大きな快楽が得られるメカニズムを見出すことができる。もしそうでなければ、禁欲主義の徹底した時代において、本来残るはずもなかった、偶然残った懺悔録に、なぜ懺悔の涙という衣装をまとった快楽の記録があれほど多く記されているのだろうか。とはいいながらも、中世の禁欲主義の偽善性を主張したいのではない。中世の禁欲主義の欺瞞性・異常性を指摘する人間は、宗教におけるオリエンタリズムみたいなものに陥り、近世以降に始まる別の種類の禁欲主義の陥穽を見落としているのではないかと言いたいのだ。欲望の己有化とは、当人をして欲望の主体たらしめることであり、起源の忘却と抑圧を含んでいるが、その忘却と抑圧によって、欲望は単に「……したい」にとどまらず、「……せずにはいられない」にもなる。「……せずにはいられない」(衝迫)は、外からの働きと内からの働きが相半ばするところに生じる。その結果、責任転嫁も起きやすくなるのだが。

ところで、快楽を究極目的とすることは、悪魔の所業なのだろうか。一見すると、快楽が究極的善とは言いにくいから、そういうものは究極目的としてより手段と考えた方がよいようにも見える。

快楽もまた、欲望と対象の間に成り立つ、目的連関の内にある以上、「秩序付け」においで考察するしかない。

使用と享受

中世においては、快楽は「使用」されるべきで、「享受」されるべきでないという言い方がある。対象を享受するとは、その対象を究極目的(目的としての目的)として遇するということだ。でも究極目的とは何だろう。もちろん、究極目的といっても、その実現のために人類の英知と労働が向けられるべき理想の状態のことではない。ここでは、究極目的とは「なぜ?」と問われて、答えを出せないようなもの、自己目的のことだ。食べ物であれ、人間であれ、趣味であれ、「おいしいから、好きだから、楽しいから」などの答えは答えのようであっても答えになっていない。その対象に価値を置くことの言い換えでしかないからだ。この「使用」と「享受」という対立概念は、きわめて中世的な概念であり、中世的心性を理解する場合に不可欠なものである。近世以降廃れていってしまったが。

この枠組みを基礎づけたアウグスティヌスは、次のように述べる。「享受する(frui)とは、あるものをそのもの自体のために(propter se)愛し、愛によってそれに固着することである。他方、使用するとは、君の愛するものが愛に価する場合、その愛するものの獲得を目指してそれを使用することである」(『キリスト教の教え』)。農作業を例に取れば、労働は、それ自体に価値があるのではなく、収穫物・果実を目的として営まれる行為であり、人は収穫物・果実(fructus: fruit)を享受する(frui)と言われる。要するに、労働は使用されるものであり、収穫物は享受されるものである。その相違は、他のものとの関係なしに、それ自体でわれわれに喜びを与えるか否かにある。もちろんのこと、使用をまったく伴わない享受、つまり純粋の享受ということはない。享受には必ず使用が伴う。

一般的に述べれば、手段・道具は使用され、目的は享受されることになる。この使用と享受という対比が適用されるのは、他者との関わりにであり、たとえば「人間は自己の存在を享受すべきでなく使用すべきであり、他者の存在は使用すべきでなく享受すべきである」と語られる。

使用と享受の対比が意味を持つのは、人間の行為における目的連関のプロセスが、無限連鎖ではないことに由来すると思われる。最後に得られる目的が、自己目的であるならば、先立つ行為が手段で、後続する行為が目的である。この後続する行為もその後に来るものの手段となるような連鎖がドミノ倒しのように成立すればよいが、人間の生においては最後に得られるもの(死、場合によっては世界の終末)が至高の目的とは言えるはずもない。目的を先送りにするような枠組みは最後には破綻してしまう。使用と享受の枠組みでいえば、自己の生を「使用」すべきであると述べることは、生を「使用」の連鎖、手段－目的の連鎖に還元しようとするのではなく、逆にそのつどの行為における「享受」の可能性を示したものと読むこともできる。

目的連関の無限の連鎖を断ち切るものとして、徳の報酬を結果においてではなく、行為そのものに見出す思考がある。「徳」の定義をここでしようとは思わないが、少なくとも「隣人愛」をそこに含めることはできる。隣人愛が「情けは人のためならず」ということではなく、行為そのものに報酬が内在していることであるとすると、隣人愛には目的連関に拘束されない「享受」が見られることになる。ここに、人間の欲望は、欲望への欲望であったことを付け加えてもよい。その場合、生は「使用」の連鎖ではなく、「享受」の連鎖となりうる。さらに、目的は当初から明晰に与えられているものではなく、過程において徐々に現象してくることが多い以上、目的連関によってのみ行為を意味づけることは、実践的格率として不適切である。

さてこのように見た場合、快楽を「使用」する、つまり手段として扱うことは、快楽に翻弄されない「清らか」な生き方になるのだろうか。快楽は、フロイトによれば、緊張状態からの解放と定義される。奇妙な説明にも思われるが、食欲であれ、性欲であれ、快感を突き詰めて考えて、それ自体で定義しようとするとそうとしか表現できないのだろう。現実的な感覚のレベルで考えれば、確かにその程度のものだ。現代であれば、脳の状態として記述する径《みち》もあるが、それは快楽のプロセスの終端の物質的状態という結果であって、プロセスの記述としては抜け落ちるところが多いと思われる。それはともかくとして、フロイトが快感を定義する場合、緊張からの解放を語ることが多いとしても、性の欲動は障碍として現れ、絶えず緊張を伴い、そこからの解放が快楽として受け止められるということの方が主眼だったとも思われる。つまり、快楽を求めることが行為の中心をなすとしても、快楽そのものに快楽を求める欲望の本質が見出されるのではなく、快楽を準備する形式の方が重要だ、ということだ。充足の可能性の形式の方が重要なのかもしれない。充足の結果与えられる快楽は、私が見ている「赤色」と他者が見ている「赤色」を比較できないのと同じように、他者の快楽と比較できない。したがって言説の秩序の中に収まらないということだけでなく、充足の可能性の形式は、人間の欲望が欲望への欲望である限り、それ自体で享受の対象となりうるものなのである。卑近な例でいえば、「恋愛をしたい」という欲望や「生きがい」を求める気持ちはそういうものに近い。

充足の条件

充足の可能性の形式にこだわるのは、充足の結果＝快楽にこだわるとしても、欲望の対象の獲得は偶然的状況に左右され、思い通りにならず、結局対象によって翻弄され、対象に隷属することになりやすいからだ。もちろん、その可能性の形式が、人間の思い通りになるといいたいわけではないのだが。

このように見てくると、中世とは快楽の拒否された時代、特に性的快楽の拒否されたた時代であるという常識的な見方はどうなるのだろうか。肉欲の罪深さを盛んに説いた初期教父はたくさんいる。たとえば、テルトゥリアヌス(一五五頃—二二〇年)、オリゲネス(一八四/五—二五三/四年)、キュプリアヌス(?—二五八年)、アウグスティヌスなどなど。そして、中世の贖罪規定書に記された様々な性的事柄に関する禁止、特に性行為において快楽を感じることは罪悪であるという断定を見れば、確かに中世が快楽を拒否された時代であったようにも見える。

中世の欲望論、あれだけ豊かに語られる欲望論が示していたことを考えた場合、そこにあるのが、放縦の禁止と中庸の勧めという程度のものとは思えない。痛みや熱さと違って、快感に対応する感覚刺激はない。もし快感がそういった感覚刺激から自動的に得られるものであれば、そこに倫理的なものはあまり関わってこない。快楽にはいわば「文法」がある。文法は学ばれなければならないが、あたかも学んだものではないかのごとく主体に根づき、しかも一番うまく機能しているのは忘却されている状態である。それと同じ困難が快楽の文法にもある。文法が忘却されねばならないというのは、言語を話しているときにはっきり現れてくる。文法を意識し、それに基づいて話している状態では、流暢な話し手になることはできない。

「文法」は学ばれねばならない。そして忘れられねばならない。そして「ハビトゥス(習慣)」として定着されねばならない。そういったものを学習させる一つの方法は、初めから抑圧されるべきもの、穢れたものとして隠されるべきものを秘かに求めよと教えることだ。だからこそ、快楽にも文法があるということになる。

ときとして、快楽を感覚的刺激の一種として捉え、ある人の快楽を別の人の快楽と量的に比較する人もいる。快楽を大小で考えることも貧乏根性だが、快楽が量的比較に馴染むものだと考えることは愚かとしか言いようがない。もちろん、快楽が量的に比較できないということが言いたいのではない。確かに、欲望という作用と、作用を充足して得られる快楽、もし欲望がそういった機制を持つのであれば、欲望とは関数のようなものなのだろう。しかし、欲望とは、快楽関数なのだろうか。エロティシズムまで論理学化したい人は、そう考えてもよいのだが、それ以外の人にとって、問題となるのは、作用の結果ではなく、作用を成立させる条件の方にある。

一般に作用が成立するためには、対象またはその範囲が定位され、対象に定位した作用が設置され、そして作用を起動させるための力が備給される必要がある。その場合にやっかいなのは、対象と作用は無関係ではなく、相互に構成し合うものであって、両者ともそれ自体で完結・安定したものではないということだ。

なぜか或る対象がむやみに欲しくなることがある。それは他人が所有していることへの嫉妬・羨望のためであったり、心の空虚さを紛らわせるためであろうと何でもよい。ところが、その対象は、茶碗であろうと、ポケモンのゲームであろうと、なぜそれを求めるのか訊ねられればよく分からなくなるような渾然としたものとして与えられる。ただし、とにかくそこで、欲望の曖昧な対象が与えられ、それに呼応して、曖昧な欲望が現れる。曖昧な対象であれ、そこには作用の充実はある。その充実をより強いものにしようとすれば、つまり作用の強度を高めようとすれば、作用に大きな備給を与えなければならない。そしてそのことは、通常、対象と欲望の分節化を通して行われる。快楽を増加させたければ、フィードバックを利用して、快楽が成立する条件を操作して、つまり入力に操作を加えることで出力を亢進させればよい。そしてそれは通常薬物などを使用してなされる。

エロスとタナトス

対象において何にこだわるのか、そのようなえり好みが生じるようになる。欲望が自己分節化し、それに連動して対象も分節化して現れることになる。重要なのは、快楽とは、対象に向けての欲望の備給に相関するものだということだ。たとえば、コレクターが、稀少品を見つけた場合、それが普通の人間にはクダラナイものでも、驚喜する場合を考えればよい。コレクターの快楽は、見出された対象の内に原因があるのではなく、対象に価値を付与しているからであり、価値あるものへの欲望を備給しているからなのだ。なお、「備給」とは、フロイトが彼の精神分析理論において使用した言葉だ。エネルギー(リビドー)を供給することである。エネルギーは、対象に向けられる対象備給と自己に向けられる自己備給に分けられる。対象備給において、特定の対象や場所に備給がなされることで、性的欲望の対象が構成されるのである。すべての事物が性欲の対象となりうることを示した点で重要な枠組みである。また自己備給が、自己同一性への欲望であって、死への欲望(タナトス)に結びつくという論点も、重要な発見だったと思う。エロス(性的欲望)とタナトスが双子であって、常に協力し合いながら機能していることはきわめて重要な指摘であると思う。ここでは、タナトスの問題に踏み込むことはできない。別の本で論じるしかない。

話を戻す。快楽の形式は、次のようになるのだろう。或るものに備給が行われ、欲望の対象がそこに現れ、その対象を獲得することによって、初発的な快楽が生まれる。その快楽によって、さらに対象への再備給が行われ、より大きな快楽が得られるというように、その同じ対象への再備給が繰り返しなされることによって、快楽は強度を強めていく。その際、再備給は対象以外のものに分散されてはならない。対象への意識の集中こそ、快楽のための必要条件だ。

対象への集中した再備給の形式は、トランス状態や法悦状態にも見られるものだ。「享受」が再備給の形式であることは忘れてはならないことだ。しかし、強度の亢進は、限度を有し、歯止めなく肥大するわけではない。快楽は自然(natura)から離れることなく、自らの死を予め準備しているのだ。そしてその場合、快楽は贈り物として、人称を持たない他者からの贈り物として与えられる。

もちろんのこと、これで欲望と快楽の構造が示されたというつもりはない。私としては、快楽が結果の内にあるのではなく、充足の形式の内にその過半が準備されていたということが言いたいのだ。

では、七つの大罪をめぐる議論は何を述べていたのだろうか。私はそこに可能性の条件をめぐる議論を見て取りたい。七つの大罪も再備給の形式を持っていた(六三、六七、六八頁参照)。しかし、大罪においては、対象の獲得がさらに欲望をかき立て、対象から遠ざかってしまうのに、秩序付けに収まる再備給は、対象に近づく。両者の最たる違いは、初期条件を、たとえこの初期条件が仮想的なものであっても、受容するかにあるのだろう。この初期条件は多分に身体に根ざしている。話が面倒になるのは、この初期条件が言葉やコミュニケーションの可能性の条件にもなるからなのだろう。

快楽においても、快楽とは個人的状態ではないのかもしれない。つまり、快楽の交流を考察の中心とした場合、快楽が対象の獲得によって生じる個人的状態ではなく、また、対象の共有によって生じるのでもなく、感覚の共有(そんなことはもちろんあり得ない)でもなく、むしろ、充足の可能性の形式の共振によって生じると考えられるからだ。イデオロギーの共有の場合も、似たところがあるだろう。

結局、対象・事物・目的によって拘束される思考法は、かえって対象を見失い、対象に至る道筋から逸脱しがちだ。再備給によって生じる欲望の濃密化は対象から離れがちなのだ。繰り返される再備給、つまり備給の連鎖は、通例であれば、無限に続くことはなく、終極を有するのに、欲望の文法に終極が組み込まれていない場合、すり切れたレコードのように同じミゾを走り続けるしかない。

欲望になぜここまでこだわらないといけないのだろうか。それは一つには現代がグノーシス的であって、グノーシスが性的世界観である以上、特に性的欲望・性的快楽にはこだわらなければならないという事情がある。しかももっと重要なのは、人間の欲望は、人間の作りだした虚妄であり、そこから覚めることが悟りであると考えるような、安直な唯名論が、人間の心を誘惑し続けてきたことだと思われる。或るものの本質や「……とは何か」への答えがないとしても、だからといってそこから、本質はないという結論が導かれるわけではない。「幸福とは何か」への答えが千差万別であったり、なかったとしても、幸福が端的にないということにはなるまい。すべてを幻想だとする考えはつまらない。だから、流通する言説の中では、迷いしか引き起こさないとしても、迷いこそ悟りだという発想の方が私は好きだ。煩悩即菩提である。天使的になろうとすることは、欲望から離れるより、欲望の奴隷となってしまうことだ。

人間の欲望には迷い・幻想といった側面がきわめて強く見られる。だから欲望の対象の本質などないと言うことは簡単なことだ。しかし、問いの向こう側に答えがないとしても、問いの手前に別のものが待ち受けているのかもしれない。そしてその「手前」のものの姿を示そうとすることが実在論の要点であれば、唯名論と実在論は対立するものというより、案外近い場所に立っているのかもしれない。

言葉の手前にあるものが「コミュニカビリティ(コミュニケーションの可能性)」であり、肉体の手前にあるものが「身体図式」だ。そういった「手前」にあるものとは、決して〈見えるもの〉の背後にある〈見えないもの〉なのではなく、〈見えるもの〉の手前にあり、〈見えるもの〉と〈見えること〉を成立させるものであるがゆえに、〈見えないもの〉なのだ。〈存在〉を成立させるものは、もはや〈存在〉ではなく、にもかかわらず(正しくは「だからこそ」となるところだが)最も〈存在〉らしいものであるといっても話の筋道は変わりはしない。では、それらはいかなるものなのか。普遍のリアリティとどうかかわるのか。ここでは、もしそういったものがあるとすればという条件付きでだが、言葉の手前にあるものとしてのコミュニカビリティから見ていこう。

第3章　聖霊とコミュニカビリティ

中世においてもルネサンス期においても天使の表象が溢れていた。しかし、中世的思考では、天使は天上的なもので非物質的・霊的なものであっても、あくまで被造物であって、乗り越えられるべき飛躍があったわけではない。様々な神学者の『命題集註解』にも天使に関する章はありながら、激しい論争の気配も、際だった主張も見出されないのは、中世における天使の扱いをそのまま示しているのだろう。たとえば、トマス・アクィナスの『神学大全』第一部第五〇問題から第六四問題、第一〇六問題から第一一三問題において、天使をめぐる問題が様々に論じられている。そこでも、ガブリエルとラファエルとケルビムとセラフィムは言及されていても、他の天使の名前は登場しない。参考のために『神学大全』第一部において天使が扱われている問題を挙げておく。

トマス・アクィナス『神学大全』

第一部

第五〇問題　端的な意味での天使の実体

第五一問題　物体との関係での天使

第五二問題　場所との関係での天使
第五三問題　天使の場所的運動
第五四問題　天使の認識
第五五問題　天使の認識媒介
第五六問題　非質料的なものについての天使の認識能力
第五七問題　質料的なものにおける天使の認識
第五八問題　天使の認識様態
第五九問題　天使の意志
第六〇問題　天使の愛
第六一問題　自然の世界への天使の産出
第六二問題　恩寵と栄光の存在における天使の完成
第六三問題　罪に関する天使の悪意
第六四問題　悪霊の罰

第一〇六問題　天使の照明
第一〇七問題　天使の言葉
第一〇八問題　天上位階にもとづく天使の序列

第一〇九問題　悪しき天使の序列
第一一〇問題　物体的被造物への天使の監督
第一一一問題　天使の人間への作用
第一一二問題　天使の使命
第一一三問題　よき天使の監視と悪しき天使の攻撃

天使に関する考察は、むしろ近世に入ってからの方が盛んになったのだ。一五一〇年に出版されたネッテスハイムのアグリッパ(一四八六—一五三五年)の『神秘哲学』は、当時のオカルト学の集大成だが、天使学の系譜では初期に属し、天使の言葉や名前に関する記述も、いまだ数頁を占めるにすぎない。ところが、一七世紀になると『天使論(*Angelologia*)』、『天使総覧(*Angelographia*)』、『天使の言葉(*De Locutione Angelorum*)』といった書物が陸続と出版されるようになる。

近世における天使主義

その時期は、魔女狩りがピークに達していた時期とも符合している。魔女狩りは、ルネサンスの動きとともに始まり、一六〇〇年を中心とする一世紀間に盛期を迎え、特に一七世紀の前半、普遍言語の探求が盛期を迎えていた時代とも一致しているのだ。一七世紀は近代合理主義の時代と言われるが、決してそうではない。三十年戦争などの宗教戦争、占星術の隆盛、錬金術などなど、十二分に蒙昧の時代だったのである。

もちろん、魔女狩りの潮流と普遍言語の潮流が同じものだとは言わないが、奇しくも時期を同じにしているというのはどういうことなのだろう。そして、天使に関するモノグラフが最も盛んに出版された時期とも一致してしまうのはどういうことなのだろう。ともかくも、一七世紀において天使が悪魔や悪霊とともに、魔法使いに奉仕するようになったのは天使の超越性が失われ、人間に接近したものとなり、世俗化してしまったことの証であろう。裏返しに見るならば、天使に人間の方が近づいたと言えないわけではない。

天使の用いる言葉は近世ではヘブライ語、正確にはアダムが神から授かった原初のヘブライ語であるはずだという議論があったが、その流れは、理想的な言語をアダムの話していた言葉に求めるものである。それを再構成するにしろ、失われているがゆえに新しく作り出そうとするにせよ、ともに天使主義の側面を持つと言って差し支えないだろう。付け加えておくと、すでに見たように、中世の天使言語論も天使に言葉の使用を認めるわけで、その点ではルネサンス以降の天使言語論と同じだが、後者が天使の言語を特定し、人間の手に収めようとする志向を有する点で異なるのだ。しかも、ルネサンス以降の理想言語論は、質料それ自体(音や文字)に意味を内在させようとすることで、記号に含まれる質料と意味という二次元性を消滅させることを目指していたと捉えられるが、それは二次元性に潜む差異を解消することで、質料性を閑却することにもつながる。

第1章で見たように、天使主義的言語観は、言葉の質料性を消滅させることで、無媒介的なコミュニケーションを目指すものであり、そこには身体性の排除という側面が強く見られた。そのような言語観の下で人は、言葉の伝える意味の普遍性を追求し、言葉の持つ質料性をコミュニケーションを困難にする要因として捉え、様々な国語に備わった質料性、個別性をできるだけ消去した言語を構想した。それはまさに、コミュニケーションを純粋化しようとする試みであった。そのような試みの一端は、一七世紀にイギリスを中心に繰り広げられた、理想的人工言語の系譜に認めることができる。ライプニッツの普遍記号学もその流れの中に位置する。ライプニッツの理念は、誤りやすく、時間を要する人間の思考を、数学的な記号処理に還元することで、迅速かつ正確にすることを目指したものだ。そして、論争や裁判における、冗長な言葉のやりとりに代わって、「計算しよう」との掛け声とともに、瞬時に決着の付く方法を目指していたのだ。しかし、コミュニケーションを純粋化しようとすることは、コミュニケーションを完成させるのではなく、破壊する。身体性の閑却、言葉の質料性の排除、こういった論点が近世に見られるのは、中世哲学から近世哲学への移行とは、天使主義への堕落であったということではないのか。

コミュニケーションの問題に関して、天使主義の誤りの一つは、コミュニカビリティの誤解に由来していると思われる。天使主義は、コミュニカビリティ(伝達可能性)を、コミュニケーションに先立って成立していなければならないコミュニカビリティを、すでに、いつも、予め与えられているものと解する傾向が見られる。

とは言いながらも、あたかも既知の概念の如く登場した、「コミュニカビリティ」とは何なのか。英和辞典にも登場し、その訳語として「おしゃべり、話好き」という記載があるが、もちろんそういうことではない。しかも、同じ言語についての運用能力とか、距離の近接とかいった、事実的なコミュニケーションの条件でもない。このように考えれば、「コミュニカビリティ」は謎めいた概念にも見えてくる。「コミュニカビリティ」という語は哲学事典にも登場しない。あまり見かけることもないこの概念はどういうものなのか、なぜここで重視しなければならないのか、考えてみよう。

1　コミュニケーションの多層性

いつもならば使いこなせていた言葉が不可解に感じられて、乱れ飛ぶ言葉の嵐の中に一人置き去りにされることがある。冗談の話と真面目な話、お世辞と本音、ウソとホント、そういったものがめまぐるしく交替しながら、日常の会話がなされると、肉体を切り刻む言葉の刃にしか感じられなくなる時がある。比喩を用いた言葉でもよい。表の意味なのか、裏の意味なのか。もちろん、言葉でなくても、意味ありげな表情でも身振りでもよい。言葉を使いこなせるはずなのに、言葉の意味が分からなくなってしまうのは、どういうことなのか。

常識的に考えれば、言葉は無秩序に意味の反転を繰り返すのではなく、そこには区切りとなるシグナルが織り込まれるのが常である。コミュニケーションのチャンネルが変わるときに、合言葉、記号、動作、パスワードがあるはずだ。話のモードが変わるとき、合言葉のようなものが用いられると考えてもよい。

話を簡単にするため、合言葉に絞るが、言葉と合言葉の違いはどこにあるのだろう。確かに、合言葉は、「開け、ゴマ」がゴマを指示していたり、命令文の機能を有していないことからわかるように、事物、事態を対象とするのではなく、コミュニケーションを対象としており、言葉とは全く異なるものだ。しかし、言葉と合言葉の違いが失われている場合、異なる層のコミュニケーションに入り込んでいるのか、まだ入り込んでいないのかが分からなくなる。鍵と扉の区別がつかない人はいないが、言葉の場合、「扉」と「鍵」は、同じ言葉でできているために、取り違えが起こりやすい。

ここで「メタ・コミュニケーション」という概念に触れておくと次のようになる。メタ・コミュニケーションは、コミュニケーションに関するコミュニケーションのことで、例えば「これは遊びだよ」とか「今のはウソだよ」などがそういうものだ。混乱が起きるのは、メタ・コミュニケーションが必ずしも明示されない場合だ。「近くにお出での際は是非お立ち寄りください」の後に、「社交辞令」とか「本気」とか「あなたは除外」と書いてある転居届を私はまだもらったことがない。

メタ・コミュニケーションは言葉で表現されると限られるわけではない。声の音調や話し方などによって、言葉に付随するシグナルで表現される場合もあるが、多くの場合は非言語的に、つまり表情や身振りによって表現される。ところが、表現行為に二つのレベルがあり、両者が対立している場合、もつれを引き起こす。言葉では「食べていいわよ」と言いながら、眼が怒っているとき、メタ・コミュニケーションはコミュニケーションの内容を否定し、「食べてはいけない」と述べているのだ。高次のレベル(メタレベル)と下位のレベルで矛盾があるだけでなく、二つのレベルを持ったそのコミュニケーションそのものを、コミュニケーションの俎上にのせることができないときに、つまり、メタ・コミュニケーションに触れることを禁止されるとき、問題が起こってくる。

グレゴリー・ベイトソン(一九〇四―八〇年)は『精神の生態学』において、統合失調症(精神分裂病)の起源を、養育環境におけるコミュニケーション・パターンの混乱に見出した。子どもと母親とのコミュニケーションにおいて、言葉で主張されているはずの肯定的内容が、他のコミュニケーション、つまり身振りや表情において否定的に語られている場合の話である。つまり、端的にまとめれば、母親の言葉を母親自身の表情が否定している場合である。それは言葉と本音の違いとしてよくあることだ。言葉における愛情が同時に態度における憎悪として表現されることはよくある。ところが、ヒステリックな態度で本音の読みとりを激しく禁止される経験が繰り返されると、子どもはコミュニケーションにおける真実を見つける方法を永遠に閉ざされてしまうというのだ。母親に愛されるためには、真実にたどり着かない努力、コミュニケーションの技術を身につけない訓練を毎日繰り返していく必要がある。これは言うなれば「ダブルバインド育児法」である。

こういったダブルバインド育児法という暴力的な育児法によれば、与えた食事を子どもが食べても食べなくても怒るのがよいことになる。つまり、子どもがおとなしく食べていても母親は怒った眼をして、子どもが「食べていいって言ったじゃない」と言ったときは、「お母さんの本当の気持ちが分かってない」と怒ればよい。子どもが食べなければ、「私の言うことが聞けないの」と怒ればよい。子どもが眼が笑っていないことを指摘してきたら、「私を信じられないの」とヒステリックに叫べばよい。言葉に従っても従わなくても怒り、そしてメタ・コミュニケーションに触れても怒ればよいわけだ。ものを投げつけたり、度を越した体罰を加えるともっと効果的らしい。

このような育児法の下では、①すべての言葉に裏の意味があると信じ、人間も言葉も信じないで、ひたすら裏読みし、その挙げ句、言葉嫌い《ミソロゴス》と人間嫌いになるか、②メタ・コミュニケーションのレベルをまったく無視し、すべての言葉を文字通りに受け止め、冗談を解さぬ、融通の利かない、しかし情緒的問題となると、回避するか混乱してしまう人間になるか、③コミュニケーションに絶望し、ひとり殻にこもった生活にはいる人間になる。ダブルバインド育児法は、真実を認識せよという命令と真実を認識するなという禁止命令を同時に出しているのだ。そして、母親自身がその障碍誘発的コミュニケーション方法を身につけ、それを子どもに強要するのだ。統合失調症の起源がこのような道筋で説明しつくされるのかと言えば、様々な異論は考えられる。しかし、一つの説明方式としては成り立つ。

ところで、コミュニケーション・レベルの違いによって、異なる内容が伝えられることは、何ら悪いことではない。むしろそのことによって、様々な事柄が同じ言葉によって伝えられるし、言葉は微妙なニュアンスと様々な効果を持つようになる。「このサラダおいしいね」の一言で、味覚オンチを作ることも名料理人を作ることも、むつまじい時間を過ごすことも大喧嘩の時間を作ることもできる。

コミュニケーションの多層的構造

コミュニケーションとメタ・コミュニケーションは、ふだん、きわめて頻繁に切り替わり、そこに笑いや冗談が生まれる背景をなしているのだが、そういった複数の層を推移するためのメカニズムがあるとすれば、そこにはコミュニケーションとメタ・コミュニケーションに分かれる以前の、別の次元を想定することもできるかもしれない。

何か用件を伝える場合、コミュニケーションの内容(メッセージ)が一番大事にされる。ところが、メッセージが強調されない場合がある。宴会や葬式の場であれば、伝えられるべきメッセージは最初から分かっているから、メッセージよりも、言葉を交わすという事実の方が重要となる。伝達のためではなく、共同体性(近接的共同体性)を確認するための言葉があれば十分だから、「どうも、どうも」だけで用は足りることになる。

メッセージをあまり持たないコミュニケーションが生じるのは、そのような共同体性が前提される場合に限られない。初めて出会った人におずおずと話しかける場合、どういう事態が見られるのか、そして、そこで何が伝えられているのか。言葉を介さない、握手や抱擁という肉体の触れ合いによる挨拶でも事情は同じだ。

お互いに名前を呼び合う場合はどうだろう。何が伝えられているのだろうか。そこで目指されているのは、コミュニケーションの結果として伝わるメッセージでも、コミュニケーションの成立によって示される共同体性でもない。そこにあるのは、たぶん、コミュニケーションを求めるコミュニケーションだ。その場合、言葉の後にあるのでも、言葉の中にあるのでもなく、むしろ、言葉の前にあるものが目指されると言えるのではないか。このコミュニケーションの前にあり、コミュニケーションの成立する可能性の条件が、コミュニカビリティ(communicabilitas)ということだ。もし、コミュニカビリティの層を認めてよいとすれば、人間の行うコミュニケーションの多くは、案外コミュニカビリティを伝えるためになされている、と私には思われる。人間の会話において用いられる、数多くの相槌や合いの手やうなずきもそれに近いだろう。もちろん、コミュニケーションの可能性の条件がなぜコミュニケーションの中で現れるのかという、基本的な疑問があるかもしれない。そこにこそ可能性のあり方を考える上で、重要な問題が潜んでいる。可能性は、原初にあり、そう想定されながら、過程の中で自己展開し、最後に姿を現すからだ。思想の歴史の中で何度も現れながら、なかなか理解されにくいが、このモチーフがコミュニケーションにおいても成立しているのではないかというのがここでの眼目だ。

可能性の条件は先立って与えられていなければならないが、出来事が終わってから初めて分かるということも少なくない。先に与えられなければならないものが後から与えられるのである。そのように出来事が進むのであれば、世界は失敗だらけになって、熟練者だけが成功するという状況になってしまう。もちろんのこと、習熟が必要な事柄は多数存在する。だが、コミュニケーションという日常的に多用する回路が誤解とエラーばかりを引き起こすとすれば、世界の進展はあまりにもゆっくりになりすぎる。情報の安定的な伝達を図るために存在しているのが、冗長性(redundancy)である。①反復、②複数回路の設定、③既知の情報の伝達、④使用する記号の種類の削減、など様々に存在しているが、人間相互のコミュニケーションにおいて、冗長性の回路はきわめて複雑に構成されている。それによって、コミュニケーションにおける言語的な側面と非言語的な側面がそれぞれ複数設定され、異なった機能が割り振られている。このように情報伝達を機能とする側面と、情報の信頼性を伝えるメタ・コミュニケーションを機能とする側面が同時に成立していることは、人間のコミュニケーションを十二分に複雑にしている。伝えるべきことを先取りしながら、伝えているときには同時に内容とその信頼性を伝え、伝えた後にも、確認と修正を行うのであり、そうでなければ、言語という複雑な伝達用記号体系を安全に運用することはできない。言語においても「絶対安全」は存在しないのである。こういったコミュニケーションにおいて、それを可能にする可能性の条件を「コミュニカビリティ」と呼べるのだと私は考えている。

伝達様式の歴史において、大事なのはこのコミュニカビリティの変容の形式であり、そこにこそ問題がある、と私は思っている。中世において、天使も言葉が必要であるとする考えは、天使の言葉にもコミュニカビリティの層があることを述べていたのではないか。コミュニカビリティの強度によって、記号の作用は変質してしまう。もちろん、情報の量、濃度が変質するのではない。情報伝達の効率が変質する。効率という言葉を、情報の量、濃度、形式、時間、受容された情報量によって規定される数値にしておきたいのであれば、「情報伝達の様態」といってもよい。

コミュニカビリティの層があるということは、伝達能力の不完全性によるのではなく、伝達に備わる必然的条件なのだ。天使主義は、このコミュニカビリティの層を人間に課せられた不完全性のしるしとして取り除こうとする。コミュニカビリティとは、伝達の能力といったものではない。可能性の条件としてあり、伝達に先立って成立していなければならないが、実は、初めから与えられているとは限らないものなのだ。或る出来事の成立の条件が、出来事の後に、遅れてくるしかないのである。だからこそ、人間は未来に対して背を向け、過去を見つめつつ、後ずさりしながら、未来に進んでいくしかないのだろう。たぶん、歴史記述にも当てはまることなのだろうが、コミュニケーションもまた、メッセージを伝えるために、前向きに進む行為なのではなく、後ずさりしていく行為なのかもしれない。

ここにあるのは、欲望の基本的文法との符合である。純粋なるものへの希求が見出されるのだ。欲望の場合と類比的に、メッセージを伝えることは、コミュニケーションの堕落に他ならないと考える立場もあるほどだ。それに対して、メッセージを伝えることが、言葉の本来の機能であり、メッセージ以外のものは付随的なものにすぎないという考えは、まさに天使主義的言語論だ。この傾向は、書物の登場と軌を一にしていると言えないわけでもない。

書物の時代以前、つまり活版印刷術の登場以前の時代は、〈声の文化〉の名残が強く見られた時代だ。その時代は聖霊がコミュニケーションの範型として機能していた時代だ。聖霊は、キリスト教神学のなかでも扱いにくいものだが、コミュニカビリティに符合する点を有している。次節では、コミュニカビリティの内実をもう少し明確にするために聖霊論の構図を見ておくことにしよう。

2　聖霊論の構図

なぜ「コミュニカビリティ」という、扱いにくい概念を持ち出す必要があるのだろう。コミュニケーションとメタ・コミュニケーションだけで十分複雑であり、メタ・コミュニケーションでさえいくつもの意味があるのだから。しかも、数多《あまた》のコミュニケーション論がありながら、「コミュニカビリティ」を扱った本はまだ一冊もないのだ。こういう反時代的な「コミュニカビリティ」を持ち出すのは、中世哲学では、コミュニカビリティの原型があり、それが哲学、神学、信仰の基底をなしていたからだ。もちろん、中世にも、それが概念として登場しないわけではないが、共約不可能性と同様に、用例は僅少である。だが、スコラ哲学的に考えれば、その概念の成立する余地は十分にあると思われる。

第1章で見たように、祈りが神への伝達として捉えられれば、声に出す必要はないはずなのに、声に出すことが重んじられたのは、祈りは伝達ではないからだ。祈りとは絆を作ることだ。では祈るのは誰か。我々人間が聖霊を通して祈るのであるが、その祈りが生じているのは、聖霊の賜物《たまもの》によってであるから聖霊が祈っていると述べてよい。ここで立ち止まって考えよう。人間が聖霊を通して祈ることと、聖霊が人間において祈ることが同じだというのは何を意味するのか。聖霊は、人間の心の内に深く浸透し、心の自発的な働きと区別できないような形で内在するということだ。媒介が主体となっているのだ。ここで、人間が話すのではなく、言葉が話すのだというモチーフを思い出してもよい。これは、媒介と主体が相互浸透している事態の表現なのだ。

祈りとは、現世利益を求める伝達に堕落してしまったものでなければ、聖霊が祈ることだ。聖霊を通して祈ることと、聖霊が祈ることの一致、ここに祈りをめぐる最も重要な論点がある。神学的に見ると、聖霊を賜物として与えたのは神だから、祈りにおいては、神が願望されることを人間が願望し、人間において神が願望されることが実現することだ。論理的に見れば、ここにあるのはパラドクスに他ならないが、そこに反転可能性を読み込むことはできないのだろうか。いやもしかすると、あらゆるコミュニケーションがこのパラドクスを抱え込んでいるのかもしれない。聖霊をコミュニカビリティの原型として捉えることによってその一端が見えてくるかもしれない。

ここで、聖霊についてもう少し考えてみよう。「聖霊(プネウマ・ハギオン)」とは、「聖なる霊」だが、では「霊」とは何か。霊とは日常的には気息や生命原理としての魂の意味や、心的活動の座としての精神の意味でも用いられる。しかし特に聖書的であるのは、人間の理解を越えた力をもって働く超自然的・超感覚的存在としての「霊」を表す用法である。場合によっては、神に仕える霊や人を悩ます悪霊など、神とは独立した存在として表象されることもあるが、しかし多くの場合、霊は、神自身がその超越性を保ちながら世界の中で力をもって具体的に働くあり方・力・機能を表現する。端的に神の本質は霊である、とさえ言われたりする。

ギリシア哲学が魂(プシュケー)を中心とした思想であるのに対し、キリスト教は、霊(プネウマ)を中心とする宗教であると整理される場合もある。これはきわめて的確な整理であると思われる。ギリシア哲学は、市民として個人的な自覚に基づいて徳(アレテー)を身につけて共同体に役立つ人材になることを基本的な軸としている。その個人の魂(プシュケー)は実体であり、不滅のものとされ、それこそ尊厳と同一性の基体として考えられたのである。「魂の世話」が目指されていたといってもよいだろう。こういった個体的な精神的、生命的原理である「魂(プシュケー)」に対して、霊(プネウマ)は関係的、集合的、総体的なものである。神と子、神と人間、人間と人間を結びつける絆としてある霊(プネウマ)は、実体として、特定の事物や場所に限定されて宿るものではなく、遍在するものなのである。霊(プネウマ)は、魂(プシュケー)と違って、自己同一性や個体性を持つものではなく、集団的・普遍的原理なのである。魂(プシュケー)とは異なる原理が、キリスト教の根本原理とされたことは決定的に重要なことであった。

崇高性が現れるための形式

アウエルバッハ(一八九二―一九五七年)は『ミメーシス』において、ギリシア的文体とヘブライ的文体の違いとして、前者が崇高なるものを崇高なる文体において表現する様式(荘重体《そうちょうたい》)、後者が崇高なるものを卑俗な文体で表現する様式(謙抑体《けんよくたい》)として、分類した。そして、キリスト教の登場によって、本来は美学的な枠組みである、荘重体と謙抑体の対比が、それぞれの世界観と対応することを示した。キリスト教においては、神の子であるイエスが人間として謙り《へりくだ》、十字架上での死という最も卑しい死に方をしたことにこそ重要な真理がおかれる。パラドクスというべきか、不可能なる逆転というべき事態がここに主張されているのだが、その説明に使用可能な枠組みこそ、霊(プネウマ)である。理性と知性を重んじたギリシア哲学に対して、愛と恩寵による逆転を主張したキリスト教にとっては、霊(プネウマ)を重んじることこそ重要な道筋だったのである。

信仰の最も基本に位置するものでありながら、キリスト教神学においても、聖霊に関する研究は立ち後れているという。語りようのないことだから、当然とも言えるのだが。実際のところ、第一回コンスタンティノポリス公会議(三八一年)に至るまでの三位一体論をめぐる論争を調べていくと、異端的見解を異端として論難することが異端に転じてしまい、そこに神人論をめぐってイエスの神性を強調する流れと、イエスの人性を主張する流れとの錯雑たる論戦が起こり、正統的見解は極端な両系譜の中間におぼろげに現れてくるように見える。その歴史を追いかけることは絶望的な気分を引き起こす。

聖霊論は、難解な三位一体論、しかも様々な異端との対決のなかでしか姿を現してこない正統的三位一体論を通してでなければ、理解したとは言えないのだから、避けて通るのがおそらく一番賢明な行き方なのだろう。論理では説明できない事態の説明を担わされているのが聖霊なのだから、避けて通るか、あえて誤読をおそれずに進むかである。ここでは異端嫌疑のおそれのない時代に生まれたことを喜びながら後者の道を選ぶ。イヴ・コンガール『わたしは聖霊を信じる』という優れた導き手があるからだ。聖霊論を含まない中世哲学の紹介はあり得ないと私は思う。中世哲学はアリストテレス哲学の祖述でも解説でもない。キリスト教独自の論理構成をもった思想体系こそ、中世スコラ哲学であり、その枠組みは大幅に聖霊論に依拠しているのである。

聖霊について語るのが困難なのは、ある意味では当然のことである。霊の機能には、「キリストを受肉させる」「キリストに奇跡を行わせる」「キリストを復活させる」「信徒に信仰を与える」「真理を悟らせる」「敬虔な生活を可能にする」「罪や死からの救いを与える」「教会に宣教の力を与える」「信仰による一致を与える」など多様なものが見出され、統一的概念理解を得ることがきわめて困難である。おそらく、複雑な概念であるため、理解困難なのではなく、「生命」や「存在」と同じように、基本的すぎて概念に取り込むことができないからだ。基本的概念は、シンプルであるがゆえに広い適用範囲を有し、様々に現象し、そのためにかえって理解しにくくなる。ただし、直感的に理解しようとすれば、「魂」が個々人の生命・精神原理であって、個体性を備え、他者から切り離され、独立したものとして存在するのに対し、「霊」は、集団としての人間の生命・精神原理であって、普遍的なものであり、人々を結びつける機能のあることが要となる。だからこそ、聖霊は教会の魂であり、教会に内在し、教会の成員を結びつける、などと語られるのだろう。

信仰を喚び起こし(賜物としての聖霊)、信仰集団を維持すること(絆としての聖霊)が、現世における聖霊の中心的機能なのだ。聖霊とは、神と人間との、そして人間相互の交流(communicatio)と交わり(communio)の根源なのである。

三位一体論における聖霊の役割

聖霊は、人間の世界だけで働くわけではない。これまた難解な三位一体論においても重要な位置を占める。ここでは、暫定的に父・子・聖霊は、一つの実体であって、三つのペルソナを有するという表面的な説明で済ませ、当面の議論に関係する点を一、二触れておきたい。

ここで最初に触れたいのは、父・子・聖霊の関係について、新神学者シメオン（九四九―一〇二二年）が述べている言葉だ。シメオンは、「私は言おう。門、それは子（キリスト）である。門の鍵、それは聖霊である。家、それは父（神）である。したがって、言葉の霊的な意味に細心の注意を払いなさい。鍵が開かなければ、何人も父の家の中に入れない」と述べる（『要理講話』三三、引用者による抜粋）。コンガールの『わたしは聖霊を信じる』における新神学者シメオンの説明は、聖霊論という枠組みに対する大きな示唆を与えてくれる。

「鍵」としての聖霊のイメージがここで明確に現れている。聖シメオンは、他の人々と同様に、聖霊を光にたとえることもある。光の比喩において重要なのは、光は〈見えるもの〉でも、〈見えないもの〉でもなく、見えることを生じさせるものであることだ。隠されているから見えないのでもなく、かといって、光自身が見えるものとなっては、他のものを見えるようにすることはできないために、それ自身は見えないものとならざるをえないもの、それが光だ。見えるようにするものである以上、そのために見えないもの、言い換えれば、見えないことが見えることの原理であるようなもの、それが光だ。

鍵を扉と言っても、光と言っても要点は同じだろう。

聖霊は、父(神)と子(イエス)の絆であるとも語られる。もちろん、神と人間、人間と人間の絆でもある。しかし、なぜ鍵が絆となりうるのだろう。鍵が絆となりうるのは、鍵が二つのもののどちらにも内在し、しかも同じ一つの鍵として両者に内在し、二つの鍵が一つになろうとして呼び合う場合だろう。「聖霊は愛である」というのはたぶんそういうことだろう。理解を越えていると言えば越えているのだが、ここにも、一なるものが一なるものとして多なるものの内にあるという、イデア論、普遍論の困難が見られる。

第二番目に触れておきたいのは、「私(＝子)が父の内におり、父が私の内にいる」(ヨハネ福音書一四章一一節)ということだ。このことは父と子の間に限られない。「もし私たちが互いに愛し合うならば、神は私たちの中に留まり、その愛は私たちの中で全うされるのである。私たちが神の中に留まっており、神自身が私たち自身の中に留まっていることを、神がその霊を私たちに分け与えてくださったことによって、私たちは知る」(ヨハネの第一の手紙四章一二―一三節)。この事態は、ギリシア語では「ペリコーレーシス」と表現され、ラテン語ではチルクムインチェッシオ(circumincessio)と訳された。日本語では、どちらの語も「交流、相互内在、相互浸透」などと訳される。

この理解しがたい事態も中世神学においては決定的に重要な概念である。理解に資すると思われるので、私自身が援用している類似した枠組みを紹介しておく。カントより少し若い世代に属するドイツの哲学者ヘルダー(一七四四―一八〇三年)は、人間の感覚の基本類型を目、耳、触覚におき、それぞれの基本形式を並置(Nebeneinander)、継起(Nacheinander)、相互内在(Ineinander)と捉えた。「相互内在」は、右手による左手の接触などを考えても分かるように、一方に能動的主体性が見られることではなく、触れるものと触れられるものとの分離状態が緩和され、相互に浸透し合うような事態である。

右手を左手の上に重ねてみよう。右手が触れるものであるとき、左手は触れられるものだが、すぐさま左手が触れるものとなって、右手が触れられるものとなったりもする。このような事態は、視覚においては生じにくいが、触覚においては生じやすいという。これは単なる転移現象や視点の交換といったものではなく、能動と受動という主語―実体論的枠組みが拭いがたく染み込んだ日常言語をすり抜ける事態なのだろう。このような相互内在または反転可能性を基本とする哲学の枠組みが、二〇世紀後半にフッサールの現象学の影響を受けて成立した「身体論」という枠組みだ。とりわけ、メルロ＝ポンティ(一九〇八―六一年)はこの論点を存分に展開した。ここは、その流れを説明する場所ではないが、主観と客観の分裂状態を解消しようとする流れとして考えられるし、西田幾多郎の「純粋経験」をその線上に置くこともできる。アリストテレス的哲学の系譜には属さないという意味で、非主流派の哲学路線でありながら、世界の哲学の中では至るところに見出される枠組みなのである。そしてまた、ギリシア語による思想圏内にありながら、東方教会(ギリシア正教)の世界では、アリストテレス的枠組みは弱く、むしろ「相互内在」を基本とする枠組みが主流であった。

「相互内在」とは、いうなれば、クラインの壺のように、地と図が反転し、交叉し合いながらも、混じり合うことなく、二つながら一つのものとしてあるということだろう。この相互内在は、もともと父と子、神とキリストの関係を論じるキリスト論において用いられたものだが、やがて、三位一体論においても用いられ、父・子・聖霊の三者がそれぞれの間で相互内在を有すると語られるようになった。

このように、「相互内在」という概念は、必ずしも正統的な位置を常に占めていたわけではないが、聖霊の中心的特質と考えてよいと思われる。確かに、聖霊の機能は多様だが、それらを、①共同体の原理(キリストの神秘的身体としての教会の統一性を基礎づける原理)、②伝達の原理(多くの人々に、言語の相違や時間・空間を越えて、神の意思を伝える原理)、③信仰の原理(信仰を与えるとともに、罪の赦しを与える原理)などと整理し、そこに、一つの統一的機能を見出すとすれば、「相互内在」に帰着するしかないと思われる。「私が父の内にあり、父が私の内にある」ということにとどまらず、人間が神の内にとどまり、神が人間の内にとどまることができるようにするのは、まさに聖霊なのである。

超越的内在

この事態は「超越的内在」という事態とも重なると思われる。「超越的内在」とは、最も遠くにあるものが最も内側に存在すること、絶対的超越者が最内奥に内在することである。このモチーフもまた、キリスト教においてもイスラム教においても神秘主義においても盛んに論じられる枠組みである。これを特別な事態としてではなく受け止める人も少なくないと思う。これを神秘とか奇蹟と考えたければ、そう考えてもよいのだが、逆に、きわめてありふれた事態であると私は思う。人間が理解できないことが奇蹟なのではなく、ありふれていながらも、誰もそれに気づかず、見ていない方がずっと奇蹟であるように思われる。たとえば、私が今ここに存在していること、私がものを見、ものが見えること、呼吸していることなどなど。

聖霊論には多様な論点が含まれ、明晰な理解を拒むものも多いが、私が聖霊論から取り出したいものは、相互内在または超越的内在という論点だ。この論点には、聖霊論に固有なところもあるが、その中にも一般化できるところがあり、それをコミュニカビリティとして整理できると思われる。

聖霊がコミュニカビリティの原理であることは、情報伝達様式の発達史の観点からも跡づけられる。すでに見たように、中世は、〈声の文化〉の時代であったとされる。たとえ、文字が頻繁に使用されるようになっていたとはいえ、〈声の文化〉が根強く支配し、メディアの基本形式は〈声〉に置かれていた時代であった。その理由に深入りしなくとも、一五世紀後半の活版印刷術の発明以前の時代は、声が主流の時代であったというのは容易に想像できる。

声とは、小声で話すのでない限り多くの人に向けられたもの、多くの人の耳に入るものだ。そして、声の場合、一堂に会した人々が、ほぼ同時に同じ言葉を語ることは難しいことではない。声はたしかに意思を伝えるものだが、聞き手や語り手が多数いる場合、声は心を揃えるメディアともなる。そして、典型的には祈りのように、メッセージは重要ではない。声を揃える、その結果心を揃えるのが最も重要な事柄となるのだ。声を揃えることで、声はすでに何かを、たとえば共同体性を伝えているのだ。

挨拶を交わすとき、何が伝えられているのだろうか。笑みを交わし合うとき、何が伝えられているのだろうか。敵対的ではない関係の存在、友好的感情を伝えていると説明する人もいる。しかし、初めて出会った人間どうしが手探りで向かいあう場合、そういったものが伝達されているのだろうか。コミュニケーションはそこで行われている。だが、メッセージはない。伝えられているものは、伝達可能性・コミュニカビリティではないのか。

声と聖霊の類似性を指摘することはそれほど難しいことではない。そこには一なるものが多なるものに移行する作用が見られる。〈声の文化〉の典型的なコミュニケーションが祈りであって、その祈りが〈聖霊が祈ること〉であること、そしてそこにコミュニカビリティが考えられることは、何ら偶然ではない。マクルーハン(一九一一―一八〇年)が述べたことと重なると思うのだが、もしかすると活版印刷術は、文字への信仰を確立することで、コミュニカビリティを困難なものにしてしまったのかもしれない。

3　名前とコミュニカビリティ

さて、コミュニカビリティについては、まだまだ糸口が見えてきたにすぎない。三位一体論を組み入れていない聖霊論ではたかが知れているのだ。その姿を見ていこう。近世に入って、〈声の文化〉は徐々にだが姿を消していく。〈声の文化〉とコミュニカビリティが密接な関係を有するとすれば、近世に入ってコミュニカビリティは忘れられていったのではないか、という予想がつく。活版印刷術が発明されて、文字で書かれた書物が圧倒的に普及していけば、声というメディアは、リテラシー(識字能力)がなければ働き得ない文字よりも、少ないコミュニカビリティしか持たなくなったと言える。その様子は変貌してしまった。

では聖霊についてはどうだろう。例えば、ルター(一四八三―一五四六年)は中世とは異なって聖霊に対して懐疑的な態度を採る。ルターは、「外的な、語られた御言に関わる事柄において、我々は外的な御言を通して、あるいはそれとともにでなければ神は何人にもその御霊や恩寵を与えることはしないという確信に立っていなければならない。こうして我々は、熱狂主義者、すなわち聖霊主義者たちに対して自らを守るのである。彼らは、御言によらず、また御言に先立って、御霊を持っていると誇っており、それにしたがって自分たちの望みのままに、聖書や御言を判定し、解釈しねじ曲げている。(中略)我々は絶えず、神がその外的な御言と秘跡を通してでなければ、我々人間と交わりを持たないということを主張すべきであるし、またそうしなければならない。しかし、そうした御言と秘跡によらないで、聖霊に帰せられるあらゆることは、悪魔に由来するる」(『シュマルカルド条項』)と述べている。この一言だけでルターの基本的態度を判断することは性急の誹りを免れないが、フィオーレのヨアキム(一一三五頃—一二〇二年)などと比較した場合、聖霊の位置は低下していると言わざるを得ない。ルターが活版印刷術を用いて、俗語訳(ドイツ語訳)聖書を普及させたこととも無縁ではないだろう。

フィオーレのヨアキムは、世界の歴史を三段階にわける、終末論的歴史観を呈示し、一二六〇年に始まる〈聖霊〉の時代において、眼に見える教会(ローマ・カトリック教会)＝肉的教会(ecclesia carnalis)は、眼に見えない「霊的教会(ecclesia spiritualis)」に吸収され、戦いは止み、愛がすべてを包むと考えていた。この時期において、地上の人間は、文字的な学殖(リテラシー)がなくとも、聖霊の与える「霊的知性(intelligentia spiritualis)」の援《たす》けによって、神の真理について完全な知識が与えられる、つまり、霊的知性を賦与されることで、すべての文字的知識を放棄することができるとされていたのである。

このようなヨアキムの立場は、ウンベルト・エーコ(一九三二―二〇一六年)の小説『薔薇の名前』(一九八〇年)に、そしてその映画においても描かれていたように、異端の宣告を招くものとなった。文字に拘束された現実の教会や司祭よりも、聖霊によって鼓吹された人々を指導者とすることが異端にならないはずがない。聖書に記された御言を学ばずに、聖霊の導きのもとに、直接的に神に至ろうとすることは、狂信、熱狂主義につながるのだ。中世においても宗教改革期においても、狂信(英 enthusiasm；独 Schwärmerei)と聖霊主義が同義だったことは覚えておくべきだろう。狂信とは一七世紀において、進歩的知識人の最も憎むものだった。聖霊によって啓示されたと信じる者は、「自分たちが確信しているから、確実である」という、訂正不可能な信念を有し、諸宗派の対立、抗争、非寛容を拡大していった。聖霊の名によって自己正当化を図る者は傲慢の最たる者に落ちていったのだ。

このように見れば、戦略的にも聖霊の位置を引き下げねばならないことはよく分かる。そして、さらに問題なのは、聖霊主義を旗印にする人々ですら、聖霊から離れていったとしか思えないことだ。知識人は聖霊による啓示を「狂信」として排除しなければならない時代だったのだ。もはや、聖霊は中心的位置を占めることはできない。弁護する立場にある者が最大の敵では聖霊が生き延びることはできない。それどころか、現代では聖霊が忘れ去られるという事態が生じていると整理する神学者もいる。もちろん、信仰や典礼の内に聖霊は残っているのだが、少なくとも教養としての聖霊は影の薄いものになったということだ。聖霊を神とのコミュニケーションのメディアと考えれば、個人的思いなしを、聖霊を介した神の啓示と見なし、現代の預言者たる位置が自分に与えられているという信念を持つことにもなりかねない。その意味ではきわめて危険な通路が聖霊なのである。

狂信においては、啓示は神から、聖霊の霊感によって直接与えられているとされていた。ジョン・ロック(一六三二―一七〇四年)はその蒙昧さを「堅く信ずるから啓示であり、啓示だから信じる」という循環形式で説明している。狂信は訂正不可能な信念の体系なのだが、啓示が聖霊の鼓吹(inspiration)によるとしながらも、聖霊がコミュニケーションの原理であることから逸脱し、ディスコミュニケーションに陥ってしまったことは、聖霊の忘却に他ならないだろう。啓蒙主義の流れの中で、信仰に対する理性の優位が説かれ、その最たる敵として狂信があった以上、狂信と近接して捉えられた聖霊が、重要性を失っていったことはあまりにも当然のことだろう。

ところで、「聖霊の忘却」と呼ぶしかない事態は、キリスト教内部だけの問題なのではない。〈文字の文化〉の成立が、聖霊の忘却、コミュニカビリティの喪失だとは言わないとしても、それに類したことではあったのだろう。聴覚空間と霊的空間は同じものでは決してないが、案外親縁性をもっているかもしれない。マクルーハンが、『グーテンベルクの銀河系』(一九六二年)において、二〇世紀を聴覚空間の再登場の時期と整理するとき、二〇世紀とは興味深い時代であったように思われる。

ベンヤミンの言語論

二〇世紀において、このコミュニカビリティを徹底的に考察した思想家に、ベンヤミン(一八九二―一九四〇年)がいる。彼は歴史の声を自覚的に聞き取っていたのかどうか、「伝達として、言語は、ある精神的本質を、とはすなわちある伝達可能性そのものを、伝達する」と述べる(「言語一般および人間の言語について」)。精神的本質とは、精神によって捉えられる内実のことで、「メッセージ」と考えればよい。他方、言語的本質とは、言語としての側面、言語を使用する側面である。言語は、普通の考えでは、精神的本質、つまりメッセージを伝えるとされる。しかし、メッセージが伝達可能性そのものである場合どうなるのか。

伝えるとは、伝えることがある場合、その伝えることが伝えられ得るということだ。これは「私が今述べていることは正しい」という文と同じように、自己言及があるのだろうか。伝達可能性だけを伝える言葉とは空虚なものなのだろうか。いやそうではない。

すでに見たことだが、祈りのように、メッセージを持たない、伝えられるべき内容を持たない、自己を伝達していると言ってもよい言葉がある。雑踏の中で、大声を上げる子どもの言葉は、意味のある言葉であろうがなかろうが、「自分はここにいる、気づいてほしい」という意味があるだろう。そのときの子どもの大声は、自己を伝達している。祈りもそうではないのか。自己を伝達するために、或る眼差しを呼び出しているのではないか。

自己自身を伝える言葉、コミュニカビリティだけを伝える言葉とは特殊なものなのだろうか。いや別に珍しいことではない。名前を付けること、そして名前を呼ぶこと、これはコミュニカビリティを伝える行為である。ある人が、ある対象――人間でも生き物でも事物でもよい――に名前を与えるとき、その対象はその当人にとって無関係のものではない。名前を与えることは、我が子に名前を与える時を考えても分かるように、関係と絆をつくることだ。もちろん、名前を与えなくても、その対象を使用し、関わることはできる。にもかかわらず、名前を与えるのは、伝達の回路を予め開いておくことだ。名前を失い、番号だけで呼ばれることが、非人格的な状況と連動しやすいのは当然である。

名前を呼ぶ場合はどうだろう。医療や教育の場面で、医者や教師が相手の名前を呼びかけるかどうか、特に繰り返し名前を呼ぶかどうかで、治療・教育効果が異なることは知られている。名前を何度も呼ぶことはコミュニケーションの通路の存在を互いに意識させ、その通路が錆びたりゴミで閉塞したりすることを防止する。高度な医学的説明よりも、温かい呼びかけが治癒を引き出すこともある。いや、それだけではない。日常会話の中で、特に相手の名前を呼ぶことは、多くの場合、コンテクストの変化(うち明け話の始まりなど)を表す。つまり、メッセージのレベルではなく、メタレベルで機能することがあるということだろう。要するに、名前を呼ぶことはコミュニケーションというよりも、コミュニケーションの先取りであり、コミュニカビリティに関わるものなのだ。

ベンヤミンは「名は言語の究極の語り出しであるのみならず、また、言語の本来の呼びかけでもある。このこととともに、名において、自己自身を語り出すことと他のすべてのものに呼びかけることとは同じひとつのことである、という言語の本質法則が立ち現われてくる。言語は、(中略)それが名において、すなわち普遍的な命名において語るときにのみ、純粋に自己を語り出すのだ」(前掲論考)と述べる。名前を呼びかけることは、メッセージを伝えることではない。言葉とは、不特定多数の者に呼びかける場合でなければ、特定の人間に向けられる。そして、語り手と語りの向けられる人物の間には、初めからコミュニケーションの通路が開かれているわけではない。とはいえ、コミュニケーションの通路を開くのを可能にすることは難しいことではない。名前を呼びかけることや名前を名乗ることも通路を開くことだが、別に名前を使用しなくても、挨拶をするということでも通路は開かれる。

呼びかける際に名前は何であるのか。それは伝達の目的ではなく、伝達の始まりに位置し、始まりを作ることだ。名前を付けることも、名前を名乗ることも、名前を呼びかけることも、名前を尋ねることも、すべて絆を作ろうとする行為である。そのような行為によって、一度結ばれた絆は、そこからすぐに退却できるものではなくなる。名前は取り替え可能な単なる符丁ではなく、名前とその名前を持つ人間とは結びついている。名前を知ることによって、相手に呪いをかけることができるようになるという発想は古来継承されてきて、現代人の心の底に残っている。その呪術性からの解放を近世が目指したことは確かである。名前と名付けられるものとの実在的関係を否定し切断する思想も思想史の中に存在している。それは時として中世の唯名論として捉えられたり、ミシェル・フーコー(一九二六―八四年)が『言葉と物』(一九六六年)の中で示したように、一七世紀における古典主義の時代に見出すこともできる。唯名論をどのように捉えるのか、それは後に(第6章)回すが、名前とその名前を持つものとは、呪術的な関係においてでなくても、実在的な関係を持つと私は考える。

ベンヤミンは顔と名前の関係に言及はしないけれど、彼の考えを拡張すれば、名前を呼びかけながら、顔を知らないということはないと言えると思う。顔を知らない人に、名前で呼びかけることはできない。いやもちろん、そんなことはない、衝立に隠れている人に話しかけることはできるではないかという反論もすぐに思いつく。また「隠れたる神」に語りかけるモチーフは聖書のみならず、中世においてもいくらでもあるではないかという反論もあるだろう。そしてまた顔を知らないまま名前を呼びかけることはできるではないか、入学式のときに新入生の名前を呼びかけることができるように、という反論があるのも分かっている。無数の反論が成り立ち、名前を呼ぶことは顔を知ることだということとの不条理性は火を見るよりも明らかだという議論も分かる。しかし、ただ、名前とは単なる後付けの記号ではない側面が存在するということが言いたいのだ。名前を呼ぶことと顔を知ることは、日本の古代の風習において名を教えることが求愛への返答であったように、姓名判断者が名前によって顔を何らかの仕方で予期するように、切っても切れない関係にあるのだ。

名前を呼びかけることはその存在を認めることだ。そして、名前を呼び、そこに応答があるとき、顔を知ることになる。顔と名前は類似するところがある。顔が与えられるとき、顔の背後にあるものは教えられるわけではない。顔と顔を向き合わせながら、何も知らないでいることはあり得る。

ベンヤミンは語る。「名とは、それによっては何ものももはや自己を伝達せず、それにおいて言語がみずから、そして絶対的に、自己を伝達するところのもの」である。だからこそ、固有名とは「人間の音声となった神の言葉」であり「名において人間の精神的本質は自己を神に伝達する」とされ、「固有名とは、人間が神の創造する言葉と結ぶ共同性にほかならない」とまで語られている。名前こそ、伝達可能性そのものを伝達するのであり、コミュニカビリティを造り出す絆なのだ。ベンヤミンの思想は私には近しい。

純粋なコミュニケーション

現世利益など求めずに、神に無心に祈るとき、そこには穢れた雑念は入り込まない。何の願いも込めずに、目的実現・所願成就の思いを込めないで祈ることこそ、純粋無垢な祈りなのだ。神が万能であっても、人々の願いに対して個別対応することは論理的にあり得ないからだ。敵対する者たちの相反する願いを同時に叶えることはできないのだから。

人間の場合でも、名前を呼ぶだけで、他者に悪をもたらしたり、傷つけることはない。コミュニカビリティそのものはコミュニケーションが始まる以前だから穢れることもなく、清浄なままである。通路そのものは穢れていないとしても、通路を何かが流れ始めると汚染が始まってしまう。

ベンヤミンは通路の中を何かが流れていくことで、必然的に通路は汚れていくと考える。創造の言葉を離れてしまって、人間の言葉が生まれた状況においては、「言葉は（自己自身以外の)何かを伝達することになる。これこそまことに、言語精神の堕罪にほかならない」とベンヤミンは述べる。ベンヤミンにとって、言葉が、伝達可能性以外のものを伝えるようになったとき、つまり、メッセージをもったとき、言葉の堕落が始まる。何かそれ以外のものを伝達することに記号の本質が置かれているにもかかわらず、記号が記号としての機能を果たすことが、自らの穢れを招くというのは「天使主義」だ。

ベンヤミンにとって、文学も芸術も、受容者の存在はどうでもよいことだった。それらの本質は伝達でも、伝達内容でもないのだ。文字も名前も伝達のための手段などではない。それらは、一つの、同一のもの、つまり、諸言語が互いに補いながら生じる志向の総体によって到達しうる〈純粋言語〉を志向しているのである。〈純粋言語〉とは、自らは何ものも志向せず、何も表現することなく、伝達もなされず、その前ではあらゆる志向が消滅してしまうものだ。ベンヤミンによれば、その〈純粋言語〉を或る特定の言語の中で救済することが翻訳者の使命であるという。

〈純粋言語〉において見られた直接的伝達可能性は、堕落してしまった、いや堕落せざるを得なかった。もちろん、ベンヤミンは、純粋状態に復帰できると考え、そこに戻ろうとする楽天主義者ではなかった。むしろ永遠に失われてしまった過去へのノスタルジーの中で、目の前に展開される世界の諸事物のはかなさ、移ろいゆくこと(das Ephemere)に、純粋なるものの影を見いだすことで、やるせなさを少しばかり紛らわせながらも、憂鬱から免れられない人物だったのだろう。

ベンヤミンはコミュニカビリティの層を見逃したり、それを人間的不完全性として取り除こうとはしない。その点では、天使主義と対立するようにも見える。天使主義とは人間の条件を無視するものだから。しかし、コミュニカビリティ以外のものを伝える言葉を、すべて言葉の堕落として捉えるというのはどういうことか。コミュニカビリティを見出しながら、その可能性以外のものを伝えることを堕落と見なすことは、無垢の始源を目指す点で天使主義に陥っている。いや、むしろ天使主義を望んでいたのだろう。彼の傍らに置かれ、幾度もヴィジョンを与えてくれたパウル・クレー（一八七九—一九四〇年）の「新しい天使」への偏愛、そして次の一節はその一端を示してくれる。

この雑誌はそのはかなさを最初から自覚している。というのも、真のアクチュアリティーを手にいれようとする以上、はかなさは当然の、正当な報いなのだから。じじつ、それればかりか、タルムードの伝えるところによるならば、天使は——毎瞬に新しく無数のむれをなして——創出され、神のまえで讃歌をうたいおえると、存在をやめて無のなかへ溶けこんでゆく。そのようなアクチュアリティーこそが唯一の真実なものなのである。

（「雑誌『新しい天使』の予告」、既訳を一部変更）

ベンヤミンの中にグノーシスを感じとる人もいるし、また今見てきたように天使主義の側面を見出す人もいる。もちろん、ベンヤミンは凡庸な天使主義者ではない。ベンヤミンは天使主義の誤謬に気づいていたからだ。ベンヤミンが批判しようとしたのは、ここまでの話に結びつければ、コミュニカビリティを使用することとしてのコミュニケーションだ。別の言い方をすれば、ベンヤミンはコミュニカビリティを純粋に享受しようとするあり方を求めたのだろう。おそらく、ベンヤミンが忌み嫌っていたのは、言葉やコミュニケーションを「使用」することだったのかもしれない。「使用」と「享受」は、対象や他者との関わり方において明確に対立する。

伝達の中動相的なあり方

話を戻そう。ここで論じたいのは、ベンヤミンが天使主義者であったかどうかということではない。彼の思想の一部、コミュニカビリティに関わる論点と、しかもそれを特に名前に見出したということだ。

伝達可能なもの、つまり伝達されうるものは、事物そのものに宿っているのではなく、あくまで言葉〈において(in)〉自己を伝達する。言葉〈を通して(durch)〉ではない。もし、言葉〈を通して〉であれば、言葉は水道管のような伝達道具としてのメディアに転落してしまう。事物が言葉の領野に登場するのは、名前を帯び、「事物の言語」に姿を改めることによってだ。その場合に、言語、いや、伝達の道具ではなく、伝達可能性が受肉したものとしての言語は、自己を伝達する、正確には、自己自身において自己自身を伝達することになる。その場合に、言語は純粋な意味での媒体(Medium)、能動にして受動であるもの＝中動相的なもの(das Mediale)となる。自らを伝えるとは、能動でも受動でもなく、再帰動詞的に表現される、中動相的な事態、反省的な自己限定でもある。

先走ることになるが、ここでも〈一般者の自己限定〉のモチーフ(二三八頁参照)が見出されるのだ。もちろん、自己限定のモチーフは実は多種多様であり、自己限定の構造があることで一括りにできるわけではないが、能動相と受動相の二つしかない言語に囚われて、中動相的事態という、ごくありふれたことが不可解に見えるとすると、思想史、宗教史の大部分、そして存在論、形而上学、実在論も、理解を拒む、愚か者の戯言にしか見えないだろう。

それはともかく、言語が自己を伝達する、ということは、言語そのもの以外には伝達されるべきことがない事態だ。これこそ事物に名前を付ける場面である。生まれたばかりの子どもに対してでもよいが、名前を付けるとき、名前〈を通して〉何かを伝達しているのではない。そして、純粋言語の状態において、言語は自己を、つまり伝達可能性だけを伝えるとされる。しかしながら、ベンヤミンが、伝達可能性以外のことを伝えること、つまり言葉〈を通して〉何かが伝えられることが、言葉の堕落であると述べる点になると、留保なしには歩みをともにすることができない。純粋なものが純粋なままに留まることは、最も腐敗した状態にしか思えないのだ。比喩を使って表現すると、清浄な水は、さらに汚れうること、つまり自らは汚れることで他のものを清浄にするものであり、始源にある固定的で不変な状態であるより、むしろ、絶えず汚れながらも、その都度、その時点毎に見出される清浄さを作用にもたらすことで、始源にあった清浄さが自らを形ある姿の中で自己展開することを可能にするのである。要するに、人間や動物に飲まれることを求めない、「永遠に清らかな水」は清らかな水ではない。

もちろん、ベンヤミンも純粋言語の堕落が避けられないものであることなど、百も承知だったのだろうし、そもそも「根源」というのは、始点にすぎないのではなく、生成と消滅から発生してくるもの、生成の川の中に渦としてあり、生起の材料を自らの律動に巻き込むものと捉えており、共感を抑えがたいが、にもかかわらず、不可能な根源へのノスタルジーに拘束されているような気がしてならないのだ。

4　コミュニカビリティの文法

ベンヤミンにおいては、名前を与えることが、純粋な伝達可能性の現れとされていることを見た。そうなると、聖霊とコミュニカビリティの関係はどうなるのだろう。聖霊は伝達可能性以外のものを伝達していたではないか、という疑問が出てきそうだ。伝達可能性しか伝えない聖霊では、宗教において重要な機能を果たしそうにもない。

しかし、翻って考えてみると、純粋な伝達可能性とは、無規定性や「無性」ということのはずもない。伝達とは、黒い雲が雨を示そうと、表情が怒りを示そうと、単語が意味を表現しようと、〈自己・自ら〉以外のものを表すことだ。したがって、純粋な伝達可能性にしろ、言語が自己を伝達することにしろ、自己以外のものが表現されていなければならない。そうだとすれば言語が自己を伝達するとは、そこに言語以外のものが入り込んでくるということだ。

伝達することとは必然的に記号を使用することであり、記号を使用すれば、そこに差異が現れる。たとえば、縁暈《えんうん》の輝く、一塊りの黒雲が「事物」としては、月を隠しながら、「記号」としては月を表示することを考えてみればよい。記号とは事物そのもののあり方に留まらない、別のあり方なのだ。

純粋な伝達可能性も、差異を包含したもののはずだ。問題は、その差異のあり方だ。しかし、始源の状態では、その差異は顕現していない。最初に未展開のままで、未来に実現されるべく含まれているという意味ではすべてがそこに与えられているのだが、一度にすべてが実現するのではない。存在の秩序と現象の順序がずれていて、最初にあるものが、むしろ後になって、徐々に現れる構図が問題なのだ。

このような見通しができれば、コミュニカビリティの文法について、単純ながらも、やっとモデル化できることになる。その際、アブダクション(abduction)という推理形式が手がかりになりそうだ。アブダクションは推理の形式としてとても重要なものだ。他者の表情の背後に感情を読み取ることは、「感情移入」としてその形式が吟味されたことである。詳細は省くとしても、自分の表情と自分の感情との間にある関係を基礎として、その図式を他者にも適用することで人は他者の感情を推理するというのがその大枠である。そういった「感情移入」論の一番の弱点は、人は自分の表情を観察することは少ないということである。笑顔になったつもりで、苦々しい、顰《しか》め面であることをカメラマンに指摘されることは多い。「感情移入」論を嘲笑いながらも、アブダクションの枠組みが勝っているかどうかは怪しい。さらに、コミュニケーションにはすでに見てきたように幾重に及ぶ層が絡まりあい、単純で合理的なシステムが得られるはずはないのだから、アブダクションという比較的単純な推理形式で解き明かすことができるところは少ないかもしれない。ただ、私はそこに人間を欺きに陥れる枠組みの基本があるように思うのだ。

アブダクションの枠組みを考えるために、比較的単純な例から考える。布の袋と、その布に入った数多くの白い豆を用意しよう。

大前提（A）　この袋の中の豆はすべて白い
小前提（B）　この豆はこの袋から取り出したものである
結　論（C）　この豆は白い

大前提（A）が与えられ、（B）「この豆はこの袋から取り出したものだ」と言われれば、その豆の色を吟味しなくても、（C）「この豆は白い」ということができる。（A）と（B）という前提があって、そこから（C）を導き出す操作である。これは演繹（deduction）である。手間暇をかけなくてもよい、結論を確かめる必要のない推理であり、間違えようがない。人生における価値判断や決断の場面がこのような形式をしているとすれば、「自動人生進行装置」に人生を載せて、人は知性と理性と意志を眠らせたまま、人生を無事に終えることができる。

袋から豆を取り出して（B）、それが白くて（C）、それを何度も繰り返して、どれも白かったら、袋の中の豆は全部白いのではないか（A）と人は推理する。つまり、（B）と（C）という前提が与えられていて、何度でもそうなるとして、その結果、（A）を出すのが、帰納（induction）である。最後の豆が予想に反して黒いというように、最後の最後で裏切るということは、人生の様々な約束の場合と同じようにあることはあるのだが、多くの場合、蓋然的に一個を除いて白かったからもう一個も白いだろうと判断する。確実ではないが、この推理もかなり信頼できる。

ところで、袋の中の豆が全部白いことが分かっていて(A)、白い豆がそばに落ちているときに(C)、この豆は袋から出てきたものだろう(B)と判断するのが、アブダクションという推理形式である。アブダクションは同じスペルで「拉致」の意味で用いられるし、そしてそちらの意味で用いられることの方が多いだろう。アブダクションは標準的思考から逸脱した推理だから、幾分似ているところはある。大前提‐小前提‐結論の形式に当てはめると、(A)と(C)が与えられていて、(B)を導き出すのが、アブダクションだ。間違えることも少なくない。白豆の収穫が終わった畑の隣の小屋の中で、落ちている白豆が袋から飛び出したものであると考えるのは普通ではないだろう。

アブダクションには、「仮説形成」などという訳語もある。「山勘、当てずっぽう」の一種と考えれば話が早い。当たれば名推理と言われたりもするが、この推理がはずれることも少なくない。T・A・シービオク、J・ユミカー＝シービオク『シャーロック・ホームズの記号論――C・S・パースとホームズの比較研究』には、ホームズがアブダクションの名手として紹介されている。凡人では使いこなせないアブダクションを駆使して、名推理が生み出されるのだ。

パースとアブダクション

アブダクションは、アリストテレスの『分析論後書』に登場してくる推理形式だが、それに注目したのがC・S・パース(一八三九―一九一四年)である。出版されることも、読まれることもないままの哲学論文、しかし時代をはるかに飛び越える発見に充ちた断片を数多く山のように書き残したパースは、中世主義者でもあった。徹底した人間嫌いであって、食べるものにも事欠きながら中世を愛してやまなかったパースのテキストは胸に刺さる。

パースは、知覚判断もアブダクションであると述べているが、人間の表情や言葉から、その人間の心的状態を推理することもアブダクションになるということを述べていたようだ。言葉や表情も、ウソや演技であったりするから、だまされるのは日常茶飯事である。

ここで、再び、1節で取り上げた、口では「食べていいよ」と言いながら、顔の表情を見ると、目をつり上げ〈食べていいわけないでしょ〉と表現している母親(aとする)の場合を考えてみよう。

(A)　aは真面目である、つまり思想をそのまま表現にもたらしている
(B_1)　aはPという思想を持っている
(B_2)　aは非Pという思想を持っている

(C₁)　aはPと表現(言葉)する
(C₂)　aは非Pと表現(表情)する

与えられている状況は、(A)と(C₁)と(C₂)である。すると、(B₁)と(B₂)という、矛盾し合う結論が得られる。

この場合、他人の気持ちは分からないことになる。子どもならいざ知らず、普通の人間は、そういう事態にとまどいはしない。

つまり、以下のように二つのチャンネルに分けて、推理するのであり、だからこそ、お世辞をお世辞として、皮肉を皮肉として受け止めることができる。

メイン・チャンネル
[D₁]　aは真面目であり、思想と表現(表情)は一致している
[E₁]　aは非Pという思想を持っている
[F₁]　aは非Pと表現する
サブ・チャンネル
[D₂]　aは皮肉・冗談・演技を行っており、思想と表現(言葉)は一致していない
[E₂]　aは非Pという思想を持っている

［F_2］　aはPと表現する

ところが、第1節で触れたダブルバインド的環境で育つと、このような複数のレベルにまたがる推理ができなくなるという。これが統合失調症の起源の説明として有効かどうかは措くとしても、他人の気持ちが分からなくなる、という事態のモデルにはなりそうだ。

［D_1］／［D_2］のフェイズは、表現・コミュニケーションを本気で行っているかどうかに関わるもので、メタ・コミュニケーションのレベルを表している。このフェイズには、冗談・皮肉ということも含まれ、情報の受容者は、表の意味でとるべきか裏の意味でとるべきか、調べる機会が得られるのが普通である。ところが、そのようなメタレベルについては調べられることをいやがる人間がいる。そういう人間は、「オレの言うことが信じられないのか」と激怒したり、「その目つきは何だ」と、口より手が活躍しがちである。自分も同じ目に遭ってきて、コミュニケーションの多層性を確かめる機会を持てなかった人間なのだろう。

［D_1］／［D_2］のフェイズに立ち入ることを禁じられた場合、とりうる態度は、すでに述べたことだが、①すべてを裏読みする、もっと正確には表と裏の意味が考えられる場合、自己防御的にすべて自分にとって悪い方に受け取り、失望、絶望を予め防いでおくか、

②すべてを文字通りに受け取り、非言語的なコミュニケーションは無視して、明示的に表現された言葉によるコミュニケーションしか認めないか、③すべての表現が表でも裏でも受け取れることに絶望して、コミュニケーションから退却するか、のいずれかである。

コミュニケーションの多層性と欺き

人間が行う表現行為は、言葉による表現でさえ、複数の層があるが、表情、身振り、態度などの非言語的コミュニケーションにおいても、多様な層が見られる。もちろん、非言語的コミュニケーションの層は、制御が難しく、その層でウソをつける人は案外少ないため、本音が出やすいわけだが、それはともかく、幾重にも及ぶ層において、表で読むか裏で読むかを色分けする、コミュニケーションの地図を、察しのよい人は瞬時に作り上げる。論じるべき問題点はこの先にある。こういった複数の層は必ずしも同時に生じるわけではない。落ち着かない眼の動きの後に、ウソが語られることを思い起こせばよい。すべてウソしか述べない人間とか、ウソとホントをランダムにまじえながら話す人間は存在しない以上、ひとまとまりの話はシークエンスをなし、シークエンス毎にウソかホントかが定まっているのが普通だ。シークエンスが転調し、ホントの話がウソ、皮肉、お世辞に移行するとき、ほとんどの場合、シークエンスを仕切るシグナルが用いられる。声色の変化でも、身振りでも、笑い声でも、「冗談だよ」という言葉でもよい。ところが、このメタ・コミュニケーションに属するシグナルをコミュニケーションとして受け取ること、つまり言葉をすべてバカ真面目に受け取ることも十分可能なのである。天井を指さす右手の人差し指は、イデアを指さすためのものとも、これから冗談を言うシグナルとも、左手で鳩を取り出すための隠蔽工作とも考えられるから。

ということは、転調のシグナルは、瞬時に悟られる場合もあるが、話の進展の中で、時間差を置いて気づかれる場合が多いということだ。そればかりではない。話し手の方でも、自分が何を話したいのか分からぬまま、話を始めて、話が進むにつれて、なぜ自分が先ほどの話を始めたのか気づく場合もあるが、その場合、コミュニケーションとメタ・コミュニケーションの区分を制御できるわけではない。

ここからどういうことが導き出されるのだろうか。予め話の筋を決め、どのような話しぶり、表情をするかのシナリオを決めておく場合は独話(モノログ)の一種なので話は別だが、対話の場合、つまり、話の進展に応じて、語り手の意思もまた変化していく場合、初めからコミュニケーションとメタ・コミュニケーションが分離しているのではなく、渾然として融合している。この両者のレベルが融合している状態を、私はコミュニカビリティと呼びたいのだ。さらに言えば、コミュニカビリティが分節化することで、コミュニケーションとメタ・コミュニケーションに分かれてくるということだ。コミュニカビリティの自己展開としてコミュニケーションがあるという構図を読み込んでもよいかもしれない。

結局、コミュニカビリティの層を持ち出すのは、語ることをそもそも可能にする前提条件が、語ることに先立って存在するという装いを取りながら、語ることの中で整えられていくこと、おそらく、可能性の濃度が現実のプロセスの中で充実されていく過程があるということが述べたかったからなのだ。

時(とき)が本来「解き・溶き・説き」であって、自らを解きほぐし、展開する中で、己の姿を現すのと同じように、語ることも自らを解いていくのだろう。コミュニカビリティはそこにある自己展開のモチーフを表すものだが、それにとどまるものではない。聖霊論に見られたような反転可能性を取り込み、さらに、具体的な〈形〉を受け取るための母型を備えたものでなければならない。もちろん、母型といっても、分節化された構造ではなく、渾然たるものでしかないのだろうが。つまり、〈形〉に先立つ〈かたち〉が存在しなければならないと述べてもよいだろう。

では、〈かたち〉とは何なのか、そして、〈かたち〉は上記の規定を充たすことはそもそも可能なのか、そして可能であるとすると、どのようにしてなされるのか。

第4章　肉体の現象学

前章でコミュニカビリティという概念を持ち出さなければならなかったのは、媒介の問題を論じるため、〈見えないもの〉が〈見えるもの〉に転じる局面を扱うためであった。もちろん、このことで、神と被造物、一と多、精神と身体、ひいては私と他者の間にある共約不可能性が媒介されるというようなことを考えているのではない。コミュニカビリティ(communicabilitas)と共約不可能性(incommensurabilitas)とは、矛盾対立する概念ではなく、後者が前者を前提し、前者が後者を際だたせるものと捉えるのである。これは、共約不可能性もまた断絶の一つなのだが、断絶が絶対的に措定された場合、無媒介的な飛躍、つまり天使主義的飛躍が生じやすいことを考えてのことである。

乖離と落差が明確に措定されていなければ、二元論的乖離はべったりとくっついた一元論に堕しやすい。コミュニカビリティは、乖離を乖離として守るための尺度(mensura)であり、いわば共約不可能性を守るためのものだ。さらに言えば、同一性と差異性は、一方が他方を含み、同時に一方が他方に含まれるようなものになっていなければならない。

別に難しいことを語っているのではない。「肉体」ということの不可解さを語りたいということだ。〈見えないもの〉から〈見えるもの〉への変化を、一者からの多の流出と捉えようと、普遍からの個体の生成と捉えようと、存在からの存在者の発生と捉えようと、そこには形あるものと形なきものを媒介するものが見出され、個体化、現実化、物質化、受肉がそこに生じる。その場合、「肉体」を普通の生身の肉体と考えようと、高度に抽象的な「肉」の意味で捉えようと、肉体とは、身近で、自明で、具体的で、直接的であるため、不思議さを喚起しないが、そういった気づかれないものこそ、気づかれないために、何ものかを守ることができるのだ。私がここで知りたいのは、「肉体」という不可解なものが、どのようにして身をやつし、姿をくらまし、人目を避け、おのれを語らずにいられるかということだ。

1　魂と肉体

ところで、身体・肉体はどう捉えられてきたのか。肉体はピタゴラス派やプラトンにおいては、「魂の牢獄」として捉えられ、「肉体は墓場なり(ソーマ・セーマ)」とまで語られていた。そこには、魂は本来、天上のものであり、肉体という穢れた足かせのために現世にとどまっているという発想があった。現世が混乱に満ちた、心の平静の得られないものであれば、人間は自分の本来のすみかが現世でなく、天上にあると考えるはずだ。

二、三世紀に隆盛したグノーシス主義もその流れを継承していた。現実を居心地のよくないものと考えれば、肉体は現世という物質的な世界に住まうしかないから、本来の自分は魂にあり、その魂はこの世界に属さず、魂の本当のすみか・居場所は別の世界や天上にあると考えるのが、人情の常だろう。グノーシスの神話の中にはそのようなモチーフを示すものは多数あるが、次の一節はその側面を端的に示している。

彼女[＝魂]が一人で父のもとにいた間、処女であり、同時に、男女の姿をしていた。しかし彼女が身体の中に落ち込み、この命の中に来たとき、そのときに彼女は多数の盗賊の手中に陥った。そして無法者どもは交互に彼女を襲い、こうして彼女を辱しめた。ある者は暴力で彼女に傷害を与え、ある者は偽りの贈物で彼女を説得した。要するに彼らは彼女を凌辱したのである。こうして彼女は処女を失った。

(ナグ・ハマディ文書『魂の解明』)

この一節には様々な重要な論点が含まれているが、ここで取り上げたいのは、魂は本来無垢で、肉体と関わりを持つことは、「魂への凌辱」であるというイメージだ。なぜ肉体が魂を守り育てるための住まいとして表象されなかったのか。現実世界以外の居場所という、本来あり得ない空間を作り上げるためには、そしてそのあり得ない世界への正当な市民権を主張するためには、現実世界の方が魂を暴力的に追放した、だから魂は無実・無垢・イノセントだというイメージが必要なのだろうか。

ところで、中世、いわゆる「暗黒の中世」が禁欲主義の時代であったとすれば、中世はグノーシス主義の忠実な後継者であるという理解も成り立ちそうだ。確かに、中世には禁欲を説いた人間も少なくない。とすれば、中世においても、肉体は魂を凌辱するものだったのか。

もちろん、中世という時代区分そのものが恣意的で、一千年間近くにも及ぶ以上、一括りにするわけにもいかないのだが、中世の始まりとされる五世紀あたりまで、つまりキリスト教の初期の教父たちが活躍した時代までは、禁欲主義的色彩は強かった。ところが、その後、〈地中海文化のアルプス越え〉とも言えるカロリング・ルネサンス、そしてその結果としてのヨーロッパが登場する。「中世」と言っても時代的にも地域的にも思想的にも断絶があるわけだが、ともかくも度重なる修道院改革運動の後、十二、三世紀には修道院と托鉢修道会の数が激増していった。

そのことは、必ずしも禁欲主義的傾向がヨーロッパ全土を覆ったことを意味していないようだ。一概には言えないのだが、当時の修道院の飲食に関する記録を見る限り、厳しい禁欲が守られていたとは言えそうにはない。少なくとも、世俗社会の中では、十二、三世紀における商業、農業の発展による、物質的生活の著しい豊潤化を考えた場合、禁欲や肉体の侮蔑は言説としては流通しながらも、心性の基本をなしていたとは思われない。

中世における肉体

中世は暗黒の時代であって、人間性が抑圧されたという世界史の整理がしばしば繰り返されてきた。しかし、中世はホイジンガやバフチンが描き出したように、祝祭と狂騒の時間と場所を持つ世界だったのだ。少なくとも、一三世紀以降、西洋の人々の肉体は日常生活の中で虐げられてはいなかった。

トマス・アクィナスも冷たい知性主義の光の中で『神学大全』を完成させたようなイメージで捉えられるが、そうではない。神の恩寵が人間の自然性を圧倒し、すべてのものが神の光と恩寵で消し去られる世界が語られているわけではない。トマスの「恩寵は自然本性を廃棄せず、むしろ前提し、完成する(gratia non tollit naturam, sed praesupponit et perficit)」という言葉は、自然本性(natura)が人間の生まれてきたときに与えられているすべてを指す以上、肉体の否定を意味していたはずがない。人間の自然本性もまた完成されるべく守られるのである。トマスもまた美食家であったことを知るとき、いかなる哲学にも体温があることを感じる。

哲学が体温をもつことをもっと如実に表す系譜が東方教会(ギリシア正教)の系譜であると思われる。ビザンティンの神学者グレゴリオス・パラマス(一二九六—一三五九年)のように、体は魂よりも善く神に近いとまで述べる神学者もいたのだ。

体は神の光を受け取り、摑むことができるが、魂はそうはできないなら、魂はどうして体よりも劣っていないことがあろうか。しかし魂が神を光の内に見るのは、魂が神を光の内に体の仲介によって見るのであって、その逆ではないなら、どうして物質的で死すべきこの体のほうが魂よりも神にいっそう類縁であり、いっそう近接し、またより近くないのであろうか。

(パラマス『聖なるヘシュカストのための弁護』)

もちろん、このように述べることは肉体を肯定するというより、肉体を侮蔑することで生じる精神の傲慢を避けるためのものだったのだろう。また、パラマスは東方正教会の一代巨峰であって、聖トマスとは別の思想圏に属しており、同じ文脈に組み込むわけにもいかないが、肉体の蔑視による禁欲主義が支配的ではなかったことの傍証にはなるだろう。

荒っぽいまとめになるのだが、中世では、祈りに参与するのが精神だけではなく、肉体でもあるからこそ、祈りの言葉、姿勢、身振りが重視されたのだ。つまり、恩寵の対象となるのは、人間の精神だけでなく、肉体まで含めた、全体としての人間であり、肉体を切り捨てる発想は少なくとも正統的見解にはなかったはずだ。来世のことばかりでなく、神の国を現世の中に見、現世の秩序を重んじるとすれば、肉体を軽視することなどできるはずもない。

ところが、近世に入って、人間の身体は機械と見なされるようになっていく。その際、身体が機械と見なされることは、身体が精神によって支配されない独自の組織体であって、身体も精神と同じように主体としての機能を持つという発想も可能だったはずだ。そして、機械は、自分で運動するもの(オートマトン)という側面をもったものであった。したがって、精神としての身体という側面が表面化することも十分可能であった。

しかしながら、「オートマトン」ということは、人間の意思とは無関係に「自ずから」生じてくる現象、つまり偶然の一種と解されていたのである。例えば、建て付けが悪くて、「自ずから」開いてしまう扉のようなものが「オートマトン」なのだ。もちろん、技術の蓄積によって、ゼンマイ時計のようなものが発明されてくると、制作されてしまえば、自分で動き続けるメカニズムとして「機械」が捉えられるようになっていく。制作者が不在であっても、制作者の意図に即して動くもの、これが「機械」とされていく。制近世初頭における自然観は、神がいったん世界を創造した後は、神が不在であっても、そこに内在する自然法則や力によって、制作者の意図通りに動く機械として捉えていた。

人間の身体は精神の下す命令に従うものだ。精神こそ、身体の主人・主体である。精神の意図に即して、動く機械なのだ。精神が身体の主体であるという発想は、近世における身体論の基本的構図であった。もちろんその時代も、精神が身体によって左右される事態を見逃していたわけではない。精神が身体によって左右されること、つまり精神が身体から作用を受けること＝受動作用(passio)が、情念(passio)とされていたのだ。情念とは、精神が自分で制御できない心的状態なのである。例えば、払っても払ってもこみ上げてくる怒り、相手の不在を苦しみ悩み、近づき、触れ合うことを激しく求める熱情などは、その典型である。その際、近世の情念論の目標は、情念の虜《とりこ》となった精神を情念から解き放し、身体に対する支配を取り戻すことに置かれていた。ということは、精神が身体を支配する状態、いわば、何事にも酔わず、醒めていること、そこに理想状態が置かれたということだろう。中世に人々が激しく泣き、大声で笑い、騒ぎまくる姿とは対照的である。近世において、身体は精神の機械であるばかりでなく、精神の機械であるべしとされたのである。ここにおいて身体は虐げられ、精神が所有する対象、所有権に服するものとなってしまい、精神の奴隷のごとき位置に堕ちていってしまう。

だが、そこに人間の精神と魂の傲慢は生まれなかったのか。人間の魂は本来天使的なものであって、肉体をまとったために、穢れに陥り、有限性、可死性が入り込んだという発想は、魂の全能感を前提しているように見える。魂は本来イノセントなのであって、肉体を持ったがために、大地に縛り付けられるようになったという神話は、傲慢の萌芽を十二分に備えている。身体は無際限の快楽など求めないからだ。無際限の快楽を求めるのは、魂の方だ。

魂は身体を所有しているのではなく、束の間、預かっているだけなのかもしれない。優れた才能が、個人に帰属する所有物ではなく、たまたま或る個人が預かっているにすぎないという発想と同様に、精神と身体との結びつきは、「所有」関係によって捉えられるべきものではない。

ではなぜ、近世は身体を所有の対象と考えてしまったのだろう。

2 身体の聖性

身体が自分の所有物であるならば、身体の一部を使用に供したり、売り買いしたり、破滅に至らせたりすることは、自分の権利に属するのかもしれないが、身体は所有物なのだろうか。身体ならば、「もの」であるから、自分の所有物のようにも見える。しかし、「生命」ならばどうか。魂でさえも、個人のものではなく借りもの、預かりものであるという発想は、現代ではあまり受け入れられそうもないが、近世に至るまでは珍しくなかった発想だ。それはともかく、ここで考察されるべきなのは、もし身体が借りものであるとすれば、精神と身体を結びつける「絆」は何になるのかということだ。

その「絆」のあり方を見るために、「血と肉」について見ていこう。さて、聖書の中には、なぜ血や肉の話があれほど登場するのだろうか。血は穢れの典型的なものだ。血は、生理的な嫌悪感、恐怖感を引き起こすだけでなく、公共的な場面から隠され、消される。血にまつわるタブー(禁忌)が公私いずれの場面でもいかに多いかはここであらためて述べるまでもないほどだ。

血について語るべきことは山ほどあるが、ここで一番注目したいのは、血が、生から死へ、死から生へ移行する媒介、臨界をなすことだ。日常・「ケ」と非日常・「ハレ」を分かつ標識となっているのだ。標識や徴《しるし》のついたものはすべて非日常の世界に属しており、日常の世界に持ち込むことはきびしく禁じられる。

ところで禁じられる事柄はそもそもその存在が望まれていない場合にも見出される。たとえば、犯罪的行為などである。しかし、血に代表される穢れが禁じられるのは、その非存在が望まれているからではない。絶対的に穢れの非存在を求めるならば、天使になるしかない。同じことだが、排泄物が人目に触れることを禁じられるのは、その非存在が望まれているからではない。外部と内部の中間に位置するものは排除されるのだ。生を死に、死を生に結びつける血は、生と死の中間、媒介、第三項であり、排除されねばならないものなのだ。

境界の上にあること（リミナリティ）は、曖昧かつ両義的な性質を有する。相異なる二つの領域の間にある曖昧な境域は、異なったものがそれぞれ存続しながら、しかし交流し合う場面である以上、秩序維持にとって決定的に重要な意義を有している。この境界性というあり方は、文化的空間を成立させる秩序や分類の網の目からはみ出している。両義的なものは、内部にあるのでも外部にあるのでもない、危険なものだ。リミナリティにあるものは、基本的に公の世界では隠されがちだ。内部と外部との境界がどこに設定されるかは、文化ごとに相対的である。顔であれふくらはぎであれ、「はしたない」と言われるようなことがリミナリティ上にあることだ。リミナリティの現象は、ハレとケとの交代を意味するかもしれない、あるいは日常から祭りの時間への移行を表すかもしれない。ほのかに見える、見えるかどうかわからないことに驚喜するのは、リミナリティという境界を制御する文化的メカニズムが命じているからだ。リミナリティの領域は、人の心を迷わせる。隠せば隠すほどリミナリティの領域を増やすことができ、商品として流通する物品や情報が増えていく。いずれにしても、微妙な違いによって人の心はくすぐられる。エロスがこのリミナリティの領域と重なり合うことは偶然ではなく、そしてそれが様々な危険性と暴力性を生み出しやすいことは見て取りやすい。にもかかわらず、ここにも差異をめぐる生命の戦略があるように思う。微細な差異を識別すること、それは環境の激変する徴候を見抜く能力でもあり、強くて大きなものが生き残るのではなく、つまり弱肉強食が基本原理としてあるのではなく、小さな差異のなかに込められた大きな変化を読み取ることに重要な契機が込められている。ここでもまた、小さなものの中に大きなものが宿っているのである。

リミナリティをめぐる領域は、区別し分類することで事物の秩序を構成しようとする精神、合理的な精神にとっては、不気味なものである。文化人類学で指摘されるように、このような両義性は、しばしば死や子宮の中にいること、不可視なもの、暗黒、男女両性の具有、荒野、そして日食や月食にたとえられる。分類し区別するシステムが成立していない場合、カオスが登場するが、これらの象徴の意味するものは、まさにカオスなのである。カオスといっても、秩序空間の原初に想定されるカオスと、秩序空間のシステムを混乱させた結果生じるカオスとでは意味が異なる。そして、両義性とは、外部と内部の中間にある曖昧な領域というよりは、内部と外部を成立させる源泉でもある。この差異こそ、欲望や運動や変化を引き起こす源泉なのである。そしてこの差異は大きな差異であればあるほど大きなポテンシャルをもつというわけではなく、いかに微妙な差異であろうと十分な備給が向けられれば大きな落差が生じる。微分的な差異もまた巨大な運動を引き起こすのである。端的に言えば、両義性やカオスは物事を産み出す源泉なのである。だからこそ、宇宙の始まりにカオスを置く神話もよく見られるのだろう。

宇宙の創造は、外部と内部との往還として語られる。宇宙の創造の際に、性交というイメージが語られるのは、性交が生産的活動であるばかりではなく、内部と外部の往還-相互浸透だからであろう。ところが内部と外部の往還を司る法則は、明文化されるような顕在的法則とはなりにくい。もし顕在的に法則化できるならば、それはカオスとはなり得ない。いや、語り方が逆だ。法則を有し、理性のもとに収まりうるものが、あえてカオスとしてのあり方を持ち続けるための条件は何なのか。それがタブーだ。

タブーとは、禁止の規則であるより、何ものかを保存するための法則なのだ。タブーとは、往路と復路を作り出すことで、可逆性、反転可能性を引き起こす装置と言ってもよい。祭りにおいて見られるように、タブーが人目にさらされ、触れられることで、聖と俗は交通し合い、反転を遂げる。

タブーは、日常においては禁止法則として機能するが、禁止法則としてのみ見るのはまったく一面的である。むしろ、タブーとは、日常世界と異質の世界をつなぐ開口部であり、日常世界の出入口でもある。タブーという入り口が開かれるのは、一定のエネルギーが蓄積された場合である。タブーとは特異点であり、両義性が現れる場所である。両義性が顕在化した場合、日常世界に出入口ができてしまうので、日常世界では矛盾律と同一律によって両義性が表面化しないようにしておくしかない。タブーとしての開口部は、一定の備給水準にまで達していない場合には、単なる禁じられた領域としてのみ機能する。

血と肉は、多くのタブーを伴う領域であり、生と死の往還を操作しうる(と考えられた)両義的なものである。性欲や性交がタブーとされたのは、禁止されるべきものだからではなく、両義的なものであるが故に、タブーの中で守るしかなかったからだろう。性に罪悪感が伴うのは、タブーを維持する心的装置が罪悪感だったからだ。タブーによって守られている限り、罪悪感はなくてはならないものだ。タブーとは、禁止の体系なのではなく、タブーの適用される領域を、人間と結びつける規則の体系なのだ。

中世に話を戻せば、肉体や肉体的快楽は、以上に述べたような意味で「タブー」であったと言えるかもしれない。或る対象を言葉の市場に引きずり出し、祭り上げることが、その対象を重視することとは限らない。語らずにおくことも大事に守り育てる方法の一つである。

3　身体図式と身体イメージ

タブーとは、可逆性、反転可能性の文法として捉えられるわけだが、そこには、〈見えないもの〉と〈見えるもの〉との往還が見出される。ここでは、特に、〈見えないもの〉から〈見えるもの〉への移行の側面に注目しよう。受肉の過程に知られるべきことがあるからだ。肉体をめぐるタブーと、受肉が関連することは、当然のことだろう。しかし、内部と外部の反転可能性だけでは、受肉、物体化の一面しか捉えられない。というのも、物体化とは、具体的な〈形〉を受け取ることでもあるからだ。

血や肉は、身体の表象として消えつつあるが、その機能は失われているわけではない。〈形〉が成立してくる前提に関わるところがあるように思われる。その際の手がかりとなるのが、「身体図式」と「身体イメージ」という概念である。

〈身体図式(body schema)〉とは、自分の身体全体または身体の部分の空間的関係に関するイメージ(身体像)を成立させる意識下の働きである。常に意識の中にあるものではないが、それは常に身体の動き、調整、イメージの尺度を形成し、その尺度に従って、当人が引き続いて起こる変化を判断できるようにするものである。こういった一見抽象的な身体の層が持ち出されるのは、身体のあり方に関する現実的なイメージ、ある〈身体イメージ(body image)〉が絶えず変化していながら、身体表象の連続性、統一性を見出すからであり、だからこそ〈身体イメージ〉の下に、別の身体の層が想定されたのである。この〈身体イメージ〉は、〈身体図式〉をいわば「文法」として、この図式の上に構成されるのである。

自分の身体がどんな姿勢をとっているか、身体の諸部分の関係がどうなっているかは、〈身体図式〉の働きに基づいて意識されることとなる。そればかりではなく、着衣などの空間行動を視覚など用いないで適切にできるのも、〈身体図式〉のためである。〈身体図式〉とは、意識に上らなくとも身体を自分の身体として、身体の諸部分が相互に調整された状態で機能させるものであり、現実的な身体表象や身体運動を準備するものである。

この〈身体図式〉は多数の感覚的経験や運動的体験が統合されて形成されるという。そして、〈身体図式〉が意識されるようになると、〈身体イメージ〉として現れることになる。もっとも、ふだんは〈身体イメージ〉も順応の結果、意識されることのないまま、〈身体図式〉にとどまることは多いのだが。この〈身体イメージ〉の方は、自分の目で直接見られる姿であろうと鏡のなかの姿であろうと、自分の身体が外界の事物や人間と異なることに気づくきっかけを与えるわけであるから、〈身体イメージ〉の基礎にある〈身体図式〉は自己概念の基盤ともなる、とされるわけである。

もう少し、〈身体図式〉と〈身体イメージ〉について説明を加えておく。この〈身体図式〉も、〈身体イメージ〉も、決して人間の皮膚に限界づけられているものではない。例えば、自動車を運転する場合には、〈身体図式〉は自動車のボディにまで拡大しているわけで、必ずしも空間的に限界づけられるのではない。むしろ、時点毎に変動流転する身体をとりまとめ、現実の身体の統一性を準備するものである。そして、〈身体図式〉に含まれるものは、身体外にあるものだけでなく、体感、内臓感覚、運動感覚といった、身体内にありながら、空間的に定位しにくいものでもある。

〈身体イメージ〉の方は、とりあえず身体が我々に、主として視覚に与えられる現れ方、身体の自己現出、身体について各自が有する三次元的なイメージであるが、これは決して身体についての感覚的刺激を統一したものにとどまるのではない。〈身体イメージ〉はとりあえず体位モデル、つまり、身体の位置・関係・状態に関する生理学的映像として与えられるばかりでなく、情緒的な映像も含まれている。

〈身体イメージ〉に情緒的な映像も含まれることは、例えば、痩せている女性が、自分の体を「太った体」として感じる場合にも見られるわけだが、自己をどのように見、自己をどのように形成するかに関わるところが出てくる。情緒的な映像には、自己の身体についての感情、思考、記憶、態度などがすべて含まれているが、さらに〈身体イメージ〉には「リビドー的構造」があると言われる。

ここで、リビドーとは性的欲望に限定されるわけではないが、リビドー的構造が〈身体イメージ〉に備わっているというのは、各人の〈身体イメージ〉が、特に思春期・青年期には、人間関係、それも性を随伴した人間関係に基づいて形成されるからである。〈身体イメージ〉は、当人の個人的歴史だけでなく、その人の他者に対する関係、他者のその人に対する関係の歴史に基づいているのだ。

だから、〈身体イメージ〉のリビドー的構造がその後の人格形成に大きな影響を及ぼすことは、予想しやすいことだ。性欲には「人間的欲望の学校」という面があるのだろう。

いや、性的欲望ぐらいにしか、人間は最も隠されるべき穢れを配置できなかったのだ。それ以外に考えつかなかったのだろう。ともかくも、リビドーの発達レベルは〈身体イメージ〉の構成と破壊の基本的要因となるわけだ。

さらに、〈身体イメージ〉には、生理的にまたは心理的に身体に属するものだけでなく、いわば「連想」によって自己に属するもの、属したものも含まれる。衣服、アクセサリー、化粧、仮面など身につけるものはすべて〈身体イメージ〉の一部となり、その他、声、呼気、体臭、糞便、尿、精液、経血なども、体外に出てもそれが自己所属性を失わない限りは、〈身体イメージ〉の一部をなしている。こういったものは、前節でタブーを考察した際に示されたように、外部と内部の交叉・反転の生じる境域であり、身体の統一性はそういうものの文法によっても成立している。これらのものは、①かつては身体の一部を構成していたが、身体から離れ、身体とは別の事物になりながらも、身体を起源としているために、身体のそばにとどまり、意図的に身体から離されねばならないものか、②長い期間にわたってか、または日常的に繰り返し、身体と接触しているか、身体と結合することによって、身体とは別のものでありながら、身体とほとんど同化してしまったものである。

両義的な領域

このようなものは両義的に身体に属しているのだ。その意味では不安定な仕方で身体に属している。だからこそ、〈身体イメージ〉の異常は、こういった、両義的に身体に属するものに関わって生じることが多い。こういった両義的なものと関連する身体部位は、穢れたものとして周縁部に配置される。周縁部は、意識において抑圧されることで周縁化することもあれば、耳たぶや足の指のように、意識が及びにくいが故に、周縁的であるものもある。身体の統一性は、実は周縁部にあるものを中心化することによって具体化する。ピアスによる装飾が、概して周縁部になされるのはたぶんそのせいだろう。いや、周縁部が他者によって承認されれば、その全体が承認されることにもなる。

全体が承認されるための徴表が成立するために、周縁部は意図的に作られるしかない。身体に穢れたところが作り出されるのは、曖昧な中心の交流を示す記号としてである。穢れたものにおいて交わるというイメージ——穢れたものが何であろうと——は、〈身体イメージ〉にとって不可欠である。性が穢れた領域とされる理由の一つは、あまりにも人間的すぎるコミュニケーション・システムの内に見出されるからと思われる。そして、この不安定な内属関係は、身体の維持に必ずしも重大な影響を及ぼすものではないがゆえに、個人の好みによって様式化することができる。逆に、肉体に関する心理的イメージの方は、もちろんエステティックサロンや美容整形を利用して、身体そのものに大幅な加工を施すことで変化させることはできるが、TPOに応じて変更することができないために、両義的なものとは対照的である。両義的なものは、かなりの自由度を持って変更できるからである。両義的なものは自由度を有するとともに、不安定なものだから、そういったものを制御するのは、身体化し、慣習化した能力（ハビトゥス）がないと困難なものである。毎日〈身体イメージ〉を変えたがる人間はいるだろうが、〈身体イメージ〉は自己イメージと連動している以上、比較的安定した〈身体イメージ〉、または変化はあっても一貫性のある〈身体イメージ〉を求めるのが普通の人間だ。そのためにも、身体に定着した、身体を装う能力が求められるのだ。

〈身体イメージ〉とは、当人の意識に映じた身体の〈形〉なのだが、そこには他者への関わりも含まれているがために、人間関係の〈形〉にもなっていると言える。日本語の「身なり」にはそういった意味合いが含まれている。ともかくも、〈身体イメージ〉にいくつかの層があり、身体の形態のみならず、他者との関わりをめぐって生じる人間的欲望の〈形〉も含まれている以上、かなり複雑な構造を有していることは予想できる。リビドー的構造は、決して狭い意味での性的欲望に関わるのではなく、自己同一性が自己の性の受容――選択的であれ、受動的であれ――を必要とし、しかも性の受容は性化された欲望の己有化を前提とする。そして、性的欲望は普遍のみを対象とすることはできないので、対象の側での個体化と欲望の己有化という二重の個体化が求められることになる。

しかも二重の個体化は、別々の個体化であって、条件が揃わない限り、同時に実現することは困難である。その意味で、性欲は難儀な欲望である。

さて、このように〈身体イメージ〉にリビドー的構造、つまり他者との関係を含んだ側面があるとすれば、当然のことながら、〈身体図式〉にもリビドー的な層があるはずである。〈身体図式〉のリビドー的層は、他者との関係の原形式であり、そこから様々な〈身体イメージ〉が浮かび上がってくるはずだ。もし〈身体図式〉のリビドー的層が、幼い頃の外傷経験によって傷つけられているとすれば、その〈身体図式〉から現れている〈身体イメージ〉は、歪んだものになるしかない。歪められたまま固定化した〈身体図式〉は、その後のコミュニケーションの形式にも当然影響を与える。コミュニカビリティの個体化・現実化は、他者との関わりの中でしか成立するはずもないが、〈身体図式〉はコミュニカビリティという中立的なものに、方向性を与える機能を持っていると思われる。〈身体図式〉とは、コミュニカビリティが個別的な現実性に到達する条件なのである。性差、生地、家族環境などは、いわば「偶有性」なのだが、始源にあった中立的なものが現実化することは偶有性を取り込むことである。偶有性を受容する生地が必要となるが、その生地が〈身体図式〉なのだ。

傷ついた〈身体図式〉を持つに至った人間は、傷をかばうために、保護的な〈身体イメージ〉を持つかもしれないし、反復強迫に陥り、〈身体図式〉に刻まれた傷を実際の経験の中で繰り返さずにはいられないということも起こるだろう。〈身体図式〉がかなり固定的な枠組みである以上、快感原則に反する行為が反復されるということは、何ら不思議なことではない。払い捨てようとしても、湧き起こってくる不愉快な〈身体イメージ〉、たとえば他者から被った虐待行為、凌辱行為、そのときの他者の姿、肉体に残された傷から、逃れ去ろうとしても、〈身体図式〉に刻み込まれている場合には、かえって逃れようとすることが、過去のイメージを蘇らせてしまう。〈身体図式〉は本当に少ししか組み替えることはできない。

身体の中のハビトゥス

このような意味で、〈身体図式〉と〈身体イメージ〉について、それぞれが他者との関係を含んだものであることに注目すれば、それぞれ「他者関係図式」「他者関係イメージ」と言うこともできる。他者との関係、特に情緒的な関係は、感情といったものが時間的なものであり、しかも他の精神状態と一緒になって心を占めるものではないがために、きわめて不安定なものである。ある場面で抱いた心の高まりも瞬時に消え失せることがある。絶えず消え失せるとしても、何度でも呼び起こすことができれば、そのようなものは心の中にあるものとして考えてよいだろう。何度でも呼び起こすことができること、これが「ハビトゥス」である。感情は心の状態というより、ハビトゥスなのだ。ハビトゥスについては後に詳しく見ることにするが、ハビトゥスが定着するには、身体、いや少なくとも身体的なものが必要だ。だから、自己の身体へのイメージ(身体イメージ)が明確になっていない場合、人は安定した感情を持ちにくい。安定した感情を抱くために、人は自らの身体を形作り、装う。しかしながら、〈身体イメージ〉を明確にしても、安定した心の状態が訪れるわけではない。他者との関係は、基本的に問いかけと応えから成立しているからだ。自分の眼差しに感情があるのではなく、眼差しを交わし合うことに感情の現実態がある。

〈身体図式〉とは一つの〈かたち〉——〈形〉と区別して考えている——、いや様々な具体的な人間関係の母型であり、しかもそこに情緒的な負荷が生じる。初対面の人間と出会う〈かたち〉、悲しいときの〈かたち〉、恐怖に出会ったときの〈かたち〉。それらは、すべて身体の形態、状態などを組み込んで成立している。情緒的な負荷、つまり、他者とは自分を保護してくれるものなのか、自分にとって敵対するものなのかが、外的世界、人間との関係の基本的モードなのだ。

〈かたち〉と〈形〉は異なる、いや対照的なものだ。これは田淵安一(一九二一—二〇〇九年)の指摘に沿っている。田淵安一は『イデアの結界——西欧的感性のかたち』という美しい論述に満ちた本で〈かたち〉と〈形〉を区別して話を進めている。彼自身、一九五一年にフランスに渡って以来、日本を離れて海外で画家として活動を続けながら、〈形〉が現れる以前の可能性の層としての〈かたち〉にこだわったのだ。それこそ、自分の創作の起源に遡り、その思想的枠組みを言語に定着させようとする試みだったのだろう。〈かたち〉とは、イデアのごとき、原型的なものであり、〈形〉という具体化して、もはや動かなくなったものの根源にあり、目に直接現れていないとしても、その〈形〉に具体的な力を与えているものだと考えればよい。これについては、後で再び論じることになる。

他者との関係は、たとえ同一人物についてであろうと、様々な姿をとる。たとえば仕事、遊び、もう少し細かい場面では命令、依頼、協同などなど。そして、それぞれが一つのコミュニケーション・チャンネルなのであるが、それらのコミュニケーション・チャンネルも、ある具体的な〈かたち〉を求める。礼儀作法も〈かたち〉の一つだ。重要なのは、物質化し、現実性となった〈形〉ではなく、可能性として、ハビトゥスとしてある〈かたち〉なのである。〈かたち〉とは、学ばれるものであり、学ばれた結果は意識下に沈み、あまり意識されなくなるものだ。身体は記憶の倉庫、身体はハビトゥスの座である、と言ってもよい。

さて、〈かたち〉それ自体に傷がある場合、その〈形〉から生まれるものにはゆがみが生じる。肉体に対して有する罪悪感は、この〈身体図式〉に刻まれた「傷」の典型的なものである。そして、その傷は人間の本性に刻まれたものでも文化的に刻まれたものでもない。

ハビトゥスは己を持するあり方なのである。ハビトゥスは身体に沈殿し、意識に上らないようになって、〈かたち〉として定着する。ハビトゥスが意識に上らずに、現実化するためには、潜在性の座が必要であり、その座が身体なのである。ハビトゥスとは、「身体の技法」なのだ。

ハビトゥスの特徴には、現実的な作用ではなく、ある状況の中で作用、行為を行いうる能力であるという潜在性がある。三〇年ぶりに自転車に乗ることが造作なくできる場合、その三〇年間というのは、たとえ一度も自転車に乗っていないとしても、そこにハビトゥスは存続しているのだ。ハビトゥスのもう一つの特徴は、状況との関連の中でハビトゥスが形成されるということだ。簡単な例は、小学生の時に覚えた唱歌の歌詞を、メロディーをつけないで唱える場合を考えてみればよい。歌詞とメロディーは密接に結びつき、バラバラに思い出すことは不可能ではないとしても困難な作業となる。

他者と関わるハビトゥスの場合、ハビトゥスが実現される状況には、当然のことながら他者が関与してくる。家族の間だけで交わされていた話し方や方言を、赤の他人の前で話そうとするときに困難を感じることはその一端だ。他者との関わりは薄い、スポーツなど身体的なハビトゥスの場合であっても、人間との関わりの中でのハビトゥスには、他者が組み込まれているのではないか。

快楽もハビトゥスであって、しかも他者との関わりを持つハビトゥスであるとすれば、どういうことになるのか。たぶん、完全に私的な快楽は存在しない、ということになる。いかに私有される快楽であろうと、共有される快楽でもある。なぜならば、人間の欲望が、欲望への欲望という形式をとる限り、他者の快楽が欲望の対象となり、そして同時に自分の快楽になってしまうからだ。

対人関係のイメージはそれ自体ではなかなか表象しにくい。具体的な身体動作や、肉体の〈形〉や衣服を伴って表象されるが、それだけでは、性的でない人間関係のイメージと区別がつきにくいから、性的に特化したイメージが強調される場合がある。人魚姫や白雪姫の童話も、椎名林檎のように激しい愛を唱う歌謡曲も、性的〈身体イメージ〉の形成という点では機能が同じだ。そして、〈身体イメージ〉が形成されて初めて、他者との恒常的関係、様々なコミュニケーション・チャンネルの移動を含む関係を形成できる。

話を戻せば、〈身体イメージ〉はリビドー的構造であり、対人関係のイメージによって形成されるのであり、対人関係の中でも本人に影響力のあるのが性的関係であるが故に、性的〈身体イメージ〉でもあるということが要なのだ。セクシャリティとは「絆」であるといってもよい。セクシャリティが、肉体関係にのみ関わりそうに見えて、実はそうではなく、他者一般との関係を規定しているものだということは、忘れてはならないことだろう。

セクシャリティを充足する行為とは、結果として与えられる緊張の消滅や感覚的快楽を目的とするのではなく、充足の可能性の条件、いやそもそも充足することが可能となる資格・条件を与えるものである。性的欲望において、欲望が目指すものは、欲望の結果ではなく、欲望の前提にある。

男／女になろうとし、男／女であり続けようとして、涙ぐましい努力を続ける人間は、可能性の条件を求めているのだ。もちろん、目的を追い求めるように文化によって飼い慣らされた人間は、この欲望をめぐる基本的詐術に気づかないことも多いが。

4　肉体とハビトゥス

「ハビトゥス」とはどういうことなのだろう。通例、ハビトゥスは「習慣」と訳されるが、意味がずれるところがある。「習慣」とは、外に現れた行為や生活の型であるが、ハビトゥスとは、むしろそういった型を産み出す能力であり、しかもさらに重要なのは、個人の生活の中でなされる行為の型よりも、むしろ他者との関わりの中で行われる行為の型を産み出す能力なのである。すでに見てきたことから示されるように、ハビトゥスとは身体化した能力であるとすれば、そこには〈身体図式〉と〈身体イメージ〉が関わってきて、案外複雑な構造が待ちかまえていると予想される。

本来のハビトゥスに立ち入る前に、日本語による習慣の表現を見ておくことは無駄ではない。習慣は、ふだんの日本語では「習い、性となる」という場合の「習い」と表現される。ところで、この「ならい」は、「なる」に反復・継続の助動詞「ふ」が付き、「い(ひ)」に終わる名詞になったものだ。もちろんのこと、反復されることがすべて習慣なのではない。接尾語に「ひ」をもつ名詞、例えば、「よばひ」「かたらひ」「やまひ」「はからひ」「のろひ」「まつろひ」「たたずまひ」「むかひ」などは、習慣に含めにくい。そして、「ならひ」「すまひ」「よそほひ」といった、習慣に近い概念でさえ、習慣に含められるかどうか微妙なところがある。

いまだに哲学における習慣・ハビトゥス概念の位置は定まらないいままだが、稲垣良典『習慣の哲学』を見ても、ジル・ドゥルーズ(一九二五—九五年)の『差異と反復』(一九六九年)を見ても、「習慣・ハビトゥス」が古代から哲学の枢要部にあることはほぼ確かなことだろう。社会学においてはピエール・ブルデュー(一九三〇—二〇〇二年)がトマス・アクィナスのハビトゥス概念に依拠して、彼独自のハビトゥス論を展開している。ブルデューのハビトゥス論は、階級毎に異なったハビトゥスを人々は身につける、例えば趣味も食べ物も服装も好きなスポーツも異なるという階級相互の差異を取り出すための装置としてあった。それは文化として流通し、流通制度に組み込まれてしまったハビトゥスの問題だ。そこではハビトゥスの原理論、個人における現れを扱っているので、社会学における社会的現象としてのハビトゥスは考察の対象外であり、そのようなハビトゥスと混同することは望ましくない。

これ以降、「習慣」を定着した行為の型、普通に習慣として捉えられるものと解し、「ハビトゥス」を、そういった「習慣」の基盤にある、身体化された社会的能力として用いることで、使い分けることにする。

ハビトゥス論は、プラトン以来あったわけだが、稲垣によれば、トマス・アクィナスにおいて頂点に達するという。少なくとも、近世以降二〇世紀に至るまで、ハビトゥスに関する議論はあまり目につかなくなる。その際、ハビトゥスが力、徳(virtus)であること、能動と受動の中間に位置すること、可能態と現実態の中間にあること、神よりの注入(infusio)の側面があること等々が特記すべき事柄だとされる。トマスがハビトゥス論の頂点かどうかは措くとしても、中世哲学がハビトゥス論の宝庫であることは確かだし、それを中心にめぐっていたことは予想できる。当時、神学は知識、学(scientia)なのか、ハビトゥスなのかという議論があり、たとえば、ドゥンス・スコトゥス(一二六五／六―一三〇八年)は、神学を端的に実践的なハビトゥス(habitus simpliciter practicus)とまとめている。ちなみに、多少乱暴な整理になるが、トマスおよびトミストは神学を知識、学と捉え、スコトゥス、オッカム、ガンのヘンリクスなど、他の神学者は神学をハビトゥスと捉えていたことは付記しておいてよいだろう。

日本語において、プラトン、アリストテレス以来の伝統を蓄えたハビトゥスに対応する概念は見出されないという気もしてくる。というのも、ハビトゥスとは、理性的能力を基体として形成されるものであり、学知(scientia)と徳、卓越性(virtus)に代表されるものだからだ。「ならひ」などは学知や徳との関連はそれほど大きくない。このように見れば、助動詞「ふ」はハビトゥスとの関連性は薄いのかもしれない。

ハビトゥスと中動相

ここで少し立ち止まって考えてみたい。ハビトゥスには、〈態度、行状、衣服、装い〉等の意味もある。これらがハビトゥスと言われるのは、所有されるものだからだ。つまり、habere(所有する、持つ)の受動的結果として考えられているのだ。とはいっても、トマス・アクィナスによれば、このようなハビトゥスは本来のハビトゥスではない。ハビトゥスとは、「持つ」ことの受動的結果、所有されるものではなく、ラテン語で言えば〝se habere〟、つまり「おのれを持つこと→状態にあること」から生じるものだからだ。

この言葉の詮索はきわめて重要な論点を含んでいる。というのも、ハビトゥスが〝se habere〟という再帰動詞から成立しており、再帰動詞は基本的には能動態でも受動態でもなく、その中間にある中動相(ギリシア語にはあるが、ラテン語にはない)を表す事態になるからだ。自己に帰る作用は能動でも受動でもないのだ。

この中動相的事態は、ギリシアから中世に至るまで常に哲学の基本的位置を占めていた。二〇世紀の哲学においても身体論や現象学の流れに再び登場しているし、イスラーム思想にも日本思想にも枚挙にいとまがないほど登場する。人間の能動的作用が万能であるという発想がない時代、社会においては、能動/受動といった二項対立は奇妙なことなのだろう。重要なのは、この中動相的事態が何を意味するのか、ハビトゥスをそのような視点から見ることが何を切り開くかということだ。

能動/受動という二つの態を持つ言語の枠内で思考し、また、そのような枠組みで主語、主体の作用を考察する系譜、つまり主体主義の系譜が疑問視されるとき、そして言語の制約によって切り落としてしまった側面が想起されて、その問題に再び参入する必要性が感じられたとき、ハビトゥスがクローズアップされるしかない。

「すまひ」にしろ「よそほひ」にしろ「ならひ」にしろ、「世間」において己を持する(se habere)一つのあり方ではないのか。こう考えれば、日本語の習慣とハビトゥスは対応するところもあると考えることもできる。他者や外的な事物との交渉が、精神の下層または身体の内に沈殿し、意志の能力によって安定した型において、反復が可能となり、しかも状況の微妙な差異において、様々な発現形態をとりうるもの、これがハビトゥスの一つの様相だ。そして、ハビトゥスは、対象や他者に向かった自己の前方からやってくるものであるより、背後からやってくるように感じる。自己の深層への沈殿と、自己の内部からの湧出ということが重なって生じているようにも感じる。なぜこのようなことが生じるのか。神が精神の外側に存在するものではないように、自己も精神の内側に存在するものではないからなのか。とはいっても、精神を高みに導くものだけがハビトゥスとは限らないだろう。低俗ではあるのだが、ファッションやモードもハビトゥスかもしれないし、作法や礼儀もハビトゥスかもしれない。

ハビトゥスは、能力、可能態であるのだが、必ず〈形〉を伴っている。可能性と現実性の中間にあると言ってもよいし、現実化しつつある可能性と言ってもよい。現在進行形で表現されると考えることもできる。〈形〉として現れたものだけに目をやる限り、ハビトゥスは移ろいゆくもの、はかないものと映じる。確かに、はかなさ(das Ephemere)とは、絶えざる消滅の相であり、繰り返される消滅、滅びに美を見出すこともできる。しかし、逆の見方をすると、絶えず滅びるとは、絶えず産み出されるということだ。産み出されることに伴う「生臭さ」の故に、生臭くない滅び、死に、美を感じることは難しくない。湧き立つ蛆虫よりも、祈るがごとく手や足をすりながら、逃げ遅れて、つぶされたハエの死骸に哀れみを感じる方が容易だ。もちろん、美の感じ方を逆転させたいのではない。生成と消滅は表裏の事柄であるということが言いたいだけだ。生臭いものはやはり生臭い。

ハビトゥスには、現実化の側面もあるが、さらに重要に思えるのは、能動と受動の中間に位置するということだ。この中動相的事態は、自ずと現れる、自然と湧き上がるという現象様式を有している。喜びと悲しさ、快さと苦しみ、それらは起こそうと思って起きるものでもなく、他なるものから起こされるものでもない。それらは自ずと起こってくる、そして自ずと起こってくるということが、自分の感情であることの徴表となっている。悲しもう、悲しむべきだと思って悲しむことも、悲しみが外から侵入してきて悲しみが生じることも、「自分の悲しみ」のあり方ではない。感情が自分のものとなっていること、つまり己有化されていることとは、悲しむという行動の型が内在化し、身体化し、己有化され、己の内奥から自然と湧き起こってくることであろう。

その場合、悲しみがありながら、悲しみが浮遊し、自分とは別のところで悲しみが生き物のようにうごめくのではなく、〈私〉の悲しみとして、「私が悲しい」事態として捉えられるためには、〈形〉、いやむしろ「身体の〈形〉」を必要とする。思わず口元がほころぶ身体の〈形〉に悲しみが宿ることはない。たぶん、〈私〉は身体〈を通して〉悲しむのではなく、身体〈において〉悲しむのだ。〈において〉とは、単に場所を表すのではない。むしろ、身体に根づいた、ハビトゥスのあり方を指しているはずだ。

5　肉体と〈かたち〉

肉体が〈形〉をもつのは、自明なことだ。その〈形〉には、外形、髪型、姿勢、身のこなし、服装、表情、化粧などが含まれるわけだが、それらは、個々人の行為の目的にとって、付随的、偶有的なもののように見えて、むしろそういったものが決定的な役割を果たすことは少なくない。

しかし、〈形〉における微妙な差異が、決定的な違いを産み出すことも少なくない。〈形〉は幾何学的な形状における類似性や感覚刺激における類似性によっては分類されない差異を宿している。たとえば、「筆の勢い、筆勢」とはどういうことだろう。〈形〉では微差しかないのに、一方が生命力に溢れ、別のものが死んだものに見えるのはどういうことなのだろう。説明の仕方は様々ありそうだが、〈形〉のレベルにとどまらず、その〈形〉を産み出した人間の内面にあった〈かたち〉を考えると説明しやすいだろう。〈かたち〉に含まれる力が、何ものにも遮られずに発露し〈形〉に定着するとき、躍動感が生まれるのだろう。つまり、〈形〉は、〈かたち〉から成立してきた、生成の跡を宿しているが故に、〈形〉の手前にあるものを表現しているが故に、様々なものを伝えられるのだ。

先ほど触れたフランスで活躍した画家、田淵安一は、創作の様を「限《きり》のない白地の空から青い雲が湧く、内と外とが逆転像になって内側の感覚から〈かたち〉が生まれる。僕は、そんな〈かたち〉としてイマージュを待っている」と記している。田淵の語る〈かたち〉とは、「形態」の意味ではない。彼によれば、〈かたち〉とは内心の視覚像であり、

〈形〉が外に現れた形態のことである。中世哲学では、形相(forma)と形態(figura)の区別があった。もちろん、近世以降、forma は form(形、形式)といった意味に平板化していったが。ラテン語の forma がギリシア語の「エイドス」の訳語でもあったことは思い出しておいてもよいことだ。なぜなら、「エイドス」はプラトンの「イデア」と近い概念だったからだ。

眼にみえる〈形〉に対して、眼にみえない〈かたち〉。この〈かたち〉がなくては、桜も梅もなく、朝の紅、夕の紅もないであろうような存在因としての〈かたち〉。つまり、名辞以前にあって名辞を生むものでありながら、自身では〈形〉をもたぬ〈かたち〉。このような〈かたち〉は、心のどこで生まれ、実体《シュブスタンス》をもつものなのか、そうではないのか、こうした問いは古来、東西の哲人が問い続けたものであろう。

(田淵安一『イデアの結界』八七—八八頁)

〈かたち〉がイデアのように、純粋に知性的なもので、〈形〉は感覚的なものと捉えればよいのだろうか。イデア論的に考えればそうではない。イデアも本来そうであったように、〈かたち〉は、純粋に知性的、天上的、抽象的なものではなくて、そこから〈形〉が生まれてくる基盤、母胎のようなものだ。知性的なものと感覚的なものとの枠組みで考えれば、両者を媒介するものだ。〈見えないもの〉から〈見えるもの〉が生み出されてくる場合の媒介であって、見えることを成立させるものであるが故に見えないものであるようなもの、それが〈かたち〉なのだろう。ちょうど、光はものを見えるようにするが、それ自体は見えないものであるのと同じ様な意味で。この〈かたち〉について考察した哲学者は数多いのだが、カント(一七二四―一八〇四年)の図式論はその中で最も有名なものである。予め述べておけば、図式(Schema)とは〈かたち〉のことであり、イメージ、形像(Bild)は〈形〉として考えると分かりやすい。さらに述べれば、図式は「身体図式」、イメージ、形像は「身体イメージ」と重なってくる。

感性的な直観にカテゴリー(純粋悟性概念)が適用できるとき、カテゴリーと、感性的な直観と、それぞれに同種であって、しかもカテゴリーを直観に適用するのを可能にする第三のものがなければならない。このような媒介的な働きをするものは、経験的なものをいっさい含まない純粋な表象であって、しかも一方では知性的で、また他方では感性的なものでなければならない。これが図式である。

図式はそれ自体想像力の所産にすぎない。ところで、想像力の綜合が意図するところのものは、個々の直観ではなく、感性の基底における統一に他ならない。したがって、図式はイメージよりも一般的であるから、イメージから区別されねばならない。たとえば、私が五個の点を・・・・・というふうに逐次的におけば、これは五という数のイメージである。これに反して数を思考する場合、その思考は或る概念に従って一つの数量をイメージとして表象する方法であって、イメージそのものではない。というのも、千というような大きな数となると、イメージと、数の概念を比較することは難しい。その際、ある概念にイメージを与える一般的方法を図式と名付けることができる。

（カント『純粋理性批判』超越論的分析論A140／B179、山内訳）

説明を要する概念がいくつも出てきているが、不十分とは知りながら、少しだけ説明を付しておく。感性に直接与えられる様々な多様性はそれ自体では、概念に取り込まれ、判断を形成できるものではない。しかし感性に与えられる多様なもの（直観）も命題に取り込まれて、真理の素材となりうる以上、経験によって初めて論理的な枠組みを与えられるのではなく、経験に先立って論理的形式を具えていると言える。その形式が主観によって付与されているとカントは捉える。形式という可能性の条件を主観が与えるわけだ。ここでも問題は「形態」がどのように意識から可能性の条件を与えられるのかということだ。〈かたち〉から〈形〉が現れる筋道と言い換えてもよい。想像力が感性と知性を媒介する役割を与えられる。具体的な〈形〉とはなっていないが、〈形〉のモデルとして考えられているのが、「図式」ということであり、図式をさらに図像化したものが、「イメージ、像」というものだ。図式を作る機能を「図式作用」というのだが、これは難しいものではない。数学の参考書に「チャート式」というものが昔あったがそれと同じものを考えればよい。設計図、青写真のようなものなのだ。〈形〉のない概念が、〈かたち〉という中間的なものを通って、像や感性の多様性という感覚の所与に到達する道筋が論じられているのだ。

〈形〉を生み出すもの

カントは、「我々の純粋に感性的概念の根底に存するのは、対象のイメージではなく、図式である」と述べる。これはどういうことなのだろう。犬という概念は、一つの規則、つまり、私の想像力がそれに従って或る四足獣の〈形〉を描きうる規則を意味するのであって、経験から与えられる或る特殊な個々の〈形〉や、あるいは私が、具体的に表象し得るようなイメージだけに限られるのではない。イメージは、これを描き出すところの図式を介してのみ概念と結びつかねばならないのであって、それ自体概念と完全に合致するものではない、と述べる。簡単に言えば、図式が、認識の対象〈の中に〉あるのではなく、認識の対象を構成する、つまりその原因となると述べてもよい。カントもまた少しよそよそしい仕方においてであれ、自分の身体に触れているのだ。

身体の問題を考える場合、カントの図式論が与えてくれるのは、欲望と〈身体図式〉〈身体イメージ〉の関連だ。その際、仕掛けとしてラカンの〈対象a〉が必要となってくる。〈対象a〉とは、鏡像段階の幼児が小躍りし喜ぶ(私の子どもはたいして喜ばなかったが)、鏡に映った自分の姿＝鏡像であったり、母親の乳房だったり、排泄物、声、眼差しだったりする。ラカンの議論では、自分の鏡像である〈対象a〉から反射して、〈自我〉というものが現れてくるという。〈対象a〉は、欲望の対象のことなのである。

ただし、欲望の対象であるというのは、客観的な対象の内にある何ものかではなく、むしろ欲望が欲望として作動するために、自らの内にあるものを外側に投影して成立するものだ。そしてそれが「図式」なのだ。数あるラカンの解説書の中で、ベルナール・バース(一九五〇―)の『純粋欲望』は、ラカンの欲望論とカントの図式論を手際よくまとめている点で参考になる本だ。

> この媒介的要素[＝図式]は、感性的対象を欲望可能にすることを任務とし、したがって、それなくしては対象は欲望不可能であり、欲望は対象を持たないのである。この媒介的な要素が、欲望を対象に連接し、この対象をエピチュメーヌ[＝欲望対象]とするかぎりで、その媒介的な要素は《欲望の原因》と言われうる。(中略)〈対象a〉はこのように、欲望の構造において、認識の構造における図式の場所と相同的

な場所を占める。図式が、認識の対象〈のなかに〉あるのではなく、この認識を構成する(つまり、その原因となる)のと同様に、〈対象 a〉は、欲望された対象(エピチュメーヌ)に属するのではなく、その対象の欲望を構成する(《その原因となる》)のである。

（バース『純粋欲望』六一頁）

確かに欲望された対象なしに欲望はないとしても、だからといって、欲望は欲望された対象から生ずるのではない。この欲望を可能にするもの、つまり欲望する能力が行使されるのを可能にするもの、したがって真に欲望の〈原因となる〉もの、それは〈対象 a〉であり、そして、その〈対象 a〉とは欲望の図式なのである。

ラカンの議論における〈対象 a〉を乱暴に整理すれば、〈身体イメージ〉と考えることができる。もちろん、〈身体イメージ〉を成立させる条件としての〈身体図式〉を背後に考えてもよいだろうが。その際、欲望の図式が〈身体イメージ〉なのだと考えれば話が早い。

このことの例として、性的身体を形成していくことによって、性的欲望が生じ、性的対象が分化することを考えてもよい。

肉体には〈形〉があるからこそ、模倣することができ、そばにいることができ、抱擁することができる。しかし、〈形〉は〈かたち〉を備えていない限り、〈から〉のものとなってしまう。そう、肉体は〈からだ〉となってしまう。肉体は絆、媒体となるものだが、それだけで十分なものではない。

〈かたち〉ということで語られているのは、媒介性のことだ。知性と感性、精神と身体、〈見えるもの〉と〈見えないもの〉といった二次元的対立、いや二次元的落差がある場合、その二次元性を消滅させる最も簡単な方法は、両者の乖離を飛びこえ、直接的に両者を重ね書きしてしまうことだ。

もちろん、一方を仮象、他方を真実在として、一次元的世界を作ることもできる。たとえば、イデアの世界のみを真実在として、物質界を仮象とするように。しかし、いかなる一次元的世界観も完全に一次元性に安住してはいられない。純粋なイデア論者も、肉体の空腹は無視し得ないし、純粋な唯名論者も精神のようなものを認めずにはいられないから。さらに、二次元性を最小限のものにとどめる行き方も考えられる。昔も今も常識的思考とはそんなものだろう。

中世世界においては、実在論であろうと唯名論であろうと、二次元性が大前提とされていた。それは架橋し得ないものであった。そして、その一つの極が神と被造物の関係にあった。

媒介し得ない落差、二次元性がある場合、そしてその落差が媒介し得ないものだとした場合、一番陥り易い錯誤は、「存在論的跳躍」を行って、二つのものを重ねてしまうことだ。媒介なき乖離は落差なき直接を生じやすい。

天使主義と二次元性

哲学と信仰、此岸と彼岸を全く別個のものとする「二重真理説」において、二重性は往々にして重ね書きされて一次元的世界が現れてきてしまう。二次元性を維持したまま、そこに踏みとどまることは、実は容易なことではないのだ。

天使主義は、二次元性、二元論を母胎としながらも、その一方を消去しようとするために、かえってずぶずぶの一元論に陥りがちだ。天使主義、つまり直接的二元論は、分離すると同時に結合する媒介を持たないために、きわめて不安定なものとなるしかない。言葉も、欲望も、肉体も、対立してある二元性の内の、消去されるべき一方の項なのではない。対立する二元性をそこに見出すこと、しかも媒介を欠いた直接的二元性を見出すことも誤りだが、その一方を消去しようとすることは、さらなる誤謬なのだ。

真の実在は、二元性のいずれの内にもない。真の実在は、一なるものでも多なるものでも、精神の内にあるのでも精神の外にあるのでも、質料の内にあるのでも形相の内にあるのでもない。このモチーフは、アヴィセンナが『形而上学』第五巻において、「馬性それ自体は馬性に他ならない(Equinitas in se est equinitas tantum.)」(以下〈馬性の格率〉と略記)と述べ、当初西洋の哲学者を悩ませた。ガンのヘンリクスがその内実を紹介して以来、その理解はパリ大学を始まりとしてまたたくまに広がっていった。この〈馬性の格率〉の圏内に存在の一義性も存在している。存在の一義性は、次の章で扱うことになるのだが、ここまで記してきたことを振り返りながら、これからの展開を少しだけ先取りしておく。

ここまで、天使の言葉を問題の発端として、天使主義が、言葉を用いたコミュニケーションを乗り越えて、直接的コミュニケーションへの願望を持っているのではないかということを見た。同じ流れの中に、身体を透明なものにしてしまい、身体を消去しようとする発想を見た。身体を消去しようとする発想は、古代においては、グノーシス主義として隆盛し、中世においては、かなり歪曲されていたからどれだけ真実を伝えているのか不明だが、カタリ派の中にその思想の流れを見出すことができる。身体を消去しようとすること、それは天使に憧れることだ。パスカル(一六二三―一六六二年)が『パンセ』の中で、「人間は天使でも獣でもない。そして、不幸なことに、天使の模倣をしようと思うと獣になってしまう」と記すとき、天使主義の危険性を見抜いていた。

直接的コミュニケーション、それが理想とされたのだ。しかしふと疑問に思えるのは、キリスト教における至福直観(visio beatifica)とは、来世において顔と顔とを合わせて神と出会うということだった。隔てるものもない、直接的接触、そこに法悦のイメージが語られ、クレルヴォーのベルナール(一〇九〇頃―一一五三年)は信者を花嫁、神を花婿とたとえる「花嫁神秘主義」を説いた。この直接的結びつき、いやそれどころか、最も超越的なものが内奥から湧出するというイメージが神秘主義において語られた。それこそ「相互内在」や「超越的内在」といった事態である。外から貫かれるのではなく、内側から貫かれるのである。こういった直接的癒合的関係は、聖霊を用いて語られることも少なくなかった。

いずれにしても、これらの場面を通じて、すべて「媒介」ということが問題の中心にあることははっきりしている。天使主義は媒介としての言語を消去しようとした。グノーシス主義は、肉体を消去しようとした。魂と魂との直接的交流を目指したとも言える。その点では、直接的・無媒介的コミュニケーションを目指した天使主義と結びついてくる。

聖霊主義の流れは、超越的内在という、大きなどんでん返しのようなメカニズムを用いて、内部と外部の交流を目指した。いずれもが直接性を希求していたのである。媒介は外化し、物象化することで、現世的な秩序に組み込まれ、穢れた世界が立ち現れる。無媒介性への一面的な志向は危険なものである。コミュニケーションとは、無媒介的／媒介的というような二元論的対立で整理できるものではなく、多層的で、それぞれの層が別々の機能を有する錯綜的な交通なのである。そういった錯綜体としての側面が肉体には具わっているのである。肉体とは、心の外にある覆いなのではなく、人間が錯綜した仕方で世界と関わるための媒体・メディアなのである。聖霊がメディアの典型とされてきたが、肉体も聖霊もそれぞれ異なった機能を持つメディアなのである。

これらの媒介としてのメディアは、合理的な思考を司るものとしての意識の審級に主座を有するものではない。意識とは、生物としての人間個体が、外界との間で行っている情報や物質の交換過程においては、門番として機能しているのであって、入場と退出の情報について把握しても、内部においても外部においても何が起こっているのか十分に把握しているわけではない。内部を司る重要な機能がハビトゥスであり、精神の機能のほとんどはハビトゥス、いやもっと奥深い潜在的作用において営まれている。私はそれを「ハビトゥスの審級」と呼び習わしている。ハビトゥスとは、隠れている媒介なのである。そして、このハビトゥスの審級において成立しているメカニズムは、差異の識別を重要な機能として持っている。私はこのハビトゥス論の基本的構造が、存在論にも適用可能であるのではないかと予想している。というのも、ハビトゥス論とは、個体が個体として生きていくための、それこそ大きな意味での「個体化」を司る基本的構造だと思っているからだ。生物として生きていく上での「個体化」と、スコラ哲学の存在論の場面で語られる「個体化」が重なると考えるのは楽天的だが、何らかの重ね書きができるのではないかと私は考えている。

ここで存在論の場面に参入する必要があるのは、差異、ある根源的な差異を論じる必要があるからだ。この根源的な差異は、微妙でありながら、大きな差異であり、強度を備えた差異なのである。この強度を備えた微分的な枠組みが、存在の一義性という枠組みで語られていた。このような読みはドゥルーズが、『差異と反復』において、きわめてドゥルーズ的な仕方で描いたものだ。ドゥルーズの描き方に従う必要はないとしても、一義性ということが、平板な存在論的地平を語る思想ではなく、存在論の断崖を登攀《とうはん》しようとする思想であることは予め語っておきたい。無限存在と有限存在との間の落差を平板な存在論的地平に解消しようとするのではなく、落差を落差のまま保持しつつ、そこに媒介を設定しようとするのが、存在の一義性であると思う。そして、その落差の領域に、普遍論争も関わっていたのである。ここから後半は、存在の一義性から普遍論争を経巡《へめぐ》り、落差の問題がどのように扱われるのか、見通しを述べてみる。

第5章　媒介の問題としての〈存在〉

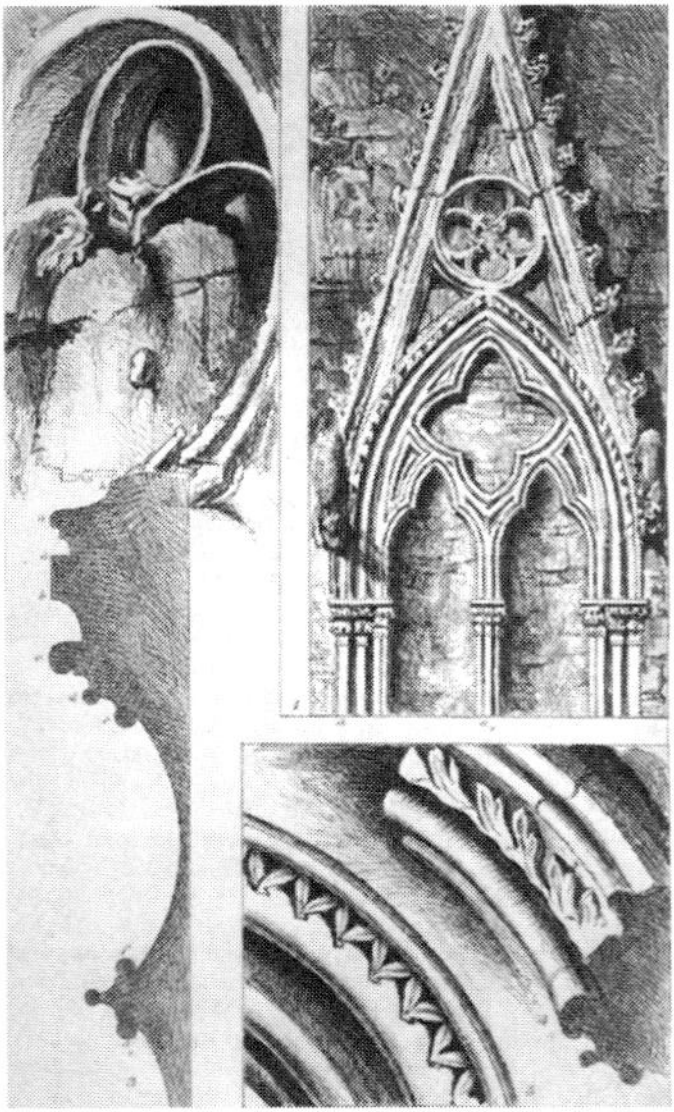

ここまで、媒介と生成をめぐる問題について見てきた。天使主義やグノーシスを扱ったのは、こういった問題に潜んでいる陥穽を探り出し、歩むべき道を見つけるためだった。媒介や生成の問題は、別に思想の歴史という過去に存在したことではなく、いつでも個々人がハビトゥスとして身体に定着させることによってしか、越えられない課題なのである。哲学は個人という苗床の中でしか育たないのである。哲学を学ぶことはできない、「哲学する」ことしか学ぶことはできないということも同じ事態を指している。哲学を学ぼうとすると哲学は死ぬ。

「私とは何か」とか「人は何のために生きるか」という問いに答えがあってはならない、と述べても同じ事態を指している。〈私〉が〈私〉であることの本質がこれまでの世界の過程の中で書かれてきたことも説かれてきたこともない。したがって万巻の書を読もうと、それが書かれてあることはあり得ない。たとえ、神の意向を書いた本がこの世にあるとしても、そこに書き込まれてあることはない。それは確かなことだ。

その際、安直に答えを求めて、身近な偉い人やテレビや名著から答えを得ようとしてはならない。無媒介性・直接性の思考は堕落した天使の好むところだ。悪への頽落としないての天使主義は、甘美な罠として人間を待ち受けている。確かに媒介は常に困難な課題だ。しかしだからといって、媒介され得ない二元性に絶望して、存在論的跳躍をなす道か、または、二元性の困難に見切りをつけて、一元性に退却する道か、二つに一つしかということにはならないはずだ。

もちろんのこと、媒介を持ち出せば話が済むわけではない。異質の二項を結びつける媒体＝第三項が、その二つの項の両方に結びつくとしても、媒体としての第三項と第一項との結びつきは、無媒介的になされるのか、それとも別の媒体＝第四項によってなされるのか。では、第四項と第一項との媒体はどうなるのか。結局、どこかで無媒介的な結びつきを設定するか、媒介を求める操作が無限に至るかのどちらかに帰着してしまう。堪えきれずにどこかで飛躍するか、どこまでも堪えるべきなのか、いや飛躍するべきか否かということになるのか。そもそもそれらのどれを選ぶべきかといった発想そのものが間違っているのか。

ここで分からなくなってくるのが、「媒介」ということだ。媒介とは異質のものを結びつける接着剤のようなものなのか。問題は、媒介ということに違いないのだが、もしかすると、媒介されるべきものにあるのかもしれない。どんな強力な接着剤でも接着できない場合、接着剤を疑うより、素材の方を調べた方がよい。水と油をくっつける接着剤は存在しそうにもないのだから。

媒介が成立しにくい典型的な例とは、両者が共通の尺度を持たない場合だ。それはちょうど、二つの数が共約数を持たないような関係だ。その関係が「共約不可能性(incommensurabilitas)」である。共約不可能な関係とは、正方形の一辺とその対角線のように、互いの比が整数と整数からなる分数となることはなく、共通の約数を求める操作が無限に続くような関係だ。共通の約数を求める操作(互除法)を今や使わないし、そこに異質性を見出すことは現代では少ないかもしれない。理解を深めるために、実際に互除法による共約数の求め方を見ておこう。昔は中学校の数学の参考書に載っていたが、今の時代では扱わないらしい。

289と153の共約数を求める。大きい数から小さな方の数を引く。136が得られる。153と136でやはり大きい方から小さな方を引く。17が得られる。136から17を引き続けていくと17が残って、もはや引くことはできなくなる。この17が共約数である。整数の場合は、共約不可能な場合、1まで行ってしまう。共約数を整数に限定せず、分数や小数にしてもよければ、有理数の場合はどこかで共通の尺度に到達する。ところが、有理数と無理数の場合、いくら遡っていっても、共通の尺度に到達することはない。これが共約不可能性ということである。共通の尺度がないということだ。

近世においては、有理数とは別の種類の数(無理数)は、神が被造物に与えたはずの理性的関係を越えるかもしれない不気味な数と見なされていた。有理数と無理数、両者は数である以上同じカテゴリーに属するというものではなく、素性において全く異質のものと考えられたのである。一見すると数としての共通性はありながらも、それ以外においては、まったく異質の存在、別の領域にそれぞれ位置する、接点のない存在と考えられたのである。

共通の約数を持つということは、ともに合理性の内部にある数として、共通性を有するものと考えられるが、共約不可能性とは乖離を示すものと考えられたのだ。しかしながら、共約不可能な関係は、媒介を持ちえないのだろうか。もし媒介を持ちうるとしたら、媒介の可能性を示すことができるかもしれない。

この共約不可能性は、神の三位一体論において、父と子と聖霊という三つのペルソナ(位格)が、それぞれ独立であることを示すためにも用いられた。父も子も聖霊も一種の個体として考えられたのだが、この「個」としてのあり方が共約不可能性と重ねて考えられたのである。いずれにしても、共約不可能性は断絶を表現しているのである。

事柄として重なってくるのだが、本来神にのみ帰属する性質であった無限性が、被造物にも見出されるようになれば、ギリシアにおいては、理性の限界内にはなかった無限性という性質が、被造物の世界に取り込まれ、言い換えれば無限性が被造物の世界に内在化するようになり、共約不可能性の意味合いが全く変わるかもしれないのである。存在の一義性もまた無限者としての神と有限者としての人間の関係を問う問題だった。存在の一義性もまた媒介の問題なのである。天使が媒介であるならば、存在の一義性も存在論の中の天使なのである。

1　媒介と共約不可能性

共約不可能性とは、越えがたい深淵があることだ。数の場面では共約数の非存在ということであったが、それは断絶を有する関係の内に見出された。媒介のないことが、共約不可能性ということだったのである。

哲学はそもそも「媒介」ということを考えてきた。神と人間、神とイエス、実体と偶有性、実体と実体、宇宙と人間、主観と客観、精神と身体、国と国、星と星、時代と時代、言葉と物、存在と時間、存在と無等々。哲学はいつも「と」を考えてきたのだ。「……とは何か」という問いへの答えとして与えられる本質よりも、「と」でつながりを示し、媒介のあり方を表すことの方が、哲学の基本的問題だと言えるのである。「である」の中に哲学があるのではなく、「と」の中に哲学はある。

共約不可能性は人と人の間にも見出される。だからこそ、コミュニケーションの可能性ということとも結びついてくるのである。私が第3章で示したかったのは、コミュニケーションの前提としてコミュニカビリティの層が存在することだった。それは中世では聖霊論という問題系列だった。聖霊はメディアでありながら、きわめて特殊なメディアだ。聖霊の贈り物が聖霊そのものだという言い方はそれを典型的に示している。聖霊は、絆にして愛であり、神に発するカリタス（愛徳）が人間に伝達されるメディアであり、無限性と有限性、神と人間という無限に離れたもの相互を結びつける強度に充ちた媒体なのである。聖霊の有している直接的なメディア性をどのように制御可能な枠組みに収め入れるのかが中世から近世にかけての思想の課題だったといってもよいと思う。聖霊論は、普遍をめぐる実在論と唯名論の対立を整理する場合にもきわめて重要な役割を果たすはずである。

ここでの問題は、共約不可能性とコミュニカビリティは両立可能か、そして両立可能であるとするといかなる仕方においてか、ということになる。共約不可能性に気づかない楽天主義も、共約不可能性を見て見ぬ振りをする現実主義も、共約不可能性の前に絶望する悲観主義も、共約不可能性を存在論的跳躍によって飛び越える天使主義もここでとるべき道ではない。

人間と人間の間に共約不可能性があるといっても、「人間」という共通性は成り立っているはずだ。また、コミュニケーションの場面でも、〈会話をしたくない〉ことを姿勢で示すことで、すでにコミュニケーションを行っていること、つまりコミュニケーションを拒絶することもコミュニケーションであるし、いかなるディスコミュニケーションにおいても、お互いに理解していない、ということぐらいは共通に了解できる。人間相互の間にいかなる共通性も存在しないということはあり得ない。ということは、共約不可能性を人間関係に持ち出すのは誤用か、日本語能力の不足でしかないようにも見える。

私が「共約不可能性」ということで考えているのはそういう次元のことではない。人間は互いに理解し得ないということを問題にしたいのでもない。共約不可能性とは、概念の共通性の非存在ということではなく、共通性を求める操作の一歩先に現れるもの、もう少しで手が届きそうになりながら、常に指先から逃れ去ってしまうもののことだ。事実的な共通性が人間の絆にならないことは、その例が日常の中に溢れている。「人間」という共通性が共同体の成立に寄与することは皆無ではないとしても、事実的にも論理的にもなかなかありそうにもないことを見ても分かる。論理的な普遍概念が共同体を成立させるわけではないからだ。

概念的な共通性は、それ自体で絆として機能するのではなく、共通性として同意されて初めて絆として機能する。共通性は常に求められなければならない、いや、求められ続けるような共通性しか絆とはなり得ないということだろう。では、共同体を成立させる普遍は、合意によってそのつど設定されるものにすぎない、つまり一種の唯名論が主張されるべきなのか。もちろん、そうではない。

共同体性は、事実的な合意の総和によって成立しているのではなく、また予め合意など無関係に成立していた概念的統一性によって成立しているのでもない。共同体と結びつけて主権は語られるが、同じ「人間」に属することが社会の格差や家庭内での軋轢の解消に役立つことはありそうにもない。社会契約の場面として、原初的合意があって共同体が成立した、いや原初的にであっても合意が成立したからには、それに先だって何らかの共同体が成立していたはずだ、と考えてみる。つまり、「タマゴ」が先か「ニワトリ」が先かに類する議論においては、始源の状態を取り出すことを考えがちだが、それよりむしろ、そのつどの状態が一種の始まりとしてあって、常にどこまでも共通性が求められなければならない、という構造を取り出した方が賢明ではないのか。事実的な起源は得られないし、それを仮想したとしてもそこに起源はないと私は思う。そうではなくて、終点となる共通性、議論・論争を打ち止めにする共通性がないこと、これが「共約不可能性」に近いものと私は考えている。イメージで語れば、漸近線と座標軸の関係、つまりどこまでも接近しながら、決して一致することのない関係が、共約不可能性のイメージとして適当だろう。だから、複数の人間がともに求める点において、メタレベルでの共通性が準備され、コミュニカビリティが成立するという言い方もできる。

要するに、共約不可能性とコミュニカビリティは矛盾対立するものではなく、相補的な関係にあると言いたいのだ。その際、コミュニカビリティの方が共約不可能性を際だたせるということもあるのだろう。その結果、事実的な共通性はそれだけでは、何ら絆とはならず、突如として意味の失われた世界が迫り来ることもあり得ることとなる。

哲学史の中の共約不可能性

ところで、哲学の歴史で、共約不可能性は論じられてきたのだろうか。人間と人間の間の共約不可能性、そのような論じ方は中世においても近世においても見出されない。ただし、神と被造物、実体と偶有性、精神と身体の間には共約不可能性が成立しているということは言えるだろう。共約不可能性という数学的な概念をそういった形而上学的な場面に適用する人物は決して多くはない。近世に入って、一七世紀においてライプニッツ(一六四六―一七一六年)はこの「共約不可能性」を多用する。いや、彼は被造物の世界の本質としての偶然性を共約不可能性を用いて説明している。ライプニッツは偶然性の起源を求め続け、それを無限性の中に見出す。神の領域にのみ見出されていた無限性を被造物の世界にも見出す。すでにここでも独創性が表れているのだが、大事なのは、偶然性を分析して、真理の源泉にまで至ろうとする操作は無限に進行し、到達することはないと考えていた点だ。なぜ無限に進むのか、それは共約不可能性の説明において、互除法による共約数の析出が無限に至ることと類比的なことが考えられている。いずれにしても、被造物の領域に無限性が明確に設定されたことは、無限と有限、必然と偶然との間の境界が移動したこと、世界の見方が根本的に変わったことを意味している。

「共有不可能(incommunicabile)」という語がある。「共約不可能性」ときわめて近接する概念だ。サン＝ヴィクトルのリカルドゥス(?—一一七三年)が神の三位一体を説明する際に使用した概念だ。リカルドゥスは、神のペルソナを、「個別的な現実存在という様式に即して、それ自体で存在する一なるもの」と説明する。もっと端的に「共有不可能な現実存在(incommunicabilis existentia)」と述べる場合もある。共有不可能性は、ペルソナのそれ自体で存在する完結性と他のものからの断絶性を同時に表現している。ドゥンス・スコトゥスは、個体性の原理を考える場合に、このリカルドゥスの枠組みに大きな影響を受ける。個々の被造物のかけがえのない個体性をリカルドゥスの「共有不可能性」をモデルに考えていたことが想像できる。リカルドゥスにおいて展開された、神のペルソナにおける「個」という契機が、ドゥンス・スコトゥスにおいて被造物に適用され、そこでアッシジのフランシスコ(一一八二—一二二六年)の流れを組み入れて、被造物の尊厳と結びついたと考えることは十分に可能だ。ドゥンス・スコトゥスがフランシスコ会士であったこと、フランシスコ会が「個」の意義を強調し続けたことは確かなのだ。もちろん、それは同時に「断絶」の契機をもたらすことになったのだが。

共約不可能性という概念に戻ると、それは精神と身体の関係について、次のように当てはめられる。人間の精神は肉体の厚みと不透明さによって覆われているために、記号を使わなければ精神は交流できない。ところが、この記号というのは知性的かつ感性的なものであり、必ず、少なくとも二つの層から成り立っている。記号は、目や耳や触覚において感覚されるために、感覚しうる性質、物質性（紙とインク、音声、凹凸など）を有している。ところが、物質性はそれ自体では意味を担い得ない。たとえば、いかに深淵な書物であろうと、文字が読めなければ、紙とインクの塊でしかないことを考えればよい。解釈するための規則が定まっていて、記号を受容する人間の方に、意味を見出す能力・解釈する能力が備わっていなければならない。

実に当たり前の話である。ところが、物質の側面（質料的側面）と、意味の側面（形相的側面）が結びつくことは自明でも簡単なことでもない。両者を結びつける規則が、恣意的であるということもある。さらに、記号の質料と形相は、人間の精神と身体の関係と同じように異質のものだ。一方は、感覚可能であるのに、もう一方は感覚可能ではない。言い換えれば、一方は〈目に見えるもの〉なのに、もう一方は〈目に見えないもの〉だ。なぜこのように異質のものが媒介されるのか。

一つのひらがなを一〇秒ほどじっと眺めていると、ひらがなが文字ではないように思われ、その読み方が分からなくなったりする。両者の絆はどこにあるのか。絆があるかどうかを見ようとしない限りで、そこには絆がある。ところが、絆に目をやったとたん、絆は見えなくなってしまう。記号が媒介し架橋する差異は、不気味な深淵の上にある。その深淵を気づかずに無邪気に飛び越えていく者たちは、媒介ということが有している連続と断絶という緊張関係の中の両立とは無縁な人々なのである。ふだん見慣れた人の顔がもしかして他人のそら似かもしれないと不安に駆られたり、記号が意味を有するということが途方もない恐怖に思えたり、人間でないものが人間のように話しかけてくる恐怖と戦慄に襲われずに過ごせる者は、媒介という問題が含んでいる緊張と恐怖を嘲笑っていればよい。存在の一義性とは、深淵を見つめる思想だと思う。そしてだからこそ、ジル・ドゥルーズもまた存在の一義性にただならぬ共感を寄せたのだと思う。

記号‐文字のそれぞれに呪術的な魔力が備わっている。古代の人々が簡単に感じられたその力を現代人は感じることが苦手になってしまった。いずれにしても、記号を使用できるためには、精神と身体という異質のものを人間は持たねばならないのかもしれない。精神と身体の存在は、記号使用の必要条件なのだ。では、肉体が障碍としてあるために記号を使用せざるを得ないのか、記号を使用できるためには、肉体を備えていなければならないのか、どちらなのだろう。いずれにしても、問題なのは、記号そのものが共約不可能性を内含していることだ。そして、共約不可能性が記号使用の条件となっていることだ。共約不可能性とは、記号の使用やコミュニケーションを不可能にするものではなく、共約不可能性の方がコミュニケーションの可能性を準備しているのだ。前章までのところで見てきたのは、共約不可能性を障碍と見て、直接的に飛躍しようとするものとしての「天使主義」であった。一見すれば、越えられない落差が楽々と越えられるかのごとき夢想が登場するのだ。不可能性が何らかの奇蹟によって媒介されてしまう構図が現れてくるのだ。媒介の本質は自らの姿を消して他のものを表すことにあるのだが、それは見逃され忘れ去られやすい。媒体とは自己否定することに本義を有している。

共約不可能性とは、とりあえず共通性を持たないことである。では、一般に共通性とはどのような仕方であるものなのだろう。共通性は共通の要素、性質を持つことによって生じる。共通の要素があるならば、共通の要素を含むものからなる、より包括的な集合があるということだ。例えば、人間とゾウが哺乳類であるという共通性(内包、概念)を有することは、人間とゾウが哺乳類という上位の類(外延)に含まれること、言い換えれば、同じ上位の類を有していることと同義である。したがって、上位に共通の類があれば、共通性を有することになり、共約不可能性は成立しないことになる。

〈存在〉と共約不可能性

ところが、この世界に存在するものはすべて〈存在〉ではないのか。〈存在〉という言い方が気に入らなければ、〈存在者〉や〈或るもの〉でもよい。すると、すべてのものにとって、〈存在〉が上位の類である以上、すべてのものは〈存在〉という点では共通性を有することになる。

ここで、言葉遣いについて必要最小限の説明を加えておく。エッセ(esse)は、「存在する」という意味の動詞の不定詞であり、「存在する」という訳語が選ばれるのが通例である。その内容たるや、奥は深いが、訳語としては「存在する」でそれほど支障はない。ところで、エッセの現在分詞がエンス(ens)であり、分詞は動詞に示される作用・状態を実現している事物の意味に用いられるから、エンスは「存在者」という訳語が選ばれるのが通例である。

中世哲学では、エンスとエッセは必ずしも区別されず、また場合によってはもっぱらエンスの方だけが問題とされたためか、「存在の忘却」があったと述べられることも少なくない。つまり、存在の問題において重要なのは、存在の動的プロセスであり、それこそエッセという不定詞で表現されるものだが、中世における存在概念としてのエンスは、動きとしての存在を固定化してしまっている。その点でエッセを重要視したトマス・アクィナスの存在論は、エンスにこだわった中世の残りの存在論よりも深いといった議論がかつては見られた。しかし、エンスは「存在者」という、具体的な事物だけでなく、「存在すること」まで含む、可塑性に充ちた概念であった。特に、エンスはすべてのものに一義的であると考える場合にはなおさらである。ここでは、エンス概念のしなやかさを残すために、エンスには「〈存在〉」、エッセには「存在」という訳語を割りふり、紛らわしい場合には原語まで付すという方策をとることにしたい。

話を戻すと、最も上位の類は内包が最も希薄であり、規定・内実を最小限にしか有さないはずである。すると、〈存在〉は最も空虚な共通性ということになりそうだ。もちろん、このような考えは、中世哲学では明確に否定される。

理由の一つは、神と被造物とは、〈存在〉と〈非存在〉よりも大きく異なるとされていたことだ。すると、神と被造物との両者を包摂するものなどない。〈存在〉と〈非存在〉は、最大の差異にも思われるが、それより大きな差異とはいかなるものなのか。神も被造物も〈存在〉という名を共通に有している。その内実は異なると考え、落差を守りながら、その落差を埋め合わせる論理を別に探るものとして、「存在のアナロギア」という発想があった。ここで取り上げたいのは、アナロギア説ではなく、それに対抗するものとして立てられた、ヨハネス・ドゥンス・スコトゥスの「〈存在〉の一義性」という思想の方だ。

一義性(univocatio)とは、名だけでなく意味も同じということだ。すると〈存在〉が一義的だというのは、平明で分かりやすい考えにも見える。しかしその一方、神と被造物において、〈存在〉が名だけでなく、内実においても共通であるということは、神と被造物を媒介するように見えて、最も空虚な、「名のみ」を媒介していることになるのではないか。言葉として、無限存在と有限存在を並置して、共通名辞として〈存在〉を取り出しても、媒介が得られることにはならないからだ。

神と被造物に共通性を否定するもう一つの理由は、〈存在〉は類ではないということだ。

たとえ、仮に〈存在〉が神と被造物に共通であっても、〈存在〉は統一する類にはならないというのだ。類でないことの背景に踏み込むことは煩瑣になるので、結論だけ示せば、〈存在〉が類でないことは、〈非存在〉が〈存在〉の外部にあるものではない、ということと等価である。〈非存在〉よりも、もっと直截的に〈無〉と置いてみよう。〈存在〉と〈無〉を包括する共通の類というのでもよい。〈存在〉と〈無〉を包括する〈無^2〉というのも考えられそうだ。〈無^3〉〈無^4〉〈無^5〉……というように、〈無〉がたくさん存在するということになってしまう。〈存在〉と〈無〉を合わせて学問対象にするという試みは、近世に入ると現れてくる。スアレスもその試みに入り込むし、その後一七世紀にはヴィッテンベルク大学に生じたグノストロギア(認識論)の系譜はそれを引継ぎ、カントの超越論的観念論に直結していく。しかし、〈無〉を扱うことは中世においては、タブーであった。グノーシス的異端を招きかねないからだ。その道筋はここでは追わない。

一義性は、一般には、例えば「脊椎動物」という類に関して、カエルもクジラもワニという種も一義的である、というように、類が種の述語となるとき、種が個体の述語となるときに語られることである。すると、ここで取り上げたい〈存在〉の一義性説は、正面から伝統的権威に反対して、〈存在〉を類として捉えていると見えないわけでもないし、そして、実際にそのような批判もされてきたわけだ。

確かに、〈存在〉の一義性は、論理的な困難を孕んだものだ。しかも、アリストテレスの『形而上学』の一節には、「存在は多義的に語られる」という箇所があり、それが哲学における典拠とされていたのだ。

ところが、ドゥンス・スコトゥスは、アリストテレスの先ほどの一節を否定するばかりか、アリストテレス説を取り込んだアナロギア説まで否定し、困難にもかかわらず、〈存在〉は一義的であると主張するのだ。

ドゥンス・スコトゥスが様々な困難にかかわらず、それまで誰も主張したことのない、〈存在〉の一義性を主張したというのはどういうことだったのか。

2 〈存在〉の一義性

〈存在〉の一義性とは何なのだろうか。すべての事物が平板な空間に併存する、〈存在〉の砂漠が訪れるのではないか。カエルも人間も脊椎動物であるように、神も人間も同じ〈存在〉だ、とでも言いたいのだろうか。

ここで、一義性に入り込む前に、アナロギアの理論を概観しておきたい。どうしても、一義性と対比されるアナロギアは気になってしまうからだ。寄り道となるアナロギアについて語ることはできるならば避けたいことだ。私は一義性の徒だからである。だが、ドゥンス・スコトゥスも若い頃はアナロギアを奉じていた以上、無視することもできない。アナロギアをトマス哲学の基本的特徴として捉える者が多い事態を見ると、アナロギアを過大に評価せずに理解すること、そしてトマス思想の中で大きな役割は果たしていないこと、したがって、アナロギア説を無心に擁護したり、逆に敵対する側から論駁するのも同じように誤っている、ということは示してみたい。近世におけるスコラ哲学の整理では、アナロギアと一義性は対立するのではなく、アナロギアの一種が一義性と考えることは珍しくなかったからだ。一義的であっても、完全の同義でなければ、程度における差異があり、そのためにアナロギア(不等性の類比)が考えられたのである。このアナロギアは考えなくてよい。ただ、比例類比と帰属類比については、少し寄り道しておいた方がよい。

アナロギア(類比)説は、アリストテレスが考え出し、トマス・アクィナスが取り入れて、その哲学の基本的特徴と考えられてきた。そのため、アナロギアを理解して、トマス哲学に近づこうとする者も多かったし、アナロギア説を批判することや擁護することに大きな力が注がれてきたりした。中世哲学を、実在論と唯名論、主知主義と主意主義、ドミニコ会とフランシスコ会、アナロギアと一義性というように、二項対立の図式に無理矢理収めて、図式的に整理することがこれまでになされてきた。そのような対立図式が妥当性を持つとすれば、なおのこと、アナロギア説を理解することが、トマス哲学理解への前提に見えてきてしまう。もちろん、それは一義性理解がドゥンス・スコトゥス哲学に対する関係と同じように考えられてしまう。「早わかり中世哲学入門」は実際にはあり得ない。しかし、それがなければ入門は不可能だから、便法としてのみ「アナロギア説」は導入的理論としてあるが、それ以上のものではない。

しつこく繰り返したいのだが、アナロギア説はトマス哲学のほんの一部でしかないし、そのようなものに収まるほどトマス哲学は小さなものではない。トマスの恩寵論も情念論も途方もなく巨大で複雑だ。アナロギアといった単純な論理に依拠するとしてもそれは通りすがりのことにすぎない。私はトマス主義者ではないが、その思想の圧倒的巨大さを認めるのに何の躊躇もない。いま、私に与えられた課題がトマスを賞賛することではないということを意識しているから、トマスを見つめても、語りはしないだけなのだ。ともかくも、私はトマス哲学をアナロギアという存在論の一片で捉えようとするのは様々な意味で奇妙だとずっと思ってきた。

アナロギアとは、「ロゴスによって」ということだが、その場合の「ロゴス」は「関係的なあり方、構え」ということが要点だ。定義や本質が異なっていても、類似している場合にその関係を言葉において説明するのがアナロギアである。そのロゴスを、「呼吸するための器官」というように機能におけば、魚の「エラ」と哺乳類の「肺」にはアナロギアが成り立つ。

機能を対比的にたとえばA：Bという形式で書けば、A：B＝C：Dという比例式になる。「魚：エラ＝哺乳類：肺」というようにである。魚とエラとの間にあるロゴスが、哺乳類と肺との間にあるロゴスと対応しているということである。そして、この対応関係は、緩やかなものであってよくて、日常的な思考で、それは同じだとか似ていると判定できるものであってよい。このアナロギアを「比例類比」という。緩やかであれ、推理の形式として役立つものであり、従来こちらの方が注目されてきた。古い論理学の参考書で推理形式の一つとして紹介されることもあった。

アリストテレスにしても、トマスにしても、彼らが用いるアナロギアは主として「帰属類比」というものである。言葉として一つでありながら、実は様々なカテゴリーに跨がって存在しているものが、バラバラではなく一つの統一性を有しているというのがその内実だ。例えば、ラテン語で sanus は「健康的な」という形容詞だが、その内実は「健康な顔(健康を記号表示している顔)」「健康的な食べ物(健康の原因となる食べ物)」「健康な腎臓(健康が性質として帰属している腎臓)」ということであり、sanus は一義的、つまり、言葉が同じで内実も同じということではない。しかし、健康が帰属する生物に向けて、それらの生物にそれぞれのものが何らかの仕方で帰属しているという意味で統一性を有している。この場合には、生命を有する実体に対して帰属している、つまり「秩序付け(ordinatio)」を有している点で統一性を有しているのである。それが「帰属類比」と言われる。だから、「丸い机」と「丸い性格」では、統一的に帰属する実体を有していない、一つのものへの秩序付けを持っていないという点でアナロギアとは言わない。帰属類比は、実体などの存在者に対する秩序付けを有する限りで、統一性を有する関係なのであり、その関係は記号関係、因果関係、性質などなど様々なものである。したがって、認識の道具としてはあまり機能しない。比例類比であれば、緩やかであれ、認識の道具となる。しかし、帰属類比は、認識の道具としてあるのではなく、存在論的な帰属関係を示すためにある。そして、一なるものに向かって、統一的な序列関係、統括関係があることこそ、中世哲学の最重要概念の一つである秩序(ordo)の具体的姿を示すものなのである。中世哲学、中世神学を理解する場合に、秩序を基礎に据えなければ、そこに入り込むことはできない。

存在をアナロギア的に考えるというのは、帰属類比において考えるということである。これは、アリストテレスが「存在は多義的に語られる」と述べたことに結びつき、存在理解の足枷になるものではない。神と被造物、つまり無限存在と有限存在の関係に関して、帰属類比的に考えることは、神と被造物を共通の類のもとに考えないことである。神に関する学問である神学(theologia)を学問(scientia)であると考えるかどうかにも結びつく。

神と被造物の関係は、学問の共通の対象領域を構成するための同一性を有するかどうかというだけの問題ではない。フランシスコ会が重視したのは、神との対面、直観的認識の可能性を組み込んで、存在をどう理解するかということなのだ。先走ることになるが、アナロギアは顔と顔とを合わせた対面を可能にしないが、一義性はそれを求めるし、聖霊による直接的交流と浸透の通路を確保するための理論であったと私は感じる。

なぜここで先走って、一義性の射程を語るかといえば、一義性は論理的枠組みを示すだけのものではないと私は思うからだ。超絶的に煩瑣な図式でドゥンス・スコトゥスが語ったことは、強度に満ちた単純なる思いであったはずだ。

一義性と差異

一義性に話を戻す。一義性は、それ自体で考えれば、神と被造物であれ、他の事例に関してであれ、差異を強調しようとするものでも、同一性を強調しようとするものでもない。とはいえ、〈存在〉の一義性を主張することは、神と被造物の間に共通性を見出すことで、正統的キリスト教の教義である、神と被造物との絶対的懸隔を否定するように見える。〈存在〉の一義性は神と被造物との平準化を図るものとして解されることも少なくなかった。ドゥルーズも、そこに平準化を見て取り、中世カトリックのヒエラルキー的世界観からの脱却を読みとった。それどころか、〈存在〉を類とすることで、論理的パラドクスを平気で犯し、神と被造物を同じ地平に置く、言語道断の暴挙にも見える。暴挙を平気でやってしまうほどスコトゥスは近代人だったということなのか。暴挙かどうかは別としても、少なくとも〈存在〉の問題が媒介の問題であるということは、私には確実なことに思われる。すでにここまで見てきたように、媒介の問題は基本的にかなりパラドキシカルな姿をとる。一義性がそれ自体では単純明快でも、媒介の問題であるとすれば、錯綜したものにならざるを得ない。

さて、議論の大前提として、〈存在〉はあらゆるものの述語となり、〈存在〉の外部に立つものは存在しないところから始める必要がある。換言すれば、「〈存在〉はあらゆるものの述語となるが、類ではない」ということになる。これは「〈存在〉の一義性」の前提をなすものである。スコトゥスは次のように述べる。

> 神は、神と被造物に一義的な概念においても捉えられるのである。一義性の概念について論争が起きないように述べておくと、「一義的な概念」とは、同一のものに肯定と否定を同時に行った場合に、矛盾を引き起こすだけの統一性を備えた、単一の概念のことである。
>
> (『命題集註解(オルディナチオ)』第一巻第三篇、山内訳)

一義性についての単純にして明解な説明である。共通性や同一性が前面には出ていない説明だ。しかも、「概念」に一義性の場面が置かれている。一義性とは矛盾を引き起こしうるものだというのだ。その際、スコトゥスは注意深く、「一義的な概念」と述べている。〈存在〉が一義的な概念であるとはどういうことなのか。要点は、〈存在〉は神と被造物、つまり無限存在と有限存在に共通の上位の類ではないこと、〈存在〉は無限存在と有限存在に共通の成分とはならないことである。無限と有限の媒介の問題だが、一義性は無限と有限との共通性を語るように見えるが実際にそう語られているのか。

〈存在〉は、十のカテゴリーに分類されるに先立って、無限と有限に分類される。(中略)このようにして、〈存在〉に該当しながら有限と無限に中立無記的なもの(indifferens)、または無限存在に固有なものとしての〈存在〉に該当するものはどのようなものであろうと、カテゴリーに限定されることなく、限定に先行して〈存在〉の規定となっている。それゆえに、すべてのカテゴリーを越える超越概念である〈存在〉の規定となっている。神と被造物に共通なことは何であろうと、有限と無限に中立無記的なものとしての〈存在〉に該当するものなのである。　(同書第一巻第八篇)

これが〈存在〉の一義性をめぐる根本テキストだ。何が述べられているのだろう。様々な論点が登場しているが、ここで注目すべきことは、とりあえず、〈存在〉は神と被造物とに中立的である、ということだ。〈存在〉は神と被造物に共通であると述べられているのではない。あくまで中立無記的と語られている。

中立無記性だけでは、〈存在〉の一義性の一要因にしかならないのだが、少なくとも〈存在〉の中立無記性を考えることで、一つの困難を解消することができる。「中立無記性」とは、例えば「AかBかのどちらか一方になりうるが、どちらへの傾向性も持たず、また現実にはそのいずれでもない」ということだ。受精以前の卵がオスかメスかであることを考えればよい。中立無記性は、何らかの共通性ではあるが(この「共通性」をどう考えるかが要点となるが、これは次節で考察する)、しかし上位の類を想定するわけではない。ちょうど、受精以前の卵に新たな性別を設ける必要がないのと同じことだ。したがって、〈存在〉の中立無記性は、〈存在〉を類にするのではないか、という疑念を暫定的にかわすことができる。中立無記性は「いずれでもない」ということであって、共通なものを実在的に措定しているわけではないのだからである。重要な問題は、〈存在〉の一義性が、中立無記性以外に何を含んでいて、何を意味しようとしていたかだ。

媒介の問題に立ち戻って考えると、中立無記性は、神と被造物を引き離すものなのか、近づけるものなのか。中立無記性は、神と被造物の距離を大きくするものには決して見えない。中立無記性を持ち出すことが、共約不可能性と関連しているのかどうかも判然とはしない。神と被造物の関係としてでなくとも、〈私〉と他者の関係のモデルとして、共約不可能性を立てるとすれば、〈存在〉の一義性と共約不可能性は両立するはずもないように見える。

しかしながら、共約不可能性の本来の形式は、共通性がないということではない。異言語しか話さない外国人との間にコミュニケーションが成立しないからといって、それをディスコミュニケーションと大騒ぎする人はあまりいない。ということは、共約不可能性とは、共通の尺度が存在しない場合より、成立していた共通性が媒介する絆の機能を失った場面に登場するのではないか。この時点では、中立無記性と共約不可能性は結びつきにくいし、したがって一義性と共約不可能性との関連も定かではない。それらの結びつきもまたもう少し先に登場する。

一義性と共約不可能性

共通性がないがために共約不可能性が生じるのではなく、むしろ、共約不可能性とは、言葉を交わしながらも、目の前にいながらも、成立しうる共通性の機能停止の状態のことではないのか。したがって、共約不可能性は共通性が多ければ多いほど、大きなものともなりうる。人間が無限の距離を感じるのは、あれほど親密に心を通わしていた人間が目の前にいながらも、何も応答せぬ状態にある場合、いや豊かに与えられる応答が異言語にしか聞こえない場合であろう。

共約不可能性とは、字義通りにとれば共通の尺度(mensura)のない状態だが、共通の尺度のないことが、落差、放っておけない落差を産み出すわけではない。地球の人間と、火星の地面に転がった石ころとの共通性の非存在が問題として取り上げられることは、おそらく永遠にないだろう。神と被造物の関係に関して、〈存在〉の一義性を語ることは、〈存在〉をいわば両者に共通なものとして語ることになりかねないが、それは斥けられる。神と被造物において〈存在〉が実在的に共通なものであるとすると、神は世界の中に内在することになろう。スピノザ的な神が立ち現れてしまう。ここで、私はまだスピノザを呼び出そうとは思わない。

神と被造物に一義性を立てることは、両者の間に近道を造ることでも接近させることでもない。むしろ逆に両者の間の共約不可能性の条件となるものだ。両者は「根源的に異なる(primo diversa)」なものだ。この「根源的な差異」については後に述べる。スコトゥスの狙いは根源的に異なるものの間に一義性が成り立つことを語ることだ。

一義性を語ることは、かえって両者の懸隔が大きいものであることをも示す。神と被造物が無限に離れていることは、〈存在〉の一義性を損なうものではないし、コミュニカビリティを否定するものではない。無限に離れていることは、共約不可能性の一つの現れであるが、現実化可能なものがいまだ潜在的にとどまっている未展開のあり方にすぎない。逆に、近みにあることが絆になるとは限らず、場合によっては、近みにありながら、共約不可能性が現れ出ることもある。

さらに接近しようとする力と、接近しながらも常に必ず残る差異とが両立し合っていて、しかもその両者を二つながら保持したままで設定される共通性の尺度のことを私は問題にしている。存在論の場面においてではなく、恩寵論の場面で神と人間の関係を語れば、無限の距離を媒介する原理としての聖霊と、その聖霊の効果、結果としての恩寵を持ち出すこともできよう。もちろん、ここは恩寵の場面ではない。場面は存在論だ。共約不可能性そのものが絶望の原因となる乖離、断絶なのではなく、固定化し動かなくなった共約不可能性が、呪われるべき乖離ということだろう。それは、接近した状態にあろうとも、さらに接近する力を失った場合、または、接近した状態にあろうとも、共通性の尺度が失われた場合に足下に奈落が開けるように現れてくると思われる。

第3章第2節「聖霊論の構図」で見たように、神は人間の中に内在する、しかも無限の距離を保持したまま内在するという論点がある。つまり、神の内在であれ、神との一致であれ、神の三位一体と人間の三位一体の対応であれ、神は無限に遠いものであるばかりでなく、同時に最も近いものであるというモチーフである。知識と信仰を分離して、知識においては最も遠いが、信仰においては最も近いというように、超越を知識に、内在を信仰に振り分ける手もある。

ここで、存在の一義性が内包している存在論の絶壁がある。根源的な差異(primo diversa)ということだ。〈根源的な差異〉とは、神と被造物との間に置かれるものだ。これは神と被造物との間にも、端的に単純なもの相互の間にも、個体化の末端となる個体や、最も普遍的な存在が超越概念などに限定される場合にも見出すことができる。なお、「端的に単純なもの」とは、「人間」というように、単一の語であって見かけ上単純だが、「理性的動物」という複合的なものとは異なって、単一の語であって、概念としても分割不可能なもののことである。超越概念はそれぞれ端的に単純であるし、「無限」や「必然的」といった神に該当する様態も「端的に単純なもの」と考えられている。

〈根源的な差異〉はこれから何度も登場することになるが、微細でありながらも隔絶した差異だ。「限定されるもの(被限定項)」と「限定するもの(限定作用)」との間にあるものだ。親和性と接近がそこにはあるように見える。しかし、その差異は根源的なものだ。primo というシンプルな表現に迷わされ、訳語も迷走をつづけてきた。私自身難渋の限りを尽くした。接近しようにもそのつど拒まれてきた。「原本的」「本来的」などと訳したこともある。しかし、「根源的」がよいと思うようになった。〈根源的な差異〉とはあまりにも簡素で分析を拒むような佇まいの概念であるが、それこそ、事物の生成の原初的な場面にあるものだ。

メルロ＝ポンティは、世界のエレメントとして「肉」を考え、それは「根源的非現前可能性」と説明した。鏡の表側と裏側が、同時にありながら、両者が同じ仕方で現れることはないことを示した概念だ。

あまりにもシンプルすぎるがために、説明に窮する事態がここにはある。鏡の表側と裏側のように、限定されるものと限定するものは接しながらも交じり合うことは決してない。最も大きな差異であると同時に、接するが故に小さな差異でもある。根源的な差異とはそういった差異なのである。〈存在〉の一義性も、後に取り上げる〈このもの性〉もこの根源的な差異をめぐる問題なのではないか。根源的な差異は、おそらく〈超越的内在〉と重なる事態である。

私には、〈存在〉の一義性もまた、〈超越的内在〉をスコトゥス流に表現したものであるように思われる。次のところでは、〈存在〉の一義性において、超越的内在がどのように表現されているかを見ていこう。

3　〈存在〉の中立性

〈存在〉の一義性とは、乖離だけを語る思想なのではない。むしろ、そこには媒介の思想、それどころか超越的内在の思想が込められているのだ。だからこそ、私はスコトゥスにこだわり続けている。おそらく、〈存在〉の一義性が、共約不可能性と媒介の双方を含んでいると私はずっと考えてきたし、その見通しを捨てようとは思わない。

媒介の側面が現れるのは、一見すると理解しにくいが、〈存在〉は中立無記的なもの(indifferens)だということに見られる。もちろん、上位の類、例えば「動物」は「無脊椎動物」と「脊椎動物」のいずれにも中立的だという事例を参考にして考える途はあるが、誤解を呼びやすい。さらに重要なのは、スコトゥスにおける〈存在〉の一義性とは、〈存在〉の中立無記性だけを表すのではないこと、中立無記性の論点を含みながらも、それは表層でしかないことだ。というのも、〈存在〉の中立無記性は、同時期の神学者ガンのヘンリクス(一二一七頃—九三年)においてすでに登場しており、スコトゥスはこのヘンリクスを主たる批判の対象としているからだ。ヘンリクス説を批判して、〈存在〉の一義性が生じたとすれば、言うまでもなく中立無記性だけでは、〈存在〉の一義性を特徴づけられるわけはない。

ガンのヘンリクスは、アヴィセンナから〈存在〉の中立無記性の論点を継承し、そして、スコトゥスも、アヴィセンナとヘンリクスから、〈存在〉の中立無記性という論点を受け継いだ。アヴィセンナが『形而上学』第五巻において、〈馬性の格率〉を説明して、「馬性自体は一でも多でも、精神の内にあるのでも外にあるのでも、可能態でも現実態でもない」と述べたとき、「馬性自体」に排中律は適用できないということばかりでなく、同時に「馬性自体」は一とか多といった、矛盾対立する選択肢のどちらにも中立的なもの(indifferens)としてあることを述べていた。この〈馬性の格率〉は予想以上に大きな影響力を及ぼした。ヘンリクスへの圧倒的影響力は言うまでもなく、ドゥンス・スコトゥスがアナロギア説から一義性説に考えを改めた場合にもその影響は顕著に見られるし、オッカムが普遍は概念であると論じる際にも〈馬性の格率〉に言及し、自分の思想の典拠としている。オッカムにおいてさえ、〈馬性の格率〉は必ずしも全面的に批判されているわけではない。これは、〈馬性の格率〉の影響と言ってもよいほどだが、アヴィセンナ存在論が一三世紀の存在論に及ぼした影響と考えるべきだろう。アヴィセンナの存在論によって、中世スコラ哲学の存在論も普遍論も大きく姿を改めたことは確かなのだ。そして、ここで追いかけているのは、〈馬性の格率〉の影響下に登場した一義性理論の一側面なのだ。

さて、ヘンリクスは、多くの箇所で、アウグスティヌスと並んで、アヴィセンナを典拠として引き合いに出し、特に、〈馬性の格率〉やその前後のテキストを何度も引用している。ヘンリクスが「馬性」にこだわるのは、「馬性自体」や「馬性である限りの馬性」が、個々の具体的な馬ばかりでなく、特定の馬に述語が付与されて成立する命題の原初的・始源的なあり方、つまり中立無記性を表しているからだ。一般的なものが限定されて、個別的なものが成立する機序が問題となっているのである。この過程は、現実化でもあるし、個別化でもあるわけで、形而上学の枢要点になるものだ。

ヘンリクスは、その際、〈存在〉が分割され、無限存在と有限存在に限定されるのは、二重否定によると考えた。ヘンリクスの議論の行き着く先は、神と被造物の関係は類似性(similitudo)によっていないと捉えたことである。

ヘンリクスによれば、一義性の関係を考えることは、ある共通の形相(forma)、実在的な共通成分(commune reale)を考えることになる、という。だからこそ、一義性は否定されるしかない。もちろん、神と被造物の差異を強調しようとして、〈存在〉を多義的なものと解することは避けられる。ヘンリクスがアヴィセンナに見出したのは、「馬性である限りの馬性」の次元であり、そういう中立無記性の次元を設定することで、①神と被造物の絶対的差異を解消しない、②〈存在〉を多義的なものとしない、という相対立する条件を満たすことができると考えた。

ヘンリクスのアナロギア論

ヘンリクスは、「神は被造物と〈存在〉において共通する」「〈存在〉は神と被造物に共通である」と語る。

「人間」と「ロバ」の場合であれば、上位の類概念、つまりある共通なものにおいて一致することがある。しかし、人間と神において、〈存在(esse)〉がそのような仕方で共通することはない。神の〈存在〉の中に被造物と共通するところと、被造物と異なるところができてしまうが、それは不可能である。というのも、神において〈存在〉は端的に単純(omnino simplex)である。〈存在〉は類概念ではなく、神と被造物との間に、ある実在的に共通なもの(aliquid commune reale)が存在することはない。両者の間には純粋な多義性でも一義性でもなく、アナロギアが成り立つ。

（ヘンリクス『定期討論問題集大全』第二一篇第二問、山内訳）

ヘンリクスはアナロギア説を採る。ただし、トマスのアナロギア説よりも複雑な構成を持っている。ヘンリクスは、従来のアナロギア説を進めて、〈存在〉が神に該当するのは「否定的未決定」によってであり、被造物に該当するのは「欠如的未決定」によってであると述べる。神に配分されるのは「否定」であり、被造物に配分されるのは「欠如」である。「欠如」とは本来あるべきものがないことであり、何かが不足した状態である。否定と欠如の関係を理解するのは簡単ではないが、両者に、実在的に共通なものがないことは理解できる。「そもそもないこと」と「本来あるべきものがない」関係がそこにはある。適切な例か分からないが、「〈存在〉は甘くない」と「汁粉が甘くない」との対比が近いかもしれない。〈存在〉は限定を受けぬまま、神の〈存在〉と被造物の〈存在〉に分かれ、しかも被造物の〈存在〉も最一般者であることを保持できることになる。

ところが、スコトゥスはヘンリクスの「否定と欠如の道」を採らない。スコトゥスによれば、〈存在〉の中立無記性は、決して〈存在〉の一義性の十分条件ではない。重要なのは、中立無記的な〈存在〉の限定が、積極的・肯定的なもの(positivum)によってなされるということである。このヘンリクスの否定道とスコトゥスの肯定道の対立は、個体化論の場面でも登場する。ヘンリクスは個体化の原理として二重否定を挙げ、ドゥンス・スコトゥスは〈このもの性〉を挙げる。ヘンリクスの二重否定とは、「分割の否定」と「他のものとの同一性の否定」のことである。ヘンリクスからスコトゥスは大きな影響を受けていたにしても、否定道と肯定道という大きな対立がそこにはあった。そして、一義性はこのヘンリクスへの対立において形成されたものであることは強調されなければならない。スコトゥスの一義性説は、アナロギア説への批判としてあるとしても、それはヘンリクスのアナロギア説であり、しかもトマスのアナロギア説とは異なる、否定的契機が強調されるアナロギア説だったのである。

スコトゥスは、最も普遍的な場面においても、最も個体的な場面においても、限定は積極的なものによってなされると考えたが、この積極的なものは、事物を構成する要素としての形相(forma)のようなものではない。スコトゥスは決して要素主義的実在論を主張するのではない。内部／外部、肯定性・積極性／否定性、という二項対立を受け入れ、一方が否定されるが故に、もう一方の項を選択するというのではなく、二項対立を超えて、新たな「積極的な」次元を見出そうとしたのがスコトゥスであり、それがスコトゥスの真骨頂なのである。

しかし、限定が積極的なものによってなされる、ということがどれほどの意味を持つのか。ヘンリクスは、中立無記性は「いずれでもないが、いずれともなりうる」ということを述べていた。言い換えれば、現実性においては否定されるが、可能性において肯定されるということだ。スコトゥスが主張しようとしたのは、そのような可能なものが現実化する過程において、事物に内在する積極的なものが現実化をなすということである。

スコトゥスの肯定神学

スコトゥスは、ヘンリクスの論に対抗するために、「否定を我々が何ものにもまして愛することはない」(『命題集註解(オルディナチオ)』第一巻第三篇第一部第一、二問)と述べる。これは彼の強調する論点だ。

我々が単なる否定を何ものにもまして愛することはない。しかし、現世の人間が何ものにもまして神を愛することは可能である。したがって、神は否定の相においてではなく、積極的な仕方で(positive)認識される。したがって、否定的に認識されるのであれば、予め積極的な仕方で認識されているのである。

(ドゥンス・スコトゥス『パリ講義録』第一巻第三篇第一問、山内訳)

少しばかり〈存在〉の一義性の話に立ち戻ると、ヘンリクスが用いたアナロギアを通じた否定の道を批判することがスコトゥスの狙いだった。ヘンリクスは、偽ディオニュシウス・アレオパギタ（五〇〇年頃活躍）を援用する。

偽ディオニュシウスの道は、否定神学、否定による道であって、被造物から得られた概念が神に見出されることはないというのが通常の理解であり、ヘンリクスが自説補強のために用いている。否定の道は、被造物の内にある存在規定は不完全であるがゆえに、神に帰するためには不完全性を除去しなければならないから、その除去の道として否定道は考えられる。しかし、それだけでは不十分なのである。だが、ドゥンス・スコトゥスは偽ディオニュシウスを斥けることなく、その本心は否定の道の逆であると述べる。認識の三段階、つまり否定による道（via per abnegationem）において、単なる否定に立脚するのではなく、否定が帰せられる或る肯定的なもの、積極的なものが示される。

神は無限存在だが、その無限性という概念は、有限性の否定ということではなく、最高度の〈存在〉の措定、いうなれば「否定の否定」なのである。無限存在は肯定の道を通して到達されるべきものなのである。そして、この最高度の肯定的〈存在〉としての無限存在のあり方が、「無限なる実体の海（pelagus infinitae substantiae）」という、ヨハネス・ダマスケヌス（六七四頃―七四九年頃）から受け継いだ用語に少し手を加えた語を（ダマスケヌスは「実体の無限な海［pelagus infinitum substantiae］」と述べた）、ドゥンス・スコトゥスが用いる際に示される光景なのである。

ここに〈存在〉の一義性の核心が現れている。ドゥンス・スコトゥスは被造物から神に至る道が肯定的な道であることを示そうとした。神を現世の人間が自然的に認識可能であるとするのは、この肯定の道を確保するためであり、それは認識可能性にとどまらず、愛の可能性を確保するためであった。一義性とは、落差を越えての愛の原理なのである。人間の神学から神の神学に至るのに、至福者の神学を経由するのは、至福者という特異な立場の神学において、その神学は天上におけるものであっても、至福者も人間である点において、至福者の神学が自然的な次元の延長線上にあることを意味しうる。

〈存在〉の一義性の枠組みを考えてみよう。

①限定されるもの＝被限定項(determinabile)
②限定するもの＝限定項(determinans)
③限定されてある＝限定態(determinatum)

という三項図式を考える。この例としては、①生命(vita)、②生きること(vivere)、③生物(vivens)というのがある。〈存在〉の場合であれば、次のように配置される。①〈存在である限りの存在(ens inquantum ens)〉、中立的なものとしての〈存在(ens ut indifferens)〉、

②内在的様態、具体的には、超越概念や〈このもの性〉などが入る、③具体的なものとしての〈存在〉。

①のレベルの〈存在〉は、限定されて③のレベルの〈存在〉となるということだが、要点となるのは、②の限定項も〈存在〉であるということだ。修飾語を取って整理すると、〈存在〉は〈存在〉によって〈存在〉へと限定される、いや〈存在〉は〈存在〉において〈存在〉に至る、ということになる。もちろん、これでは何を言っているか分からないが、一般に限定項は被限定項とは別の規定を有するということが、〈存在〉に該当するかが問われているわけだ。確かに、「白いブランコ」であれば、「白い」が外部から限定しているが、「白い白雲」では、冗語であり、無用な修飾である。〈存在〉の一義性は、①②③のいずれもが〈存在〉であり、〈存在〉の限定が冗長なものになることを述べているようにも見えるが、②の限定項を「内在的様態」と捉えることで、冗長な構造を免れることができる。

スコトゥスは、「内在的様態」を、「形而上学的濃度(gradus metaphysicus)」などとも言い換えているが、要するに内包量的な度合いのことだ。飽和度、つまり色の純度・濃さは、内包量の典型であり、「白」の色が特定の飽和度を有することで、特定の白さとなるとき、概念規定では何ら付加されていない。しかし個体化は生じている。白の飽和度は、白という基体とは独立にあるわけでもないが、白そのものの内には含まれていないものだ。これは内在的様態でも同じことだ。「内在的」とは、構成要素となるということで、内在なのではなく、別個のものでありながら、「潜在的に(virtualiter)」含まれている、ということだ。潜在的に含まれているものは、概念規定において、別個であっても、不可分な仕方で結合し、一なるものを形成しているのだ。

被限定項と限定態の関係は、一般に述語と主語として表現され、結局、普遍と特殊、種と個体といったものに帰着するのであまり問題はない。スコトゥスはこちらを、被限定項は限定態に形相的に(formaliter)含まれると述べているが、全体と部分と考えても差し支えない。

すると、〈存在〉の一義性は、〈存在〉はすべてのものに潜在的にか、または形相的に含まれ、その意味で一義的なのである。ここでは、一義性の意味は明らかに拡張されているのだ。一義性の意味を拡張してまでスコトゥスが述べようとしていたのは、〈存在〉は〈存在〉によって〈存在〉となることだ、と述べてもそれほど誤りではないだろう。これを「万物は〈存在〉において存在する」と言い換えても、〈存在〉の自己限定と述べてもいいかもしれない。

要するに、一義性は、共通の地平を作る発想にも見えるがそうではない。確かに、神‐無限存在、被造物‐有限存在という対立において、〈存在〉が中立無記であることは、〈存在〉が共通の基体となることを意味する。しかし、神と被造物について、〈存在〉が一義的であるというのは、〈存在〉を上位の類とすることで共通の地平を作ることではない。

全く逆に、共通の地平を否定することだ。共通の地平が可能であると、妄想したとたんに、他者を自分の内に取り込むことであれ、自分が他者の内に融解することであれ、二つのものを一つのものに吸収させようとする危険が現れる。他者とは離れたものであり、離れているがゆえに、絆が必要となる。

被造物から神に至る認識可能性の道を開くことは、一種の尺度を設定することである。もちろん、両者に共通の尺度があるといいたいのではない。決して共通の尺度は存在し得ないながらも、一種の尺度があるといわざるを得ないのは、尺度がないまま、見出された無限の距離は、直接的であるが故に、無媒介的に近接せしめられる場合があるからだ。ほんのわずかな隙間にも、人間は無限の奈落を見つけることができる。そのような無限の距離は、いとも安直に媒介が設定される。神と被造物の間には共通の尺度(mensura)も比例的関係(proportio)もないが、無媒介的な無限に陥らないために、一種の尺度、思惟の尺度として、〈存在〉の一義性が立てられねばならない。

神は無限に遠く、無限に近い。無限に遠く、そして同時に無限に近いものこそ、本当に遠いもののあり方である。神と人間はそのような関係にある。神がおのれの心の内に住みながら、心の暗闇の中で神を求める者こそ、神から最も遠く、そして最も近い者である。外にあって無限に遠いもの、超越するがゆえに無限に遠いものが問題なのではない。神を出さなくてもよい。愛とは絆であるが故に、愛し合う二人を考えてもよい。二人は無限に近く、同時に無限に遠い。遠いからこそ、絆が必要なのだ。しかしながら最も身近なモデルは〈私〉である。〈私〉とは〈私〉に最も近く、近すぎて見えないがために最も遠く、その意味で一番遠い者なのだ。人間が毎朝、目を覚まして、自分を探しに出かけなければならないのは、自分が自分にとって一番遠いものだからだ。あえて言ってしまえば、〈私〉は〈私〉との間に共約不可能性を有しているのかもしれない。

4　偶然なるものの神学

〈存在〉の一義性において要となるのは、おそらく潜在性(virtualitas)ということだ。〈存在〉はあらゆるものを潜在的に含んでいるというのである。これは、神がすべてのものを創造したという神学的前提の上で話が進められている。しかしながら、〈存在〉が、内容の薄い、空虚な概念にしか見えないか、「沈黙」や「間」と同じように充実したものに見えるかが、大きな岐路となる。これは趣味の違いというより、もっと深いところに根ざしている違いなのだろう。少なくとも、中世キリスト教神学でもイスラーム神学でも、たぶん宗教的背景の如何を問わず、〈存在〉を空虚なものと捉える発想はない。そして、二〇世紀の哲学は概して〈存在〉を空虚なものと捉えがちであったが、それはともかくとして、潜在性ということが、なぜ〈存在〉の一義性と関連してくるのか、少し話の向きを変えて、考えておこう。これは〈存在〉と本質の問題、そして普遍の問題への関連をつけるためでもある。

〈存在〉の一義性と潜在性の関連は、スコトゥス自身が難渋した箇所であり、なかなか面倒な議論が続くが、概略だけを見ておく。〈存在〉の一義性の問題は、神学の捉え方、つまり、神学とは知識なのか、ハビトゥスなのか、人間に許された神学はいかなるものになるのか、という論点を出発点に持っている。そこで、スコトゥスは、神学を、神学自体(Theologia in se)と、我々人間の有する神学(Theologia nostra)とに分けている。〈神学自体〉の最初の対象は「神」であり、この神はあらゆる神学的真理を潜在的に含んでいるとされる。そして、この〈神学自体〉は、その神学の対象にそれぞれ固有な関係を持つ知性――神の知性、至福直観の状態にある知性、現世の人間の知性――に、それぞれの知性に応じた認識を与えるものとされる。ところが、〈人間の神学〉は、あくまで現世において肉体を伴った状態での知性が、神学の対象について有する認識である。問題となるのは、〈神学自体〉と〈人間の神学〉の関係である。

スコトゥスは、〈神学自体〉を、考察する者の視点に応じて、三つの部分に分ける。つまり、神が有する神学＝〈神の神学(Theologia divina)〉と、至福直観にある者が有する神学＝〈至福者の神学(Theologia beatorum)〉と、我々人間が有する神学＝〈人間の神学(Theologia nostra)〉である。神の有する神学については説明の必要もなさそうだが、認識可能なものすべてを対象とするとされている。至福直観にある者とは、粗雑な肉体を脱ぎ捨てて、天上において神と「顔と顔とを合わせて(facie ad faciem)」対面している者のことだ。至福者は神についての直観的認識を有し、神の個体本質("haec" essentia)を認識しているとされる。至福者は特別な状態にある人間であり、したがって至福者の神学も人間の神学の特殊事例である。ここで登場する「個体本質」という概念は、キリスト教に固有な神の本質ということであり、「三位一体の間の本質」である。それは自然神学の対象としてではなく、直接対面している至福者に開示されるものである。そして、おそらくこの神の「個体本質」が、被造物の個体化原理である〈このもの性〉の原型なのである。〈このもの性〉もまた知性的に認識されるものではなかった。認識の外部にありながら、認識を秩序付け、認識に先立って、認識に可能性を備えるものの如く存在しているのだ。現実世界における可能性はともかくとして、直接的な仕方での理想的な神との対面が理念型として設定され、それが神学体系の秩序付け(ordinatio)を行っていることは確かである。アナロギアによって神と出会うのではなく、神との直接的対面と直観的認識に理念型を置く神学は、肯定の道を通り、人間として神と対面する場面を設定し、そこを基礎にしなければならない。スコトゥスが具体的に展開するのは、主として〈人間の神学〉であるのだが、それは〈至福者の神学〉から多くのものを借りなければならないのである。

さて、〈人間の神学〉は、当然のことながら、現実的にすべてのものを対象とすることはできない。せいぜい、聖書に書かれたことと、そこから導き出せることを対象とするにすぎない。そして、「〈人間の神学〉は、対象から明証性を獲得することのない、ハビトゥスである」とされる。対象から明証性を獲得するというのは、認識に必要な材料をすべて対象の方が供給してくれることで、そういうものであれば、人間の方は受動的に待ち受けていればよい。ハビトゥスである以上、概念として理解するのみならず、日常的な具体的な場面に適用、実践することもできなければならない。適用の問題は措くとしても、〈人間の神学〉がハビトゥスであるということは、認識の成立する条件に、人間の認識能力も含まれ、しかもその能力には欠落がある以上、〈人間の神学〉は限界を持ったものとなる。したがって、無限者である、神の内に潜在的に含まれるすべてを認識できるわけではないことになる。

一般に、第一の対象(obiectum primum. これは、「最初の対象」とも訳される。「動物学」における「動物」のように、最初の考察されるべき事柄と捉えておいてよい)は、すべての真理を潜在的に含んでいるとされる。「潜在的に」含んでいるとはどういうことだろう。たとえば、円の定義の中には、円の性質がすべて含まれているわけだが、幾何学に習熟した者であれば、すべての性質を導き出すことができる。ところで、幾何学を使いこなせることはハビトゥスの一種である。円の定義から、円のすべての性質を導出できるのは、ハビトゥスが備わっている場合だけである。

ところが、〈人間の神学〉は、必然的なものをも対象とし、そのような必然的なものに関わる神学としてある限り、必然的なものを対象とする〈神学自体〉と、対象が同じである。つまり、神が対象であることについては共通であり、しかも、「神は無限存在者である」という第一真理も、人間に直接的に知られているという。

しかしながら、神学の第一の対象(＝神)が、潜在的にすべての真理を含んでいるとすると、第一の対象である神から、すべての真理は必然的に導出されること、ひいてはすべての事柄は必然的に生じる、ということになりかねない。すべては必然的に生じる、自由意思はあり得るかという問題は措くとして、第一の対象＝神の概念からすべての真理が導き出されることはないが、これは、人間の能力が限定されているからということではない。

そこでスコトゥスは、神学を対象の違いに応じて、必然的なものに関わる神学(Theologia necessariorum)と偶然的なものに関わる神学(Theologia contingentium)に分類する。たぶん、スコトゥスの狙いは〈偶然なるものの神学〉にある。そしてもちろん、〈このもの性〉の神学――〈私〉の神学も含まれる――をうち立てることで、人間が啓示の光によって照らされることがないとしても手にしうる、学、知(scientia)としての神学があることに思い至ったのだ。そして、そのために、〈存在〉の一義性に思い至ったのだろう。

さて、偶然的なものには、神に関する真理も含まれている。神の三位一体に関する真理であれ、神のそれぞれの位格、ペルソナについてであれ、例えば「神は創造した」「子が受肉した」というように、神の本質以外のものに関係づけられた場合には、偶然的なものとなる。ここで、要点となるのは「本質以外」ということである。本質以外ということで、人間の場合であれば、肌の色とか身長とかいった「偶有性」とか、他の事物との「関係」だけが考えられているのではなく、「笑えること」という特性(proprietas)ないし様態(passio)も含めて考えられているのである。この「特性」・「様態」というのは、かなり特殊な術語で、正確に述べれば、「その種だけに、その種のすべての個体に、常に」妥当するものが「特性」である。しかし要するに、内包は異なるが、外延・指示対象が同じものと考えればよい。

特性と様態は同義なので、「様態」で話を進めると、様態は基体(subiectum)の本質に含まれないものだが、外延は重なるので、互換的、つまり代入可能である。本質の外部にある、つまり本質に含まれないが、互換的であるということを、スコトゥスは「潜在的に含む」と説明し、そういった様態に関わる真理は偶然的であると考えるのである。そして、そういった偶然的なものについても、知識はあり得るとスコトゥスは考える。

〈存在〉の場合について考えよう。〈一〉〈事物〉〈或るもの〉という超越概念(transcendentia)は、〈存在〉と互換的であるが、〈存在〉の概念規定を越えているので、〈存在〉の様態

(passio entis)とされている。そしてスコトゥスは超越概念を拡張し、そこに「無限または有限」「必然または偶然」などという、矛盾対立する両項からなる離接様態(passio disiuncta)というものも含めている。超越概念を拡張することでスコトゥスは新たな地平を切り開いたのだ。そして、〈存在〉自体は、無限／有限、必然／偶然のいずれにも中立的であると考えている。つまり、すべてのものは、それらの両項のどちらか一方でしかないが、〈存在〉それ自体はそのいずれでもなく、中立的であるというのだ。

中立的であるということは、両項のいずれも、〈存在〉の概念規定に分析的に含まれてはいない(スコトゥスの言い方では「形相的に(formaliter)含まれていない」となる)以上、〈存在〉から離接様態のどちらか一方への下降は、偶然的なものとなるのである。しかし、分析的に含まれていないとはいえ、例えば「人間は笑えるものである」という場合、主語と述語との直接的結びつきを直観的に認識することによって、直接的真理と解することはできる。つまり、定義と同じように、偶然的な真理の認識の出発点とすることはできる、という。

確かに、知識(scientia)の伝統的な定義から考えると、偶然的なものに関して、知識はあり得ないとされる。しかし、神学に属する偶然的な事柄には、確実で明証的な認識があり得るし、明証性に基づく限り、恒久的な認識があり得る。神学における偶然的な事柄は、すべて神学の第一の対象の内に見て取れるし、その対象において、偶然的真理の結びつきを見て取ることもできるのである。

偶然的真理における主語・述語という二つの項と、それらの結合を直観することで、それらの明証的真理に関する明証的な確信を得ることができる。例えば、「神は愛である」というのでもよい。したがって、神学に属する偶然的な事柄には、必然的な事柄についで獲得される知識よりも完全な認識があり得るのだ。神がすべての真理を潜在的に含むからといって、そのことによって〈神学自体〉と〈人間の神学〉との差異、必然的なものの神学と偶然的なものの神学との差異が解消してしまうのではない。

さて、以上のようなことが〈存在〉の一義性の背景である。背景には、神学の区別、様態の捉え方、直観的認識、形相的区別といった道具立てが潜んでいる。ここで〈存在〉の一義性の構造の骨組みだけ取り出せば、〈存在〉概念が矛盾対立を引き起こしうる統一性を持った概念であることが〈存在〉の一義性の十分条件であり、〈存在〉の中立性がその必要条件であり、〈存在〉の潜在性における第一次性(primitas virtualitatis)がその必要十分条件である、ということだ。さらに言い換えれば、〈存在〉は自明で最普遍者で空虚であるから、我々にとって最も遠いものであるにもかかわらず、我々の知性に最初に刻印されるものであることは、矛盾することではなく、同一の事柄の表裏なのだ。〈存在〉が共通性の第一次性のみでなく、潜在性の第一次性をも有しているとスコトゥスが述べたことは、そのことと相即している。

しかし、結局、何が分かったのだろう。スコラ哲学的議論を重ねていくと、そもそも何を議論していたか分からなくなることも少なくないのだが、ここで言いたいのは、〈存在〉の一義性において語られる〈存在〉は、コミュニカビリティの原型であることだ。アヴィセンナは、「〈存在〉は第一の印象によって、精神に刻印される」と述べた。「第一」ということが、何を意味するかで実に様々な解釈があったわけだが、ともかく〈存在〉が最初に精神に刻印されるということは、西洋中世哲学に画期的な影響を及ぼし、形而上学の可能性を切り開いたのだ。「第一」とはここでは、経験に先立って、経験を可能にする次元においてということであり、「ア・プリオリ」とつながる。カントの哲学につながるはるかな道のりがここにも現れているのだ。

無謀さを承知でまとめると、〈存在〉の一義性には、共約不可能性という論点と、コミュニカビリティという論点が含まれている。そして、〈存在〉の一義性のもとでは、〈存在〉は、コミュニカビリティの異名になると考えたいのである。天使の言葉にこだわったのは、天使の言葉への憧れの中で、何が忘却されるのかを明らかにするためだった。このコミュニカビリティは、コミュニケーションの単なる条件ではなく、不透明さを備えたものだ。その不透明さは、単に言葉の問題にだけではなく、〈存在〉の問題に登場する。その〈存在〉の不透明さは、〈存在〉の一義性に見て取ることができるのではないか、というのが出発点だった。その内実は、共約不可能性とコミュニカビリティが必ずしも矛盾対立するのではなく、相補的な関係にあると捉えることができるのではないか、というのが、本章の狙いである。

しかしなぜ、〈存在〉の一義性という、〈存在〉の平板化を目指すように見えるものに、共約不可能性という落差を組み入れねばならないのだろう。そして、それを天使の言葉や聖霊論や欲望論・身体論と結びつける必要があるのだろう。

私が知りたいのは、〈私〉と〈存在〉の関係なのだ。それは、いわば「超越的内在」というあり方を基本にし、だからこそ忘却されることによってしか、自らを示さないということがあるのではないだろうか。しかし、忘却されることによってしか、姿を現さないことは、考えてみると日常的な場面にありふれていて、身体論において論じられる問題に見出されると思われる。それこそ、一般者の自己限定という構図で考えないとなかなか見えにくい事柄だ。もし、そのような見通しが正しければ、〈存在〉の自己顕現、自己限定ということを語ることも可能になってくる。プロティノスに限定されるわけではないが、少なくとも西洋古代とイスラーム哲学において顕著に見出される、自己限定のモチーフは、西洋中世にも流れ込んでいるのではないか。その流れを直接汲み取ることはできないのか。汲み取れるとしたら、現代において求められているリアリティの問題に何かを与えてくれるはずだ、これがこの本の最初にあったモチーフなのだ。

〈存在〉が最初に与えられるものである以上、最も近しいものであることは確かだ。しかし、それは潜在的にすべてのものを含むが故に、展開されねばならず、完全な明るみに立つのは、そういった展開の終了した後だが、展開に終極はない。したがって、最初に与えられながらも、最後になっても与えられないものでもある。

このような超越論的内在の構図の中で、個体化の問題や普遍の問題が論じられていたのだ。私が求めているのは、〈見えないもの〉が〈見えるもの〉に転じていく生成の過程の中で、己を持する(se habere)ための〈形〉についてなのだ。このモチーフを垣間見ることで、当初の問題への答えらしきものを、得る手がかりにしよう。

第6章　普遍とリアリティ

一人の人間は個物であり、そして人間は個物に囲まれて生きている。「個物」の定義をしようとするとかえって訳の分からないことになるが、一つ一つあるもの、一つ二つと指を差して数えられるものと考えておけばよい。存在するのは、個物だけで、それ以外のものは、すべて人間が構成したものだと考えたければ、考えられないわけではない。ところが、人間の用いる言葉は、固有名詞などを除けば、ほとんど普遍を表す名詞、形容詞などから成り立っている。動物も人間も個物に取り囲まれてはいるが、リアリティの不在を悩むことができるのは人間だけだろう。

リアリティといっても実に多様な内実を含むが、〈私〉ということ、〈私〉の身の回りのことがリアルに感じられないのだとすると、世界は現実に感覚できる事物からだけで成立しているのではないかもしれないし、人間も言葉を使うことで、「普遍」に関わるようにし向けられているのかもしれない。もし普遍の実在性が示しにくいにもかかわらず、示さざるを得ないとしたら、それは一つには人間が言葉を有してしまったからだろう。たぶん、人間が動物に戻り、個物だけからなる世界、鳴き声によるコミュニケーションの世界に住むことができたら、普遍の問題は解消するのだが、言葉の使用とともに、人間は個物以外の存在者をも世界に住まわせるしかなくなったのだ。

ところが、不思議なことに、中世末期に唯名論が登場して以来、真に存在するものは個体であるという個体主義が主流を占めてきた。これは民主主義の前提となる個人主義と連動して、現代にまで至る思想の基底をなしてきたと言える。これに対応して、普遍の実在性を主張すると解される実在論は、旧式の考えとして攻撃の矢面に立たされてきた。

確かに、普遍の方が個体よりもリアリティを持つことは少ないようにも思われる。一人一人の人間を思い浮かべることはできるし、その一人一人の人間は目の前に見、手で触れることもできる。人間性とか人間一般では目で見ることも触れることもできない。

しかし、リアリティは肉体からの感覚的刺激を通して与えられるもの、またはその強さと相関するようなものでしかないのか。唯名論は感覚されるもの、物理的に現前するものを重視したわけだが、現実的感覚がそれほど確実なものではないことを閑却する傾向をも持っている。もちろん、唯名論が「普遍」という自明なものを得体の知れないものとして捉えようとする実在論者の蒙昧さへの嫌悪として生まれたのであれば、賛成できるところもある。しかし、実在論者とは普遍が実在することを頑迷に主張する立場ではない。普遍の実在性とは、普遍が〈もの〉としてあることではなく、絆や関係やプロセスや差異の実在性を語ることだ。それを語ることは簡単ではないとしてもできそうだ。

問題は個物の存在だけを語っているように見える唯名論を、どのように捉え、それとどのように折り合いをつけるかだろう。

人間が言葉を有することと、意識を有することとは、「人間」と「笑えるもの」の関係と同じで、意味において異なっても事柄としては重なり合うようなことだろう。そして、第4章で見たように、人間はハビトゥスを介して世界を織り上げ、世界はハビトゥスを通して姿を現してくるという言い方もできる。精神と身体は相互浸透し合っている以上、人間のすべての意識作用は、たとえいかに瞬間的なものであろうと、過去と未来、可能性と現実性、偶然性と必然性などからなる移行過程を含んでいる。ハビトゥスとは、そういった生成とプロセスを支える潜在性の構造のことなのである。

潜在性とは、可能性の層からなるものではなく、現実性への傾向、自己展開の契機を含んだものだ。ということは、リアリティはハビトゥスに裏付けられていなければならない、とは言えないのだろうか。いや、ハビトゥスを背景として与えられる感覚であればこそ、その感覚にリアリティがあると言えるのではないか。ハビトゥスなき感覚は方向性を持たず、自己破滅的であり、感覚なきハビトゥスは空虚で、抽象的なものでしかない。

リアリティは必ずしも直接現れてくるものではない。たとえ存在するのが個物だけであったとしても、個物がありのままに、個物の有する全契機が展開されて認識されることはあり得ない。感覚にすら個物のすべてが与えられるわけではない。渾然たる仕方で、ないし潜在的な仕方ですべてが与えられるということはあり得るが、その渾然たる様、潜在性は、人間が構成したものというより、事物の側に備わった、事物の現れ方の様相なのだ。リアリティは現実性の相においてよりも、潜在性の相において現れるのだ。身体イメージとしてではなく、身体図式として現れると述べても、ほぼ同じことになるだろう。

これは、リアリティの問題を身体の問題に還元しようとしているのだろうか。もちろん、そうではない。現代は唯名論的枠組みを基礎にしたリアリティの捉え方が主流であるが、もしそれに異を唱えようとすれば、伝統的な存在論の枠組みにコミットする必要がある。ところが、伝統的存在論に身体や肉体は登場しない。肉体を取り込んだ存在論は、一九六一年に亡くなったメルロ＝ポンティの「肉の存在論」など少数の例はあっても、それ以外にはほとんどない。私としても、肉体の問題に還元すれば済むと考えているのではない。しかし、かなり奇妙な言い方になってしまうのだが、普遍もまた、いやそれどころか〈存在〉も、身体を有する、といいたいのだ。もちろん、この身体は、物理的な物質の意味でも、生理的な肉体の意味においてでもない。メルロ＝ポンティが「肉」を語ったのも、抽象的な概念によってではなく、「地・水・火・風」と同じように、身近でありふれたものをエレメントとする存在論を語りたかったためだろうが、私としても、普遍が身体を有するとは、普遍とは身近にありふれていて、身近な場所に現れるものだ、ということが言いたいのだ。普遍が身体を有するとは、普遍が抽象的ではなく、具体性を帯びていることの言い換えでしかない。普遍とは、「肉」に近いものだ。

そのような普遍の捉え方は、哲学史的に許容されるのか、誰も許容しないとしても事柄として許容されるのか、少し哲学の歴史を遡り、普遍論争を振り返ることで、話を進めていこう。

1　普遍論争の焦点

普遍論争とはいったい何だったのだろうか。いや、その前に「普遍」ということが茫漠としている。もちろん、内実を伴っているから、〈存在〉よりは思考しやすいところがある。

前章で〈存在〉を論じたのは、〈存在〉が最も近くにあると同時に、最も遠くにもあることを示したかったからだ。「存在の忘却」ということが語られた時期もあったが、欲望の起源が忘却されることで欲望が已有化されることがあるのと同じように、〈存在〉も忘却されることで、やっと自己を開示できるのではないかと思えてくる。

〈存在〉とか、一般者の自己限定ということは、分かりにくいと評されるが、〈存在〉という一般者が自己限定して、現れ出てきた姿の一つが、「普遍」だと考えれば、〈存在〉の問題と普遍の問題が結びつくことは、奇妙なことではないだろう。

普遍とはどういうことだろう。「人間」とか「人間性」という一般名詞も立派な普遍なのだが、何を表しているのだろう。(a1)一般名詞によって表されている事物、(a2)事物に内在している性質、(a3)事物について生じている事態、(b)そういったものについて思考・判断している思考作用、(c)「人間」とか「人間である」という記号表現そのもの、といった様々な見方が可能だ。

ところで、「人間」というのでも、いろいろな解釈の仕方があるので、「プラトンは人間だ」というように、「人間」が判断ないし命題の述語になっている場合を考えてみる。というのも、「普遍」とは、アリストテレスの定義によると、「複数のものの内にあり、複数のものの述語となるもの(in multis et de multis)」とされているからだ。簡単な表現だがかなり悩ましい表現である。

「内にある」という規定はどういうことだろうか。「人間」が「プラトン」の内にある、という言い方は、物理的に考えれば、妊娠中でもなければ成り立たない。だが、「人間性」が「プラトン」の内にあるという言い方ならば許容される。「人間性」が「プラトン」の中で要素として成立していることと考えれば、理解はできる。ただ、どうしても、「人間」という普遍が要素としてあって、それが「プラトン」という個物の中に存在しているように捉えられかねない。ズブズブの素朴実在論と考えられやすい。普遍が個物の中にあるあり方を突き詰めなければ、直感的には理解できる。

「述語となる」という規定についてはどうか。前ページに示したラテン語を直訳すれば「多について」ということである。前置詞としてはde(について)という簡単な表現である。それは、「多なるもの、個物」に述語づけられるということだ。「人間である」の場合で考えると次のようになる。或るものを「人間である」という判断を行う心的作用として解する場合と、「プラトンは人間である」という命題として解する場合とが考えられる。「述語となる」ということは、命題を構成していなければ生じないし、命題を構成する存在者(普通は人間だが、天使でも動物でもよい)が存在して、初めて成立することだ。「人間である」という述語を、どこで生じている事象と考えるかで話が変わってくるのである。

「内にある」ということは、「人間」と「プラトン」の関係について語っているものとすれば、その関係は人間がいなくても成立しそうだが、「述語となる」ということは、命題を構成する人間が存在しなくては成立しないことになる。だが、「述語となる」ということが、現実に述語づけられていることであるとすると、普遍とは知性が判断を行うことで構成したものとなる。

このように、普遍の見方にはいろいろありそうだが、伝統的には、三つの見方があると整理されてきた。つまり、実在論(または実念論)、概念論、唯名論である。なお、「実在論」といえば、意識から独立した事物を認め、それを認識の基礎とする立場を指す場合もあり、それと区別して「実念論」と言われる場合もあるが、両者とも英語では realism であること、ここでは普遍に関する問題だけを扱い、紛れることがないので用語としては「実在論」を用いる。

哲学史を振り返ると、普遍に関する議論は長い間次のように整理されてきた。中世初期に支配的だったのが実在論で、この立場では、本来の普遍はイデアであり、事物の概念的本質であるから、普遍とは〈もの〉・個物に先立つ(ante rem)ものだ、ということになる。

ところが、スコラ哲学の内部において、以上の傾向に反対する思想が現れた。唯名論である。唯名論とは、真に存在するのは個物だけであって、類とか普遍というのは、人間知性が作り出した単なる仮構・抽象物でしかない、とするものである。この立場によれば、普遍とは、唯名論の祖ロスケリヌス(一〇五〇―一一二四年)に仮託される「音声の息ないし声として生じてくる風(flatus vocis)」でしかないことになる。そして普遍は個物から抽象されて生じてくるものであるから、〈もの〉・個物の後に(post rem)あることになる。

この実在論と唯名論との間では盛んに論争が行われたが、後にこの二つの立場に対して調停的位置を占める第三の立場が生じてきた。アベラール（一〇七九―一一四二年）の概念論である。アベラールは、実在論のように普遍を個々の事物から離れてそして先立って存在するものとも考えず、また唯名論のように普遍を抽象物とも考えず、〈もの〉・個物の内に(in re)存在すると考えた、という。ここまでが伝統的な枠組みに沿った整理である。

かつて、私は『普遍論争』（一九九二年、平凡社ライブラリー版二〇〇八年）の中で、概念論が存在しないこと、また、普遍論争は、普遍が〈もの〉ないし個物の、前、内、後のいずれにあるかという仕方で捉えられてきたが、「前、内、後」というのは、普遍に関する分類の仕方にすぎないこと、三つの立場に分けることに問題があることを指摘しておいた。ただし、その著書では普遍論争の前景を論じることとしかできなかった。

問題はどこにあるのだろうか。先ほど、「人間」に関して、(a1)事物、(a2)性質、(a3)事態、(b)思考作用、(c)記号表現、というふうに分類しておいた。これを普遍にも当てはめると、(a1)事物というのは、「人間一般」によって指示される事物ということだから、イデアが実在するということでなければ、成り立ちそうにもないし、イデア論を奉じる人はまれだから、避けて通ってよいだろう。もっとも「事物」とは何かを考えると、案外「人間一般」は事物を指示するとも考えられるが、「普遍論争」ならぬ「事物論争」を引き起こしかねないのでここでは立ち入らない。(a2)性質というのも、論理的にパラドクスを引き起こす。普遍とは一なるものだが、ソクラテスの内の「人間」とプラトンの内の「人間」という性質は、たとえ「人間性」という類似した性質があるとしても、一つのものが同時に二つの事物にあることになって、つじつまが合わなくなる。

(a3)事態としてあることは、普遍の持つ奥行きを取り込めるところがある。〈事態〉というのは、たとえば、「白いこと」でよい。「この紙もあの紙も白い」という場合、「白さ」という共通の性質が両者に宿っているから、両者は白い、とも考えられるが、共通の性質として存在を措定すると面倒なことになる。両者は「白いこと」において同じであるとすれば、話が変わってくる。どこが違うのか見えにくいかもしれないが、「両者とも黒くない」という場合、「黒くないこと」において両者は同じである、とすれば、「黒くない性質」というようなものを設定しなくてもよい。

性質は、〈事態〉と違って、「……でないこと」という否定的事態に馴染むものではない。もし性質にそういう否定的事態が含まれると、どんなシンプルなものも、無限の多くの「……でない」という性質を持つことになってしまう。「黒くないこと」という事態は、どこかに存在したり、目で見たりすることができるようなものではない。つまり、〈事態〉とは、何か存在するものを措定しなくても済むのだ。〈事態〉とは何か実在する事物、またはその性質を指示するものではない。つまり、〈事態〉というものを考えることの意味は、一つには言葉には否定作用ということが含まれることに由来する。否定を含まない言語はおそらく存在しないが、事物の中に〈否定〉は見出されないのだ。もちろん、事物の中に〈否定〉を措定した人々は、中世でも近世でもいたわけだが、少なくとも中世において、「事象的否定(negatio in re)」ということが語られる場合でも、事物の中に〈否定〉があると考えられていたわけではない。否定は、事物の中にはなく、人間が思惟し、言葉を用いることによって可能になった、痕跡のようなものだ。

構成された普遍

話を戻そう。(b) 思考作用として普遍を捉えることはどうだろう。これは、アリストテレス－アヴェロエス的発想だが、中世にもよく見られる発想である。「知性が事物の内に普遍を構成する(Intellectus facit universalitatem in re.)」というアヴェロエス(一一二六―九八年)の格率は、中世でよく用いられたものだった。この格率を援用することは、唯名論にある程度加担することになる。もちろん、全面的に唯名論になるとは限らない。だが、少なくとも勝義の普遍は、知性の思考作用によって生じるというのであり、事物の内にある普遍は必ずしも否定されることにはならないが、本来的なものではなく、せいぜい、普遍の萌芽として捉えられるにすぎなくなる。ここでは、「白」という普遍は、「白」という概念か、「白い」という判断作用ということになる。

(c) の記号表現としての普遍というのは、思考作用を記号化したものだから、普遍としての資格を十分に有している。結局、(b)と(c)の普遍において「複数のものの述語となる」という点については問題ないとしても、「複数のものの内にある」というのはどうなるのだろう。「述語は主語に内在する」、つまり述語の概念は主語の概念に内在すると考えれば、問題ない。

このような舞台設定のもとでは、やはり唯名論が優勢を占める。実在論は、(b)と(c)が普遍であることを認めているが、その上のレベルで、普遍の実在性を示す必要が出てくる。(a)のレベルに登場する普遍は、「複数のものの述語となる」という規定を充たすことが困難である。事物の内に命題・思考・判断というものはないからだ。

実在論者の中には、事物の中の命題(propositio in re)というものまで認めて、(a)のレベルにおける普遍の実在性を示そうとした者もいた。しかし、実在論者がなすべきことは、事物の中に何らかの意味で普遍と言えるような存在者を措定し、その存在を証明することではなく、事物の中における普遍の実在性・リアリティを示すことだ。実在性とは、必ずしも事物として存在していることではない、いや、事物として存在していることの方が、逆に実在性の影ではないのか。

このように述べると、現実の事物よりも、天上のイデアの方に多くの実在性を認める、「逆立ちした存在論」としてのプラトニズムを主張するのではないか、という異論がすぐに出てくる。ここでプラトンを擁護する用意はないのだが、少なくとも新プラトン主義における存在論の枠組みの中には、事物の中の普遍の実在性を語る枠組み、しかも〈事物の中の普遍〉を実体化しないで語る枠組みがあったと思われる。

何度か触れてきたことだが、一三世紀の後半、実在論が優勢を占めた時代において、盛んに用いられた格率が、アヴィセンナの「馬性は馬性に他ならない」というものだった。「馬性」というのは、正確には「馬性である限りの馬性」のことで、この「馬性」は普遍でも個物でも、可能態でも現実態でも、精神の外にあるのでも内にあるのでもないとされた。矛盾対立することのどちらでもない以上、〈存在〉の場合と同様に、中立無記性が見出されると言ってもよいし、「馬性」とは「無性」のことだと言ってもよいかもしれない。とにかく、普遍でも個物でもない「馬性」、特に普遍としての特質を持っていない「馬性」を持ち出すことが、なぜ実在論を支援し得るのか、この辺に鍵がありそうである。

2　プロティノスの残照

「馬性」を持ち出すことが、なぜ実在論にコミットすることになるのかは、スコラ哲学の文脈を知らないと理解しにくいところもある。先回りして述べておくと、要点となるのは、存在することを、固定的状態としてではなく、「生成」として見ようとする視点があったことだ。

人間は、人間の言葉そのものが固定的状態を語るのが得意で、生成を語るのが苦手なためなのか、存在、個体、事物、真理、価値といったものを、固定的に捉えようとする。変化するとすれば、万物流転、相対主義、歴史主義、懐疑論になるのが必然であるかの如く、考えたいのだろう。《同一性》ということを、動かない、とどまり続けるものとして捉えたいということもあるのだろう。

ここで最初に取り上げたいのは、プロティノス（二〇五頃—二七〇年）だ。彼に発する新プラトン主義の流れは、西洋哲学にきわめて大きな影響を与えた。アリストテレスの存在論が、実体中心の固定的な存在論であるとすると、プロティノスの存在論は、動的でダイナミックな思想であり、イスラーム思想に大きく受け入れられ、基本軸を構成したばかりでなく、一三世紀において西洋にイスラーム思想経由で受容されるとき、アリストテレス的な哲学への対抗思想として、中世哲学全体の布置を決定するのに大きな役割を果たしたのである。

プロティノスの著作集『エンネアデス』は、難解さと凡俗を拒む美しさを味わうだけでも、十分熟読すべき価値のある著作だが、何よりもプロティノスの問題意識においては、「〈私〉とは何か」という私的な問題次元と、宇宙の生成を語る世界的、宇宙的な問題次元と、神＝一者からの流出を語る超越的次元が一緒に登場していることが重要だと思われる。言い換えれば、リアリティをめぐる問題次元がマクロな位相とミクロな位相とを併せ持っていることを前提として話を進めていると思われるのだ。もしそう捉えてよければ、〈存在〉や普遍の実在性を語ることと、〈私〉のリアリティを語ることが結びつく領野が示されているという予想がつく。その結びつきは、直接的、無媒介的に成立するはずもなく、ここでも生成と媒介によってしか成立せず、事柄として単純でも、思ったより複雑な表現になるしかないかもしれない。

さて、プロティノスの枠組みを見る前に、予め知っておくべきなのは、〈一者〉〈知性〉〈魂〉という三つのものが世界の三大構成要素としてあることだ。〈魂〉の下に、〈動物〉〈植物〉〈無生物〉といったものが置かれているが、ここで重要なのは最初の三つである。〈魂〉は、地上にある人間の地位に対応するもので、この〈私〉と置き直してもよい。プロティノスにおいても、重要な問題は「〈私〉とは何か」ということだったわけだが、古代においては、そのような形で問われるのではなく、「〈私〉はどこから来たのか(来歴)」、「〈私〉はどこに行くのか(将来)」を問う形で論じられる。そこでは、宇宙の始まりを語ることは〈私〉の問題と密接に関連しているのだ。共時的な現在の構造を語るのに、通時的な地平に投影させて語るのであり、その語り方が神話的なものになろうと、それは過去を語っているのではない。過去を神話的に語ることは、必ずしも蒙昧さゆえではなかった。現在の状態を語るのに、現在成立している事態を記述して束ねても、現在の状態のあり方が見えてこないことを気づいていたのだろう。〈私〉の起源、宇宙の来歴、つまり、神話的過去(神学的過去であろうと存在論的過去であろうともよいが)とは、現在の異名なのだ。

〈一者〉‐〈かのもの〉とは神のことであるが、「〈私〉＝魂」がどこから来たのかと問われれば、当然〈一者〉からとなる。どこに行くのかと問われれば、やはり〈一者〉へとなる。ところで、〈一者〉とともにあることが至福とされていたわけだが、〈一者〉から生じ〈一者〉に戻ることが自然の習いであれば、別に取り立てて問題とされるに及ばない。それが問題となるのは、〈魂〉がどのようにして〈一者〉から生じてきたのか、〈魂〉はどうやって〈一者〉に戻ればよいのか、しかも〈動物〉〈植物〉〈無生物〉といった下方にあるものに流出していくのではなく、〈一者〉という上にあるものにどうやって戻っていけばよいのか、不明であるがゆえに、問われたということだ。

とにかく〈一者〉との間に成り立つ往還に、「〈私〉とは何か」という問いへの答えが求められたわけだが、特にどうやって戻ればよいのかの方が、未来の生き方に関わるためにより重要となった。どうやって戻るかは、どのようにして生じてきたかが知られて初めて明らかになることだ。だからこそ、〈一者〉から〈魂〉がどうやって生じてきたかが、最大の鍵になる。

〈一者〉からの流出

ここで、〈一者〉からの〈魂〉の流出・発出を簡潔に物語る、プロティノス『エンネアデス』V－2の一部を見ておく。かなり長い引用であるが、重要テキストなのでそのまま引用する。なお、［ ］の部分は引用者による補足である。

〈一者〉はすべてのものであり、そして何か一つのものですらない。なぜなら、〈かのもの〉はすべてのものの始源であって、すべてのものではないのだから。しかし先の意味では、〈かのもの〉はすべてのものである。なぜなら、すべてのものは〈かの所〉〔一者の内〕へいわば忍び込んでいるのだから。いやむしろ、それらはまだ存在していないが、存在するだろう。

では、いったいどのようにして単一な〈一者〉からかの〈同一なるもの〉の内には、いかなる多様性も、どのような襞も現れていないのに——［多なるものが現れてきたのか］。

いやむしろ、〈彼〉の内には何一つなかったからこそ、〈彼〉からすべてのものが生まれたのであり、有るものがあり得るために、まさにそのために〈彼自身〉は有るものでなく、それの産出者なのである。そしてこれが、第一番目のいわば「産出」なのである。というのは、〈かのもの〉は何ものをも求めず、またもたず、必要としない状態にあるので、まさに完全なものであるから、いわば溢れ出たものであり、〈かのもの〉のこの充溢が他者を作りだしたわけである。

ところで、この生まれたものは、〈かのもの〉のほうに向き直って、満たされて、〈かのもの〉を視ているものとなった。そしてこれが知性(ヌース)なのである。また、〈かのもの〉のほうに向いてそれの立ち止まりが有るものを(作り出し)、また〈かのもの〉への視観(見る働き)が知性を作りだしたのである。だがそのものは、〈かのもの〉の方を見るために立ち止まったのであるから、同時に知性と有るものとになったわけである。

さてそこで、知性も〈かのもの〉に似たものであるので、〈かのもの〉と同じようなことを行うのであって、多大の力を注ぎ出す。このもの[知性]は、〈かのもの〉の似姿であるので、ちょうどまたそれの前のものが(力を)注ぎ出したのと同じようにするわけである。そして、実有(ウーシアー)から発するこの働きが、魂(プシュケー)という働きなのである。魂は知性が静止していて生まれるのである。なぜなら知性も、それの前のものが静止していて生まれたのだから。

他方、魂は静止したままで、作り出すのではなく、動きながら影像を産み出すのである。つまり魂は、自分がそこから生まれ出たもの(知性)を眺めて、満たされるのだが、別の反対方向への運動によって進出し、自分の影像である感覚能力と植物内の自然とを産み出すのである。

（プロティノス『エンネアデス』水地宗明訳、訳文を一部変更）

プロティノスは、ここで〈一者〉から、有るもの（存在者）と知性が現れ出る過程を語っている。満ち足りているはずの〈一者〉、他者を必要としないはずの〈一者〉から無限の多様な存在者が現れ出る過程が記されている。「〈私〉とは何か」という問いは、古代では「〈私〉はどこから来たか」という語り方で記されることを思い出してみれば、ここでは、〈私〉は世界とどのように出会い、世界とどのように関わるのか、の根源的場面が語られていることになる。〈私〉についての形而上学的創造神話である。

プロティノスは、〈一者〉をできるだけ名指さずに〈かのもの〉として語る。示すことはできても、語り得ないものであることと考えてのことであろう。そして、それは「有るもの、存在するもの」でもない。もちろん、存在しないものでもない。ちょうど、〈見えるもの〉を見えるようにする光が、見えることの源泉にありながら、〈見えるもの〉ではないことと類比的だ。〈一者〉を存在しないということはできないわけではないが、通常の否定とは異なっている。当然のことながら、〈一者〉は存在するものでも、しないものでも、いずれでもないのだろう。

注目すべき論点は多いのだが、第2章で触れたグノーシス主義との関連は少し述べておく必要がある。プロティノスはグノーシス主義に近い枠組みを持ちながら、グノーシス主義を批判し、明確に一線を画している。〈一者〉という始源にあった普遍者から、魂(プシュケー)という個体性がどのようにして生まれてきたのかが語られているのだ。〈私〉はどこから来たのか、という形で語られた「〈私〉とは何か」という問いへの答えがここに語られていると見ることもできる。グノーシス主義は、自分の存在を呪い、同時に世界を呪い、自己と世界の破壊を目指す思想だ。根本にあるのは、呪詛であり、「自分嫌い」ということなのだ。しかし、プロティノスは、自己の存在も世界の存在も呪いはしない。そこは決定的に異なる。

イスラーム哲学の中で

プロティノスの『エンネアデス』の後半(第四、五、六巻)は紆余曲折を経て後世に伝えられ、大きな影響を及ぼすことになる。『エンネアデス』の全体ではなく、後半部分だけが、原文に解説、注釈が加えられて、アラビア語に訳され、九世紀初頭に、『アリストテレス神学』という書物が成立した。この書物は、題名に示されるようにアリストテレスの神学を語っているものと考えられたりもしたが、むしろイスラーム哲学における新プラトン主義の嚆矢とみなされるもので、その後のイスラーム哲学に大きな影響を及ぼすことになったが、今挙げた箇所は特に重要視された。先の『エンネアデス』の引用に対応する部分の中で、とりわけ重要と思われる一節を試訳しておく。

絶対的な〈一者〉はすべてのものの原因であり、それらの事物のいずれとも似ていない。むしろ、〈一者〉はすべてのものの始源であって、すべてのものではない。むしろ、すべてのものは〈かのもの〉の内にあり、すべてのもののいずれの内にもない。というのも、すべてのものは〈かのもの〉から流出するからである。〈かのもの〉の内にすべてのものの支えがあり、それらが還帰するのは〈かのもの〉に向かってなのである。

もし誰か、「いかなる点から見ても、二重性も多様性もないような、単純なる〈一者〉から、多なるものが現れてくることがあるのか」と述べる者があれば、次のように答えよう。「〈かのもの〉は絶対的に、単純なる一者であり、それらの事物のいずれをも含んでおらず、純粋なる一者であるがゆえに、すべてのものが〈かのもの〉から流出するのである」と。というのも、〈かのもの〉は《同一性》を有していないが、《同一性》が〈かのもの〉から流出するのであるから。

議論を要約すれば次のようになる。〈かのもの〉はすべてのもののいずれでもないが、すべてのものは〈かのもの〉から生じるのである、と。しかし、すべてのものは〈かのもの〉から流出するのであるが、第一の《同一性》――私は精神の《同一性》を意味している――が、媒介なしに〈かのもの〉から流出するのである。その次に、その《同一性》から、英知界および感覚界におけるすべての事物の《同一性》が、精神の《同一性》、および英知界という媒介を通して生じてくるのである。

（『アリストテレス神学』第一〇巻、山内訳）

ここで登場する《同一性》というのがきわめて重要である。この《同一性》は、プロティノスのギリシア語テキストでは「タウトン」である。これは特殊な用語ではない。『アリストテレス神学』のアラビア語テキストでは「フウィーヤ」となっている。この「フウィーヤ」が曲者である。私はこの「フウィーヤ」の起源と内実を求めて、アラビア語を学び始めた。井筒俊彦『意識と本質』に、この「フウィーヤ」が、ドゥンス・スコトゥスの〈このもの性〉と同じだと書いてあったのである。「フウィーヤ」を求める哲学史の旅が始まったのである。

「フウィーヤ」は、ギリシア語の存在（エイナイ）や存在者（オン）の訳語として用いられるという伝統もあった。これは「フウィーヤ」という抽象名詞が、「フワ」というコプラとしても用いられたことと関係している。「A is B」の is として用いられるのが、「フワ」であり、しかもこの「フワ」が第三人称の代名詞としても用いられ、したがって「フワ　フワ　インサーン」（彼は人だ）というようにも使用されたのである。「フウィーヤ」が《同一性》という意味になるのはとりあえず以上のような背景がある。「自体性(perseity)」と訳されたりもした。自己同一性を指すものとして用いられたのである。《同一性》とここで訳したのはそのような経緯による。〈一者〉という普遍者から現れてくる意識を有する個別性に関連するものと考えれば広い意味での《同一性》と考えてよいと思う。

この箇所は、単なる《同一性》を表すのではないような文脈の内で用いられている。ここでは歴史的経緯には立ち入らないで独断的結論だけ述べておくことにするが、《同一性》とは、〈第一者〉と多(被造物)の媒介であり、同時に一なるものが多なるものへと展開生成する過程と力でもあるということだ。変化生成においてとどまるものであり、だからこそ媒介としての機能を持つことができるのだ。

フウィーヤという謎

この箇所は、謎めいた意味を有する「フウィーヤ」、しかも「存在」や「存在者」という意味以外で用いられる、珍しい用例の「フウィーヤ」が何度も登場し、しかも重要な役割を与えられているためなのか、アヴィセンナも注目したらしく、「『アリストテレス神学』へのメモ」の中で、詳しい考察を加えている。その要点だけ紹介しておくと、次のようになる。最初の被造物、正確には創造された知性の《同一性(フウィーヤ)》は、自分自身についての知性理解と、〈第一者〉についての知性理解から構成されている。被造物を分析していくと、最終的には、①〈本質(mahiyya)〉と、②〈第一者〉に由来する〈存在〉に行き着く。その場合の〈本質〉は、〈本質〉である限りで創造された〈本質〉、言い換えれば〈本質自体〉ではなく、〈存在〉が〈本質〉と結びつけられた限りにおいて創造されたものである。

〈本質〉は、それ自体で捉えられる限り、①〈本質〉と、②〈本質〉をして必然的に〈存在〉に至らしめる〈第一者〉の〈存在〉との集まりではなく、むしろ、〈存在〉が事物に偶有するのと同じように、〈本質自体〉に関係しているのである。要するに、創造されたものにおける〈本質〉が、〈本質自体〉に対して有する関係は、一種の偶有性なのだ。さらに、この〈本質〉の〈存在〉は、〈存在〉そのものではなく、また、〈存在〉が偶有的に付加される(lahiq)事物なのでもない。〈本質〉の〈存在〉は、〈本質〉に付加される〈存在〉そのものであり、しかも、それに偶有的な仕方で、〈存在〉が帰属するかが問われうるような、他の〈存在〉なのではない。それは〈存在〉それ自体なのであり、偶然的〈存在〉とか必然的〈存在〉よりも一般的なものなのである。

目が眩むような議論だが、乱暴に論旨をまとめると、《同一性》とは、存在としての存在、本質としての本質というように、「AとしてのA、Aである限りのA」として表現され、一種の自己関係としてあり、その作用の結果として産み出される多様性との関連なしに捉えられるものである。〈存在〉そのものが純粋状態であるとすると、その最初の結果の〈知性〉は、自己関係によって、〈存在〉以外の規定を有するようになり、一種の多様性を有するようになったが、その多様性は最小限の多様性であり、十全な多様性が現実性、個体性であるとすると、現実性や個体性を支える原理としてあるということになるだろう。

ここでは、アヴィセンナの考えを分析することは断念し、その芳しい香りを味わうだけにとどめるが、現実化、個体化がプロセスとして捉えられ、その過程を担うものが《同一性》として捉えられていることだけは押さえてもらいたい。さらに、一点だけ付け加えておくと、〈存在〉とは〈本質〉と別個ではないにもかかわらず、〈存在〉は一種の偶有性なのだ。難しいことのようだが、これは西田幾多郎（一八七〇—一九四五年）の「純粋経験」と同様に、我々が生まれてから死ぬまで毎日行っていることだ。当たり前にものを見、ものが見えることに誰も驚かないことが、無限の複雑さを有した奇蹟であることと類比的なのだろう。〈存在〉の偶有性を直感的に理解しようとすれば、サクラの〈存在〉が満開のときに現れることを考えてもよい。偶有性とは、本質の外部にある、あってもなくてもよいものではなく、本質の「器」なのであり、本質を支えるものであるがゆえに、本質の外部にあるものなのである。本質の外部を偶有性といえば偶有性なのだが、ここでは特殊な意味での偶有性が問題なのだ。

蛇足(とはいえ本質的なことなのだが)になるが、アル・キンディー(八〇一頃―八六六年頃)が『第一哲学』で述べていることは多少光を与えてくれる。キンディー自身、『アリストテレス神学』の編集と関わりがあったことが指摘されているし、次の箇所は内容的にも連関しているからだ。

存在化(tahawwi)とはすべて、存在していないものを存在させる受動作用に他ならない。したがって、神の第一者から一なるもの[=被造物]が流出するのは、感覚可能なものとそれに付随するものが存在化すること(tahawwi)に他ならない。したがって、感覚可能なものが各々存在するのは、真の第一者が、自分の現実存在(huwiyya)によってそれらを存在化するときなのである。(中略)永遠でないものは創造されたものであり、換言すれば、その現実存在(huwiyya)はその原因に由来するものである。ゆえに、存在化を受けるものは創造されたものであり、存在化の原因は真の第一者であり、創造の原因は第一者ということになる。

(アル・キンディー『第一哲学』、山内訳)

ここでは、現実化、個体化のプロセスが、「存在化」として捉えられ、その「存在化」の相がフウィーヤとして考えられているのだ。ここでは、「現実存在(フウィーヤ)」と訳してみた。フウィーヤは当時のアラビア語でも様々な用法があったらしい。何か一義的な意味があるかと思い、フウィーヤの森に入り込んでいった結果分かったのは、フウィーヤには様々な意味があったということなのである。ともかくも、訳語の違いに示されるように(この訳語の選択はまったくの試案である)、多少意味合いの異なる「フウィーヤ」が登場しているとも言えるが、問題領野はまったく同じであると思われる。

このように、《同一性》とは、媒体、媒介者なのであり、同時に生成のプロセス、存在化、現実化を表すものなのだ。しかし、媒介は、言葉やコミュニケーションの場合においてもそうであるように、案外見落とされやすい。その理由は、媒介には始点と終端に向かう、二つの顔があり、その二つの顔を通してしか、媒介は姿を現さない、しかも始点に向かう顔と終端に向かう顔が、それぞれ始点と終端と取り違えられて、媒介は何もない「空虚な真ん中」ということになってしまうからかもしれない。しかし、相対立するものの中間にあるような媒介は、その中間にあるというだけでは媒介にはならない。媒介になるものは、あくまで同時に二つの顔を持った存在である。言い換えれば、始点でも終端でもないが、同時にそのいずれでもあり得ることが媒介の本来の姿だ。もちろん、媒介が一種の関係として捉えられ、項に対する関係の先行性が語られるだけでは、媒介ということは理解されない。また、媒介にある二つの顔を別個のものとして独立させて考えればやはり誤りに陥るだろう。二つの顔が実は一つのものであること、いや一つのものの異なる現れであることが知られて初めて、媒介は媒介となろう。

さて、このようにプロティノスでは〈第一者〉は〈存在〉ではなく、あくまで〈存在〉の源泉なのであり、イスラーム哲学では〈第一者〉は〈存在〉として捉えられているという違いはあるが、〈存在〉の自己展開、一般者の自己限定のモチーフが示されているということでは共通している。このモチーフが中世にそのまま流入したわけではないが、様々な道を介して流れ込んでいることは確かだ。

そのモチーフを多かれ少なかれ、一二世紀後半の実在論者と言われる人々は受容したのだ。スコトゥスは、直接なのか、ガンのヘンリクスを介してなのか、判然とはしないが、大きな影響を受けているのは明確であり、それを自家薬籠中のものとして取り入れ、独自の思想を展開したことは確かである。

次にこれまた大きな課題となる存在と本質の関係について概観を試みておく。

3　存在と本質

存在と本質をめぐる問題については、ジャン＝ポール・サルトル（一九〇五―八〇年）の「存在は本質に先立つ」という言葉が有名だ。中世哲学では、本質が存在に先立つとされていたが、「実存主義」では先後関係が逆になるというのだ。その際、「存在は本質に先立つ」という言葉は、理論よりも実践を、思索よりも行動を先立てよ、「見る前に跳べ」という意味合いで捉えられていた。言うまでもないが、理論なき実践は、概念なき直観と同様に無謀だ。

かたや、本質から存在を導出することができるのかという問題の場合、もちろん、被造物の場合は可能であるはずもないが、神においては、本質が存在を含むが故に、神の存在証明の可能性と関連づけられて考えられる場合もある。ここでは、問題の全体を見通すことはできないため、個体化の問題と関連させて考えてみることにしよう。

さて、存在(英 existence)と本質(英 essence)は、日本語にすれば、「……があること」＝存在、「……であること」＝本質として整理されることが多い。たとえば、小説に登場する人物の本質をいくら蓄積しても、その存在には到達しない、つまり、いくら「……であること」を積み重ねても、「……があること」にはならない、ということはよく分かることだ。しかし、存在と本質の問題は本当にそういう問題なのか。なぜならば、もしそういう問題であるとすると、中世において論じられた、本質と存在の実在的区別とか、存在の偶有性説とかは理解しにくいものとなってしまうからだ。

「本質」とは何かと問われると答えにくいのだが、本質(essentia)と自然本性(natura)と何性(quiditas)はほぼ重なり合うものであり、本質とは〈或るものをそのものたらしめているもの〉と考えてとりあえずよい。

この本質をめぐる事態について、トマス・アクィナスは『存在者と本質』という名著で、革命的な整理を行っている。本質－自然本性は、①個々の事物の内にある場合、②魂の内にある場合、③絶対的に考察される場合、という三つのあり方があるというのだ。

絶対的な考察(absoluta consideratio)は、中世存在論の鍵をなすもので、アヴィセンナの影響を受けていることは歴然としているが、言語表現としては、たとえば「人間である限りの人間(homo inquantum homo)」に見られるものだ。この表現を主語とした場合、真となる述語は、本質そのものに含まれるものでしかない。つまり、「この人間－ソクラテスは白い」という命題が真であっても、「人間である限りのソクラテスは白い」というのは偽である。「白い」というのは人間の本質に含まれないからである。さらに重要なのは、「人間である限りの人間」は一(普遍)でも多(個物)でも、事物の内にも精神の内にもなく、可能態としてあるのでも現実態としてあるのでもない、ということだ。整理すれば、すべてのものは、Aか非Aのどちらかであるとして、「人間である限りの人間」はAでも非Aでもないことになる。矛盾対立する選択肢があって、すべてのものがどちらか一方に当てはまるとしても、「人間である限りの人間」＝絶対的に考察された本質は、選択肢のどちらでもないのだ。この「絶対的に考察された本質」は、後にドゥンス・スコトゥスにおいて、「共通本性」として継承される。「共通本性」と言っても共通なものとして捉えられているのではなく、アヴィセンナの〈本質自体〉と重なり、中立無記的なものである。

絶対的に考察された本質(簡略を期すため〈本質自体〉と呼ぶことにしよう)は、排中律を受け入れないものだ。これはどういうことなのだろう、いやむしろ何が問題となっているのだろう。実はここにこそ、若きトマス・アクィナスがイスラーム哲学の精髄を受容した結果生じた転回点が見られる。

アヴィセンナは『形而上学』第五巻の冒頭において、ここまで述べたのと同じ議論を展開しているが、その議論の最後で、簡潔に「馬性それ自体は馬性に他ならない(Equinitas in se est equinitas tantum)」と整理している。西洋中世では、さらに簡潔に「馬性は馬性に他ならない(Equinitas est equinitas tantum.)」として流布することになる。この〈馬性の格率〉こそ、西洋一三世紀後半の実在論の核心をなし、謎の合言葉のように頻繁に使用されたものであった。

〈馬性の格率〉

なぜ〈馬性の格率〉が頻繁に使用されたのか。それは、〈本質自体〉が矛盾対立する選択肢「Aまたは非A」のいずれでもないことは、〈本質自体〉はAと非Aに対して中立無記的(indifferens)であることを示すからだ。そして、中立無記性とは、〈本質自体〉はAと非Aのどちらでもないが、Aと非Aのどちらにもなり得ること、言い換えればAと非A

の両方を潜在的に含んでいるということにつながるのである。

ここで、Aと非Aという二つだけの選択肢でなく、無数の選択肢に置き換えてもよい。人間の〈本質自体〉はどの人間でもないが、どの人間にもなりうる。ということは、〈本質自体〉は、この現実世界に存在する無数の個物の原型としてあるということになる。神の知性の内にある〈本質自体〉というのが分かりにくければ、ゲノムのことを考えればよいだろう。

〈本質自体〉は、ほぼ無数の可能性を潜在的に、それぞれの可能性に対して中立無記的に含み、それらの可能性を一なるものとして含んでいるのである。このような〈本質自体〉があるとすれば、一つの種は同じ本質を有し、しかもその種に無数に多くの個体が下属することのモデルが得られる。

このような〈本質自体〉が考察されるのは、論理学の内部においてではない。これは大事なことだ。というのも、そのようなものに述語を与えることは、メタレベルの述語を除けば困難なのだ。だから、アヴィセンナは「馬性それ自体は馬性に他ならない」と述べたわけだ。

論理学の内部でなければ、形而上学の内部においてだろうか。そう捉えることは一面において正しい。ただ、〈本質自体〉が、事物の生成、いやむしろ神による創造の場面を問題にしている以上、形而上学と同時に神学にまたがる概念であると考えた方がよい。

神の意志や知性を必ずしも持ち出さなくても議論を進められる以上、形而上学の問題として論じられるというのが要点となる。そうであるとすると、神による創造を何ら語っていない、アリストテレスの『形而上学』も神学書として、創造を語ったものとして読めることになる。少なくとも、アリストテレスの『形而上学』を、キリスト教であれ、イスラーム教であれ、その神学に取り込む可能性が生じてくるのだ。

神学の方はとりあえず脇に置いて、事物の生成の側面について考えよう。〈本質自体〉が事物の生成に関わると言っても、事実的生成や時間的生成を述べているのではない。プロティノスにおいて、「〈私〉とは何か」という問いが、「〈私〉はどこから来たか」というように、起源を問う方向で設定され、生成を語ることが同時に、〈私〉のあり方・構造を問うことになっていたことは思い返されてよい。

さて、〈本質自体〉は、イデアやゲノムのように、原初の状態でもあるのだが、その特異性は、同時に生成のプロセスを含んでいることだ。つまり、この〈本質自体〉が、プロティノスにおける《同一性》、イスラーム哲学における「フウィーヤ」に対応することを、読み取ることは難しくない。

話はまだ続く。存在と本質の問題との関連はどうなったのだろうか。ここで三つの項を考える必要がある。存在論の三項図式といえばよいだろう。本質(essentia)−存在(esse)−存在者・〈存在〉(ens)というのがその図式である。これは、例えば、生命(vita)−

生きること(vivere)－生物(vivens)に類比的であるとか、光(lux)－光ること(lucere)－光るもの(lucens)と類比的とされたりする。むしろ、本質－存在－存在者とは、それ以外の三項図式の範例的なものであり、生命は生物の、光は光るものの本質なのである。

ここで確認すべきことはいくつかあるが、第一の論点は、本質は一つの種の属するすべての個体にとって同一であり、また個体は現実化して初めて成立すると考えれば、本質の方が先立つということである。第二の論点は、本質が現実化して、個体が成立する以上、上の三項図式は、現実化、個体化の図式でもあることだ。第三の論点は、存在とは「生きること」や「光ること」と同様に、現実化、個体化、いや現実作用なのであるということだ。

確かに、本質と存在は、「何であるか(quid est)」という問いの答えが本質で、「存在するか(an est)」という問いへの答えが存在として、語られる場合もある。そして、こういうアリストテレスの『分析論後書』の論究に従う議論においては、本質とは「……であること」、存在は「……がある」という理解でよい。しかし、存在論の三項図式で語られる場面においては、かなり異なってしまう。

ここで、存在(esse)とは現実化でもあるが故に、現実存在(existentia)と重なる場合も出てくる。こうなって初めて、存在(existentia)と本質(essentia)の問題が登場してくる。しつこいようだが、繰り返すと、存在と本質の問題は、「である存在」と「がある存在」

の問題などではない。

本質は、現実に存在しないものでも、可能な存在者であれば、有することができる。換言すれば、すべての本質が、現実化する個物の中で具体化されるのではない。本質が存在を有するかどうかは、神という必然的存在者を除けば、本質からだけでは決定されない。その意味で、存在は本質に含まれず、外から付加されるものだから、本質にとって偶有的なものである。

存在の偶有性

では、これがアヴィセンナの有名な「存在の偶有性」なのだろうか。もしそうだとしたら、トリヴィアルだし、しかも、神が被造物の本質に基づいて、存在するかどうかを決定したのだとすると、神の意志はかなり無計画的なものとなる。そんなバカな理論をアヴィセンナが述べるはずもない。

もちろん、存在が本質に含まれているはずもない。もしそうだとすると、神の創造に関しては絶対的必然性が支配し、神の意志や愛など機能する余地を失うし、人間の経験や歴史というものはほとんど意味を失ってしまうだろう。すべては最初の状態に書き込まれているのだから。

当然のことながら、存在は本質に含まれているのでもなく、含まれていないのでもなく、存在と本質は同じでも異なるのでもない、というのが話の発端である。曖昧なことだろうか。真理はすべて中間・中庸にあるのだから、曖昧になるのは当然であり、だからこそ、人間は無限に多様な言説を語ることができるのだ。

ただし、存在と本質がまったく同じなはずはないから、異なるものとする必要がある。すると問題は、どのように差異を設定するかということになる。

ここで、存在論の三項図式を思い出してみよう。存在とは、本質の現実化の結果や全面的な現実化ではない。むしろ、作用だ。作用というのはどういうことなのだろう。もし本質が、すべての規定性が分節化し、展開され終わった状態であるとすると、存在は最後の仕上げ程度のものである。

しかし、本質が、実は〈本質自体〉としてあって、すべての規定性が潜在的なものにとどまり、一つのものとして融合していて、現実化の過程の中で、潜在的なものが展開されて、徐々に様々な規定性として現れてきて、しかもそのような潜在的なものの分節化が、「〈存在〉の顕現」であるとしたら、どうなるのだろう。換言すれば、〈本質自体〉の展開が〈存在〉の顕現であるとしたらどうなるのだろう。その際、本質は、〈本質自体〉の展開のプロセスを、一つの時点で固定化して、言葉の枠内に定着させたものだろう。本質とは、事象の生成のいわば切断面なのだが、〈存在〉はそのような切断面としての本質に含まれるものではない。その場合、〈存在〉は本質にとって偶有的なものとなるのである。急ぎ足でまとめれば、〈本質自体〉の展開過程における〈存在〉の自己顕現と、〈存在〉の偶有性説とは、論理的に等価な存在の幅を持ったプロセスと考えると、先立つフェイズが本質存在(esse essentiae)であり、後に来るフェイズが現実存在(esse existentiae)である。〈本質自体〉は純然たる本質存在であり、現実化した個物は純然たる現実存在である。なお細かいことだが、本質存在という用語は意味に揺れが見られるが、本質とは異なるものであり、〈本質自体〉と重なるものである。

ここまで見てくると、存在論の三項図式とは、存在というプロセスが本来的なものとしてあって、その先立つフェイズが本質であり、後に来るフェイズが個物であるということになって、〈存在〉の顕現という事態を、三項図式に収め込んだものということが見えてくる。

話が少し入り組んだようだ。かなり煩瑣な議論になったが、ここでの整理は、中世哲学の様々な議論・テキストを乱暴に乱暴を重ねて、冒瀆的なぐらいの単純化を行った結果なのである。哲学史の解釈としては山ほど問題はあるのだが、スコラ哲学の難解な概念の森も、その基底にあるのは平明な常識、場合によっては直感のはずであり、それを取り出したいのだ。

さて、再び概念の森に入っていこう。もちろんのこと、私も鬱蒼たる概念の森の中で迷いながら散策することを好んでいるのではない。習い、性となるためか、やぶの雑草を一本一本鑑賞するのも好きになってしまったが、概念の森は駆け抜けた方がよいに決まっている。ここもできるだけ早足で通り抜けることにしよう。

存在と本質の問題が以上のようであるとすると、そこにはプロティノスに発する流出論の流れが強く見られることが明らかになってくる。流出論とは、私の理解によれば、一者から、他のものが段階を踏んで徐々に流れ出してくる、発出してくるといったものではない。流出や発出は、起源からの生成についての比喩的な語り方であり、問題となるのは生成のメカニズムについてなのだ。流出や発出ということは、それだけでは、起源から生じてくるということ以外には、少しのことしか伝えてくれないのだ。

4　普遍から個体へ

乱暴ながら、《同一性》が、生成のプロセスを表すものであることを見たわけだが、普遍論争との関連はどうなったのだろうか。先に、アヴィセンナの「馬性云々」の格率を見たが、その一節を翻訳しておく。

馬性はそれ自体では馬性に他ならない。馬性は、それ自体では一でも多でも、事物の内にも魂の内にも、可能態としても現実態としても存在しておらず、(中略)単なる馬性である限りで存在しているのだ。一性は、馬性に結びつけられる属性であって、この属性によって馬性は一なるものとなるのだ。

同様に、馬性は、その属性以外にも、馬性に入り込む多くの他の属性を有している。馬性は、数多くの事物に適用される条件を伴っている場合、共通なものとなるが、指定された属性や偶有性とともに捉えられる場合には、個物となる。したがって、馬性はそれ自体では馬性に他ならないのである。

(アヴィセンナ『形而上学』第五巻、山内訳)

「馬性」の中立無記性がここで示されているわけだ。「馬性」でも「人間性」でも同じことなのだ。アヴィセンナは次のように述べる。

もし上記の問題について、人間性である限りの人間性の《フウィーヤ》を、ある事物を一つの主語とする場合と同じように、主語に置き、矛盾対立する語のいずれかを問う仕方で、例えば「それは一か多か」というように、問いが立てられるならば、いずれとも答える必要はない。というのも、人間性は、人間性の《フウィーヤ》である限り、矛盾対立する両項のいずれでもないからである。そして、人間性の定義の内には人間性しかないからである。

(同書)

この箇所の「フウィーヤ」は、本質(essentia)と訳されてきた。訳しとばして、訳文に反映させなくとも、意味にずれはほとんどない。にもかかわらず、何度となく使われていることには意味があるのだろう。

「馬性自体」と「馬性である限りの馬性」と「馬性の《フウィーヤ》」が、同じものであることは文脈上、容易に予想がつく。前節で用いた用語を再び援用すれば、こういったものを〈本質自体〉と呼んでよいだろう。

〈本質自体〉はそれ自体で考えられる限り、中立無記的なものだ。ドゥンス・スコトゥスはそこに「潜在性」や「融合的内含」といった内容を付け加える。その場合、中立無記性は、〈存在〉の空虚さを表すのではなく、〈存在〉の豊穣さを表すものとなる。〈存在〉そのものが空虚なものと表象されるのは、近世以降のことであろう。近世に入って、「存在としての存在」は、「存在一般＝類として捉えられた〈存在〉(ens in genere)」と同一視されるようになる。そして、存在論という語は一六世紀に発明されたにしろ、存在論そのものは守旧的な神学部を除けば、大衆化した大学の教科書の中にしか登場しなくなっていく。存在論は形骸化し、〈存在〉の豊穣さを語る者はいなくなっていった。

存在の忘却があったとすれば、近世以降のことだろう。中世の存在論は、存在‐神学(Onto-Theologia)であって、〈存在〉ということで、神のことが考えられ、〈存在〉が開示される本来の場が考えられなかったと評されることも少なくない。しかし、中世において、〈存在〉が豊穣なるものであったとすれば、その豊穣さは、〈一者〉からの流出から、個体における個体化に及ぶことを含んでいた、と言える。

話を戻すと、〈本質自体〉は、主語‐述語からなる命題という〈形〉には収まりにくいところがある。しかし、〈本質自体〉が〈形〉と無縁であることは、〈かたち〉を持たないことを意味しない。〈本質自体〉の方が〈形〉を準備するものだ。別の言い方をすれば、普遍とは、述語となることの可能性(praedicabilitas)を語るものであり、個体化の原理とは、主語となる可能性(subicibilitas)を語るものであったのだ。要するに、普遍も個体化も、主語‐述語からなる命題が成立する、可能性の条件を問うものだったのであり、命題に収まりにくいことはあまりにも当然のことなのだ。命題を使って考えている内に、命題の可能性の条件を問うていることが忘却されていったのだろう。

さらに、〈本質自体〉は純粋なままにとどまるものではない。指定された属性や偶有性によって、一なるもの＝個物ともなる。〈本質自体〉は何ものでもないが、特定の範囲の内においてだが、何ものにでもなりうるということだ。人間性という〈本質自体〉は、種でも個物でも何ものでもないが、個体化されれば、人間という種に属するいずれの個体にもなりうるものである。

〈本質自体〉と普遍

西洋中世の実在論者と目される人々が、イスラーム教という敵対する宗教に属する哲学者であるアヴィセンナを、好意的に受容したのは、〈本質自体〉の発想の中に、実在論者の求めていたモチーフが存在していたからだろう。

アヴィセンナが『形而上学』第五巻の冒頭で、三種類の普遍を持ち出し、その中で第三番目に「複数のものに述語づけられると考えることが許容されるもの」という、普遍の定義を持ち出したとき、アリストテレスが出した普遍の定義、「複数の事物の内、複数の事物の述語(in multis et de multis)」を、〈本質自体〉と結びつける道が与えられたのだ。

〈本質自体〉は勝義の普遍ではないが、それは必ずしも重要なことではない。とにかく、それは一種の普遍なのだ。その点に関して、中世の実在論者は慎重であり、だからこそ、〈本質自体〉を、「絶対的に捉えられた本性(natura absolute considerata)」、「本質存在(esse essentiae)」、「共通本性(natura communis)」などと様々な異名をもって呼び習わしたのだろう。

数多くのギリシア・ラテン教父、アリストテレス、それ以外の典拠とされる哲学者のテキストが存在していたにもかかわらず、なぜあれほどまでにアヴィセンナの『形而上学』が参照指示され、普遍に関する所説が重視されたのだろうか。

それは、中世の実在論者と言われる人々が、実在論ということで何を求めていたのか、ということと関連があるはずだ。一三世紀の実在論者は、一二世紀の実在論者のように、素朴に普遍が事物の中に存在するというようなことを述べたわけではなかった。だから、哲学史的には、一三世紀の実在論は「穏健な実在論」と呼ばれたりもする。しかし、「穏健」というのはどういうことか。

「穏健な実在論」もずいぶんと幅があるのだから、かなり便宜的な名称でしかないのだが、新しい中世哲学の地図はまだ完成していないから、ここではそれを使い続けることにしよう。その際、幅があるということは、理解の不足に起因するとも言えるが、逆に、ある思想からの距離を測る尺度があるということにもつながる。問題となるのは、様々な典拠(auctoritas)からの距離のことだ。

中世において、典拠と見なされたものは、代表的なものだけ挙げても、聖書、アンブロシウス、アンセルムス、アリストテレス、アウグスティヌス、アヴェロエス、アヴィセンナ、ボエティウス、キケロ、偽ディオニュシウス・アレオパギタ、大グレゴリウス、ヒラリウス、サン゠ヴィクトルのフーゴー、ヨハネス・ダマスケヌス、イシドルス、ペトルス・ロンバルドゥス、サン゠ヴィクトルのリカルドゥスなどがあるが、距離を測るために四つの定点を定めれば、「アリストテレス、アウグスティヌス、アヴィセンナ、アヴェロエス」が有力なものとなる。中世の思想空間とは、この四つのAに囲まれた平面、もちろん連続的ではなく、至るところに亀裂と断崖が潜んでいる空間として表象できるだろう。四つのAからの隔たりによって、中世の哲学者の場所は定められる。四つのAのいずれをも排除せず、中央部に位置する、曖昧な広がりこそ、「穏健な実在論」と呼んでよいと思われる。四つのAに囲まれた空間は一三世紀半ばまで西洋中世を支配し続ける。しかし、トマス・アクィナス以降、四つのAに囲まれた魔方陣は綻《ほころ》び始めるのだ。

「複数のものに述語づけられると考えることが許容されるもの」という、緩やかな普遍の定義が出されることによって、普遍は、論理学の範囲の内に、つまり論理学者の圏域にとどまらず、存在論の世界にも及ぶことになる。そのとき、アリストテレスの権威、オルガノン(論理学書)のみならず、『形而上学』や『自然学』といった著作をめぐる権益は、実在論者の手中に収まる。一三世紀が一二世紀と違っていたのは、続々と翻訳されるアリストテレスの著作とその権益をめぐる闘争があったかどうかだ。

とはいえ、権益闘争としての普遍論争の側面は、まだ誰も著していない他書にゆずり、ここでは、存在論の問題として普遍論争を見よう。実在論者が求めていたのは、生成と媒介を司る普遍であった。唯名論者が主張するように、普遍は命題か、概念において存在するとすれば、生成には関わりにくい。生成と媒介といえば、どうしても神の創造の問題を顧慮するしかないし、そういった問題圏域で話が進められる。もちろん、そうなると、神の意志と知性の関係、なぜこの世に悪が存在するかという問題、神の全能の問題、三位一体の問題、父と子、聖霊の発出の問題など、そういったものをすべて関連させて整合的に語る枠組みが必要となるし、説明するにしろ、そういったものの概念めぐりをするしかない。そうする余裕も能力もここではない。ただし、生成と媒介の構図は、かなり基本的な枠組みを構成していたことは明確だ。関連する問題領野を踏破しようとすることは、傲慢の罪悪であろう。ここでは、個体化の問題にどう関わるのか、そして、〈私〉ということのリアリティに何をもたらすか、見ていくことで、話を収束させていこう。

5 個体化論の構図

ここまで見てきたことから示されるように、普遍の問題とは、論理学の問題というより、存在論の問題であり、しかも生成に関わる事柄なのだ。しかも、存在と本質の問題とも連動してくるものであり、どの道をたどっても、アヴィセンナの「馬性は馬性に他ならない」という格率に帰着するところを有していた。個体化の問題を探っていっても、腐れ縁とでも言うしかないのか、やはり〈馬性の格率〉に出くわしてしまう。ここで、個体化の問題に参入することで、〈私〉ということのリアリティについて一瞥を加えておこう。

さて、個体(individuum)とは、「この石」や「この机」もそこに含まれ、本来必ずしも「個人」と同じものではないのだが、個体化の問題は、人間の個性・ペルソナといった問題と連動している。特にその傾向は、ドゥンス・スコトゥスの個体化論には顕著である。

ドゥンス・スコトゥスが個体化の原理として〈このもの性(haecceitas)〉を提出したことはよく知られたことだ。スコトゥスが属していたフランシスコ会の源流には、近代的個人の先駆けともなるフランシスコが聳え立っていたし、スコトゥスの〈このもの性〉そのものが、個人に備わる特有なものとして、個体化の原理を考えた結果、得られたものだ。そこに大きな変化があったことは確かだし、しかも、スコトゥスが無批判的に受容したということではなく、アヴィセンナを批判的に継受していたことは、繰り返しになるけれども、重要な論点だ。〈存在〉の一義性をめぐる問題、存在と本質の問題において、見てきた以上のことは、個体化の問題に含まれていないのかもしれない。もちろん、問題が異なれば、語る枠組みも異なってくるが、他の問題圏と通底しているのは、同じ論点の繰り返しというより、或る大きな思想の枠組みが控えていて、その結果として、〈存在〉の問題から個体の問題に至る問題の流れを、一つの系列に取り込んでいるのだろう。そして、ここではそれを、〈存在〉の自己限定という発想に見たいということだ。

個体化の原理の大枠はそれ自体では複雑なものではない。「人間」という種が、「動物」という類を「理性的」という種差で限定することによって定義されるように、「ソクラテス」という個体が、「人間」という種を〈このもの性〉という個体化の原理によって限定することで与えられるという構図である。図式化すれば、種＝類＋種差(種的差異)、個体＝種＋個体化の原理となる。

様々な個体化論

中世哲学では、個体化の原理がいったい何なのかについて様々な議論があった。スコトゥスは、個体化論を大きく三つに分け、さらに三番目の立場を四つに分け、その四つに分けたものの一つに自分の立場をおいている。

(1) 実体は自らによって、すなわち自らの本性によって個体(individuum)であり、個物(singularis)である。
(2) 実体は、二重否定によって個体である。
(3) 実体は、肯定的内在的なものによって個体である。
(3a) 実体は、その現実態としての現存在(existentia actualis)によって個体である。
(3b) 実体は、量によって個体・個物である。

(3c) 実体は、質料によって個体である。
(3d) 実体は、自体的に本性を個別へと限定する何らかの存在性によって個体である。

(1)が、実体はそれ自体で個体なのだから、他に個体化の原理は必要ないとするものである。個物主義と言ってもよい。オッカムもこの立場であり、ほぼ「唯名論」の立場と言ってもよい。

(2)は二重否定によって、つまり「分割の否定」と「他のものとの同一性の否定」という二重否定によって個体が成り立つとするものである。ガンのヘンリクスの立場である。

(3)の立場は、個体化は否定的なものではなく、実体に内在する肯定的なものによって、成り立つとするものである。

肯定的個体化原理論の内、最初のもの(3a)が「現実存在、現実態としての現存在」をそれとするものである。ファルコのペトルス(一三世紀の神学者、生没年も不詳)の説と確認されている。

二番目のもの(3b)は、量によって個体化が成立するとするものであり、フォンテーヌのゴドフロア(一二五〇以前—一三〇六／〇九年)、アエギディウス・ロマヌス(一二四三／七—一三一六年)の説とされている。容積や重さや限定された次元によって個体化が成立するという立場であった。

三番目のもの(3c)は、トマス・アクィナスの個体化論であり、指定された質料(materia designata)によって個体化が成立するというものである。時間規定・空間規定によって限定された質料によって、個体化が成立するとするものであり、天使といった非質料的実体には適用できない。

四番目のもの(3d)が、スコトゥスの立場であり、スコトゥスは、個体化の原理として、〈このもの性(haecceitas)〉を挙げる。スコトゥスは、個体化の原理を実に様々な言葉で呼ぶ。「個体的差異」「個体的事象性(realitas individualis)」「個体的存在規定(entitas individualis)」「個体的強度(gradus individualis)」等々。そして、〈このもの性〉という言葉も、『パリ講義録』という特定の著作でしか登場しないと見なされ、本当にスコトゥスが使用したのかどうか、真正性が疑われたこともあった。真正性についての疑念は晴れたが、その内実についてはいまだに論争が尽きない。

詳しく個体化論を説明すれば一書を要するが、少しだけ付言しておく。(1)の立場が唯名論の立場と断言してよいかということである。オッカムにおいては、普遍は概念であり、概念は知性の中の作用として、限定されて登場するから個体でもあるという立場だった。普遍は存在しないというよりも、普遍は同時に個物でもある、というのが論点だった。だからこそ、この世に存在するものは、個体だけであると断言できたのである。普遍が客観的には(in rerum natura)存在しないということは、中世においては一般に認められていたことだ。つまり、能動知性が事物の中に普遍を構成する、というアリストテレス主義の立場は堅持されていた。その普遍性の起源がどこにあるのか、その記述の仕方が問題だった。この立場を急ぎ足に唯名論と整理するわけにはいかないことは、この立場が、一七世紀においてはスアレス(一五四八―一六一七年)やライプニッツ(一六四六―一七一六年)が採ったものでもあるからだ。ライプニッツが唯名論者であるというのはよいとしても(私は反対するが)、スアレスが唯名論者であるというのは、無理である。というのも、スアレスは明らかに唯名論者を批判する立場から論じる思想家だからである。唯名論の歴史については、別の書で論じるしかない。

スコトゥスが採ったのは、普遍は知性の内でしか成立しないが、普遍の萌芽というべきものが知性の働きとは独立に事物の中にあるとする立場であった。彼はその萌芽を「形相性(formalitas)」と呼んだのである。形相性は、個物が有する数的一性という確固たる性質を備えていないが、「数的一性よりも小さな一性」を有すると述べる。「小さな一性」とは、現実的に一性には到達していないが、一性の起源としてあるあり方を指している。

「小さな一性」があることを示すことは難しい。命題、つまり主語と述語からなる言語形式に収まるためには、普遍である必要があるが、小さな一性は形相性に宿るものであり、形相性の記述は、通常の主語述語形式の命題ではなされ得ない。スコトゥスは、形相性にも何らかの一性があることを示すために、或る形相性と別の形相性とが区別されることを示した。区別される以上、事物の中に根拠を持った(ex natura rei)差異が存在すると言える。その区別を形相的区別(distinctio formalis)と言った。正確には、「形相的非同一性(non-identitas formalis)」とかなり躊躇いがちに表現している。

形相性は普遍以前の、普遍に先立つ存在規定(entitas)であるから、述語として語ることはできない。しかし、「である限りの(inquantum)」という重化子によって取り出すことはできる。「人間としてのソクラテス(Socrates inquantum homo)」という表現を見ればその具体相が分かる。この表現は、「ソクラテスの中の人間性」という形相性を表現したものなのである。「人間としてのソクラテス」は命題ではないが、事物の内的構成を示しており、この内的構成は知性によって構築されたものではなく、事物の中に備わっているというのがスコトゥスの見解である。

オッカムが否定したのは、この形相的区別であり、そして同時に彼は形相性という微妙な存在者を不要であると考えたのである。形相的区別がなければ、個体化の原理は必要ない、というのがオッカムの言い分である。スコトゥスは形相的区別を認め、種的な存在規定と個体性との間に区別があるからこそ、個体化の原理が必要であると論じるのである。スコトゥスにおいて、この個体化の原理、つまり〈このもの性〉は、現実存在でも量でも質料でも否定でもない。ではどんなものなのかというのが問題なのである。

個体化論の大枠

中世哲学の枠組みはあまりにも煩瑣だ。現代に戻ろう。「本当の自分」「自分らしさ」の問題に近づけて、個体化論を捉えるとすれば、二つの類型を取り出すこともできそうだ。

① 「今・ここ」という時空規定――トマス・アクィナスの考えは、質料的実体、要するに被造物は、時間・空間において規定された質料(「指定された質料〔materia designata〕」)によって個体化されるとするものである。

② 唯一性――これはガンのヘンリクスが述べた「二重否定」を分かりやすく言い換えたものだ。ちなみに、「二重」というのは、〈内側〉においては一なるものにとどまり、〈外側〉では、他者から区別される、ということである。「かけがえのなさ」と言い換えることもできる。

「唯一性」「かけがえのなさ」ということは、個体性の原理として有力にも見える。しかしそれだけでは、否定的なものであって、しかも誰にでも共通し、初めから存在しているものだ。もし「個体化」ということが、論理的な問題ではなく、一人一人の人間が自分の個体性を発見し、それを獲得することで、「自分」を作り上げていくものだとすれば、個体化の原理は、各人においてそれぞれ異なり、積極的な規定を有し、生成の過程・プロセスを有するものでなければならない。

もし個体化が、概念が付加されて成立するものであれば、一人一人の人間の個性や個体化の問題とはあまり関係がなくなってくる。一匹の親から幾千と生まれてくる鮭の卵、孵化した稚魚たちは、それぞれ個体であり、もし個体化が概念的なものであれば、卵の時から個体化を完了していると言える。それどころか、浜辺の砂粒一つ一つが、波に濯《あら》われ砕けていく前には、個体性を有していると言える。

しかも、ここで依拠しようとしているドゥンス・スコトゥスは、彼の個体化論の到達地点である『形而上学問題集』において、「石の本性はそれ自体で個体なのか、それともある外的なものによって個体であるのか」という問題を論じ、その中で「このもの性(haecitas, haecceitas)」という語を用いている。すると、中世における個体化の問題とは、木村敏が統合失調症を「個別化の原理の障害」として論じたことと何ら重なるところを持たなくなってしまう。

たぶん、そういうふうに考えるのが理に適っているのだが、私は深読みをしたくなってしまう。スコラ哲学のスタイル・文体に韜晦《とうかい》を感じるからだ。スコラ哲学とは、概念の分析や詮索によって、枝分かれの多く、行く先も分からぬ、暗いモグラ道を進んでいくことではない。概念を使いこなせる者とは、鑿《のみ》の一振りが出来上がりの姿にとって何を意味するのか、瞬時に分かる仏師に似ている。

もちろん、概念であれ鑿であれ、訳も分からず振り回す人はいつの時代も少なくないが、正しいスコラ学者は煩瑣な概念の微妙な操作が直下の生にどう関連するか、知っていたはずだ。スコラ哲学にはリリシズムが溢れているのだ。

実際、スコトゥスの個体化の議論は、「石」などの例を使いながら、ペルソナ、人格を論じる枠組みと重なるところが多い。そして、新プラトン主義の伝統の中では、「〈私〉とは何か」を問うことと、存在論、宇宙創造論、霊魂論が重なっていたことを思い出してもよい。

話を先に進めよう。個体化は共通本性に新しい概念規定を加えないということ、にもかかわらず個体化はそこに生じている、そこに見られる錯綜をスコトゥスは「内在的様態(modus intrinsecus)」という概念で表現する。度(gradus)と言っても、強度、内包量、濃度と言ってもよい。

「赤」を例に取れば、濃いものも薄いものもある。特定の赤色には必ず特定の濃さが備わっていて、その結果、特定の「赤」としてある。しかし、この濃度、つまり「赤さ」というのは、「赤」に何を付け加えているのだろう。

スコトゥスの個体化論

スコトゥスは、個体化とは濃度、「赤さ」のようなものだと考える。概念規定の領野に最終的な概念規定が加わって、個体が析出してくるというのではなく、そのような最終的な概念規定は存在しないことを述べたのがスコトゥスの〈このもの性〉という語だ。

アヴィセンナがその『形而上学』第三巻と第七巻でこの問題（＝一は存在とは異なるものか）について述べていたことは次のように解明される。つまり、概念規定において自体的に理解されるところを越えたものは何であれ、偶有性である、というようにである。これは『形而上学』第五巻の「馬性は馬性に他ならず、普遍でも、特殊でもない云々」と言われていることと同じである。このことは、つまり、普遍と特殊のいずれも概念規定の理解には含まれておらず、いわば予め自然的な仕方で概念規定を前提しているということである。しかし、このことは、普遍とか特殊といったものを本来の意味での偶有性とするものではなく、むしろ融合的に内含されたもの(unitive contenta)とすることである。

（ドゥンス・スコトゥス『形而上学問題集』第四巻、山内訳）

スコトゥスは、〈存在〉の一義性を見たときにすでに示されていたように、アヴィセンナからの影響を強く受けていた。その影響は、個体化の問題にも強く見られ、その結果、〈このもの性〉という概念に行き着いた経路として、ありそうである。もしかすると、〈このもの性〉とは、〈存在〉の自己顕現の終極なのかもしれない。ともかくも、上記の一節で、スコトゥスがアヴィセンナの〈馬性の格率〉を大事に受容し、それを「個体化論」の鍵として立てられた「融合的内含」と結びつけて語っていることは、〈存在〉の一義性と〈このもの性〉が多分にアヴィセンナを介して結びついていることを暗示していると思われる。

融合的内含、内在的様態、形而上学的濃度、〈存在〉の様態といったことは、ほとんど同じ事態を指していて、おそらく、著作の執筆年代やスコトゥスの執筆環境によって、用語の差異が現れていると考えてよいようだ。ともかくも、そういった概念群の内実を知ることが要点である。

さて、話を戻そう。個体の内にある概念規定は、すべて種にある概念規定に含まれているとされるが、〈このもの性〉はもちろん種の概念規定の内部にあるわけではない。〈このもの性〉は、むしろ、概念規定に付け加わる様態(passio)であると、スコトゥスは述べる。その際のスコトゥスの力点の一つは、〈このもの性〉は偶有性ではなく様態であると解する点にある。

話は込み入ってくるが、重要な論点なので、少しこだわろう。身近な例でいえば、「水」の様態とは「氷」「雪」「湯気」「お湯」などである。それらはすべて「水」でなくなったわけではなく、「水」の様々な現れ方であり、化学的には「水」に何かが付け加わって生じたものではない。「塩水」や「砂糖水」の場合、化学的には異なる「塩」や「砂糖」という物質が加えられて、言い換えれば「偶有性」として付加されたものである。

「氷」は、一般的なものとしての「水」が限定・規定されて成立しているわけだから、内包においては、「砂糖水∨水」という場合と同様に「氷∨水」といえる。つまり、「氷」の内包は、「水」を越えているから、何かが「水」に付け加わって、「氷」が生じたといえるのであり、その意味で、何ものかが偶有的に付け加わったということはできる。もちろん、付け加わったのは「温度変化」だが、ここではスコラ的に「氷性」としておこう。「砂糖」は狭義の偶有性であり、「氷性」は広義の偶有性である。この広義の偶有性というのがクセモノである。というのも、アヴィセンナが「〈存在〉は本質にとって偶有性である」と述べたとき、アヴィセンナも広義の偶有性のことを考えていたらしいからだ。

ここで、〈このもの性〉が様態であるというのは奇妙だという反論が生じてくる。「人間」という共通本性に、〈このもの性〉という個体化の原理が付加されて、ソクラテスなどの「個体」が成立しているとすると、〈このもの性〉は様態ではなくて、様態を生み出すものではないか、という反論である。この反論にどう答えればよいのだろうか。「様態」という用語にスコトゥスがこだわるのは、「偶有性」との対比を考えているからである。ある事物の本来的概念規定に含まれないものは、広義の「偶有性」であるが、必ずしも外部から添加されるものとは限らない。スコトゥスは、「個体化するものはいかなるものであれ、偶有性である。しかし、本来の意味での偶有性ではない」と述べる。潜在的に含まれていたものが顕在化する状態は、狭義の「偶有性」ではない。個体化の理由は、外的なものに求められるのではない。

しかも、その「外的」なものが、実在的に異なるもの(他の事物)のみならず、概念規定の外部にあるもの(質料、現実存在、量、質)でもない。しかも、概念規定の内部にあるのでもない。つまり、外部にあるのでも内部にあるのでもないものが問われていることになる。この対立する両項がある場合、スコトゥスが中間のあり方として考えるのが、〈共通本性〉である。〈共通本性〉は〈本質自体〉の対応物である以上、概念規定の内部にあるのか外部にあるのかという問題設定は用をなさないと言ってもよい。

〈共通本性〉は、〈共通本性〉と異なったある積極的なものによって個体化される。しかし、この積極的なもの、〈このもの性〉は、本性に個別性のみを付加するように見えるが、〈共通本性〉においては、諸完全性が融合して、換言すれば融合的内含(continentia unitiva)によって一なるものが形成されている。その場合、〈共通本性〉と〈このもの性〉は、本性の度(gradus naturae)と個体化する度(gradus individuans)というように、異なる内包量として捉えられる。〈このもの性〉は「外から」個体化するのではない。〈存在〉も〈このもの性〉も、本質にとっては一種の偶有性だが、いずれも「外から」与えられる、というような偶有性ではない。というのも、〈存在〉の内には、すべてのものが潜在的に含まれる、ないし融合的に内含されているからだ。

スコトゥスにおいて、個体化の原理は、内側にすでにあるものでも、外側から付加されるものでもない。一滴の水が海に融合しながら溶け込んでいるように、そこから截然とした姿で現れてくるように、〈共通本性〉は〈このもの性〉とは別個のものでありながら、接続し、連続しているものだ。〈このもの性〉が個体化する過程は、微妙な差異でありながら、普遍が個体へと変容する断絶を乗り越える過程なのだ。気づかれないまま乗り越えられてしまう断絶は、いかに微細であっても落差と強度を備えたものなのだ。

6　〈このもの性〉という深淵

ドゥンス・スコトゥスの哲学が持っている特徴は、個体主義、普遍実在論、主意主義、存在の一義性、直観的認識、形相的区別、内在的様態など、様々に語られてきた。いずれもまた、トマスの哲学とは違った、分かりにくい陰翳を湛《たた》えている。その陰翳は、彼が四二歳の若さで亡くなり、「若書き」の著作としての性格を色濃く残しているためということもできる。しかし、彼の著作の難解さは、別のベクトルを表現していたと感じる。徹底的に論理で身を固めながら、その心根は抒情的だったのかもしれないと夢想する。

彼は、精妙博士(Doctor subtilis)とも呼ばれるが、異名としてマリア的博士(Doctor Marianus)とも呼ばれる。マリアの「汚れなき御宿り(Conceptio immaculata)」を擁護したからである。「汚れなき御宿り」とは、処女懐胎のことではなく、原罪を伴わない、原罪という遺伝性の罪を伴わない妊娠のことである。アダムが犯した罪はどのように遺伝によって継承されるのか。macula とは、「汚れ」と訳されるが本来「よごれ、ほくろ、しみ」のことだ。原罪がいかにして遺伝によって継承されるか、それは倫理神学的に考えれば、「汚れ」とは肉の罪、つまり性的快楽を通して継承されると考えられる。しかし、マリアの「汚れなき御宿り」とはその程度のものだったのだろうか。スコトゥスの存在の一義性には、海のごとき包容性が認められ、「海」の比喩をスコトゥスは好んでいた。マリアと海、それは親しく契合し合うものだと思う。

スコトゥスは、『形而上学問題集』第七巻で、融合的内含(continentia unitiva)という概念を何度も用いる。この概念は、第四巻においても登場し、差異を保持しながら、一つに包含するあり方を示すために用いられる。存在の一義性の基本的モデルとなる「融合的内含」は、個体化の場面に登場し、重要な役割を果たす。

かなり長い引用であるが、〈共通本性〉と〈このもの性〉の関係を、「融合的内含」の概念を用いながら述べるテキストを挙げておく。

〈勝義の普遍〉は、複数の事物の内にあり、かつ複数の事物の述語ともなっているもので、しかも、現実的にではなく、近接的可能性においてそのようにあるものと考えねばならない。その際、〈勝義の普遍〉がそのようなものとしてあるのは、知性が考察することによってである。ところが、可能性において——この可能性は論理的可能性のことで、自然的可能性のことではないが——複数の事物において一であることの意味は、それが複数の事物の内にあることが矛盾を含まないことであり、そして、この意味で、〈勝義の普遍〉は、客観的に(in rerum natura)〈共通普遍者〉としてあることができる。というのも、「ソクラテス」に関して考えると、「動物」は「人間」に先立つし、また「人間」は「この人間」に先立つのは、知性の考察によるばかりでなく、融合的に内含された諸完全性を自然的秩序に即して考察する場合でもそうなっている。(中略)「人間」に関して、個体性の濃度(gradus)に自然的に先立つ、その固有の濃度に即して考えた場合、「人間」が複数の事物の内にあることは矛盾を含むことではない〔その意味で「人間」は〈勝義の普遍〉なのである〕。というのも、「人間」そのものの内に矛盾を来すものは見出されないからである。したがって、このような仕方で〈共通普遍者〉は、客観的に(in natura)存在していると言える(中略)。とはいえ、他の融合的に内含された規定においては実在的な分離が見出されることはない、いやそれどころか可能でもないのだが、それと同様に、本性は、より正確に述べれば、普遍としての「種」は、事物の内にあり、〈共通普遍者〉である――〈共通普遍者〉が事物の内にあることが可能である場合――と言われるが、そういう「種」の概念(intentio speciei)に対して、知性が対応させている本性は、その本性とともに融合的に内含されている諸完全性からも、または個体的差異〔=〈このもの性〉〕の基盤となる濃度からも、決して切り離されることはないのである。また、客観的にあるものはすべて、特定の濃度を伴っている以上、その濃度から切り離されることはないのである。本性とともに措定される濃度は、本性と融合して内含されたものだからである。

(『形而上学問題集』第七巻、山内訳)

融合的内含とは、どういうことか。

スコトゥス自身が挙げる例では、「白いということ、色、目に見えること」などといったものが、一つのものに含まれていることであるが、円の定義から円のすべての性質が導出されること、したがって円のすべての性質が円の定義に含まれていることを考えればよいだろう。スコトゥスは、この「融合的内含」という事態が、知性と意志にも当てはまると考えている。この二つのものは精神の本質に由来するものだが、二つのものに分けられるようなものではなく、働きにおいては異なるが、同じ一つのものとしてまとまっていると述べる。その際、本質(essentia)とは、固定的なものというより、力(virtus)であるとスコトゥスは述べている。多少ずれるところもあるが、身近な例でいえば、「種子」を考えればよい。その種子から、花、茎、葉、根などが分化してくるが、種子においては未分化のまま一つのものとしてとどまっている。その個体化の原理は、発芽温度、水分、栄養、日光といった外的なものではなく、各時点の成長段階における植物の姿を発展させる力、ベクトルのようなものだ。

濃度としての〈このもの性〉

スコトゥスは、決定的テキストにおいて、次のように述べる。

個体は、上位のものの概念規定をすべて含み、それに加えて、個体化の問題から示されるように、最終的現実性の濃度(gradus ultimae actualitatis)、一性の度をも含んでいる。個体化は、一性を低減するのではなく、存在性、一性、可知性を増やすものである。また、個体は、以上に述べた濃度(gradus)以外には、普遍が含んでいないものは何ら含んでいない。

(同書)

個体が、普遍の含むもの以外に有しているのは、「度」だけなのだ。この「度」を、強度(intensity)と言い換えてもよい。ということは、〈このもの性〉は度、強度、濃度のことなのだ。

このことは、スコトゥスがよく用いる例だが、「白いもの」において、「白さ」が度、強度であるのと類比的である。もしここで、度、強度がなぜ個体化を成立させうるのか、「ソクラテス性」というようなものと背馳《はいち》するのではないか、という疑問が出されるとすれば、思惟の方向が転倒していると言わざるをえない。というのも、個体化は〈このもの性〉のみが成立させるのではなく、〈共通本性〉に個体化の源泉は潜在していたから成立するのである。〈このもの性〉とは、単独で取り出せるものではなく、語られる基体を成立させる条件となるものだ。

個体的差異とは、述語可能性(ratio praedicabilis)において或るものを構成する原理ではなくて、単に主語可能的な(subicibilis)ものであり、しかも最大の主語可能性(maxima subicibilitas)においてそのようなものである。主語は述語に対して質料であるのだから、個体的差異は〈質料的差異(materialis differentia)〉ということもできる。

(同書)

〈このもの性〉ということで、〈私〉をして〈私〉たらしめていること＝「私性」ということを考えれば、「私性」とは、〈私〉の内にある、〈私〉に固有で、世界で唯一の存在者たらしめる、特殊で個別的な性質・規定ではなくて、「私は……である」ということを語りうる条件を形成するものだ。個体とは、主語になるが述語にならないもの、という定義がある。「最大の主語可能性」とは、「何であるか」が語られ、帰属されるもの、換言すれば、「何であるか」を受容するものではなく、「何であるか」をそもそも語りうる可能性の条件を表現したものである。したがって、〈このもの性〉は何ものでもない、述語を受け入れないと言ってもよい。ちょうど、〈私〉はそれ自体では何ものでもないのと同じように。〈私〉とは、何ものでもなく、何ものかになりうる、可能性の条件なのである。

難解極まりない議論を続けてきた。しかし、これでもとても粗い議論なのだ。すでに見たが、スコトゥスは精妙博士と言われてきたように、これほどまでに細かい議論をしながらも、「これでは粗すぎる」と思っていたはずである。私自身、スコトゥスと付き合いながら、最初は精妙だと思えていた議論も、実は粗すぎるということを感じるようになった。

現代において、スコトゥスの一義性論や個体化論に鋭く反応した哲学者にジル・ドゥルーズがいる。ドゥルーズの一義性理解は、彼自身の独自の思想の歩みにとっての踏み台にされているから歪んではいるが、通常の分析の仕方では、表し得ない深淵を描き出している。スコラ的な概念の分析をいくら重ねても見えてこない、意識の根底に流れる、動物的な血流――ドゥルーズが「動物そのもの(animal tantum)」と呼んだもの――を、スコトゥスの一見冷徹な論理の奥底に感じとったからだろう。私がスコトゥスにこだわるのは、彼の思想の根底に流れる激流に触れてみたい、感じとってみたいと思ったからだ。

だからこそ、私はスコトゥスの生地に訪れ、彼が遊んだかもしれないツィード川に巡礼したのだ。時間の隔絶は、いや、異なる人間である以上目の前にいても、精神の根底の激流を伝えはしない。しかし、伝えられなさをともに認め合い、その無限の距離をともに享受することは出来るのではないか。〈このもの性〉とは、無限の距離に対する祈りなのである。天使でさえ伝達することのできない距離を、たどり着かないことを知りながら歩むことが「生きる」ことであり、その歩みの中でこそ〈このもの性〉は現れる。

冷徹な論理に戻ろう。スコトゥスは個体化論の鍵となる形相的区別を様々に語る。この形相的区別が、根源的に異なるもの(primo diversa)相互の間におかれる。この根源的に異なるものの領域に、存在の一義性が設定された。被限定項(determinabile)は、限定作用(determinans)と根源的に異なる。いかなるものも、存在者としてある限りは、〈存在〉において共通であり、実在的に共通なものを共有できる。無限存在と有限存在も、存在においては共通なのである。ところが、被限定項と限定作用においては、上位に共通の類を持たない。被限定項が〈存在〉になる場合、限定態(determinatum)が個体である場合、つまり限界的な事例において、限定作用は、究極的差異(differentia ultima)と言われている。

究極的差異という微分的な関係は、実定的な差異をもたらすのではなく、概念規定(quiditas)においては何も付け加えることなく、限定を引き起こすということで、様態(passio)や濃度・程度(gradus)といった用語が用いられる。概念規定において重なりながらも、変容を引き起こすもの、〈力〉としての側面がそこには見られる。

存在の一義性が架橋すべき最も隔絶した差異が、「根源的に異なるもの」の場所には成立しているとも言えるし、それは微分的な差異、微細な差異と言うこともできる。微細なものが無限性を孕むのである。このモチーフは、ライプニッツが使用したものだ。折り畳まれている「襞」が無限性を宿し、無限性を表現し、無限な系列へと展開(explicatio)していくのである。外に広がる無限性ではなく、内に包含された無限性こそが問題なのである。

スコトゥスが『形而上学問題集』第四巻において、偽ディオニュシウス・アレオパギタ『神秘神学』へのグロステストの註解からヒントを得て、融合的内含(unitive contenta)という発想を手にするが、これは、ダマスケヌスが語る「実体の無限な海(pelagus infinitum substantiae)」という表現と相通じる。個体は内なる無限性をそのまま放っておくのではなく、展開することで、〈このもの性〉を実現するのである。

根源的な差異が個体化の場面にも登場していることに、スコトゥスの力点はある。スコトゥスは、個体に無条件的な一性(unitas simpliciter)を割り当てる。それは、〈共通本性〉という一般的なものが有している存在規定にそれ自体で具わっているものではない。〈共通本性〉とは、人間性や動物性というように一般的なものだ。唯名論は、個体性の原理は認めず、本性はそれ自体で何も付け加わらなくても、個体であると考える。オッカムは、普遍は概念であり、そして同時に個体であると述べた。概念もまた時空規定において限定されて存在するから、個体といっても差し支えない。スコトゥスはそういう語り方に反対する。普遍と個体を重ね書きしてしまうと、普遍にしても個体にしても、成立に関する哲学的な機序が消え去ってしまうからだ。この哲学的な機序は、経験的なものではない。

スコトゥスは、本性に何かが付加されて個体が成立すると考える。別の言い方をすれば、本性と個体の間には差異があり、本性に付加されるもの(個体化の原理)と本性とは相互に異なった存在規定(entitas)なのである。この存在規定をスコトゥスは「形相性

(formalitas)」とも語る。そして、形相性相互の差異を「形相的区別(distinctio formalis)」と語る。スコトゥスの使用する概念が増えていくにつれ、説明の精度が増すよりも、混迷の度を押し進めるように見える。しかし、スコトゥスもまた難渋しているのだ。

形相的区別ということで語ろうとしていることは、普遍や述語といった命題の中で成立するものとは異なった存在論的次元ということだ。メルロ＝ポンティであれば、前述語的とか前論理的と言うかもしれない。この次元は非論理的な次元ではない。述語や普遍という判断作用に先立って成立している区別なのである。難しいことではない。「ソクラテスは人間である」と語れば、命題が構成され、述語と普遍が成立する。しかし、「人間である限りのソクラテス」と記せば、それは「ソクラテス」と「人間」を別のものとして語りながら、普遍も成立していない。

根源的な差異

個体の有する一性、つまり無条件的な一性は本性を限定する或る別な存在規定に伴うものなのであり、この存在規定が本性の存在規定と一緒になって自体的に一なる事物を造る。そして、異なっている事物における相違はすべて、究極的には根源的に相異なるもの(primo diversa)へと還元される。

こういったスコトゥスの物言いに出会って、我々は途方に暮れてしまう。私もまた難渋に難渋を重ねてきた。スコトゥスが「究極的」という言葉を用いるときも、いつも同じような難渋に巻き込まれてきた。言葉が言葉の使用者を裏切るのだ。言葉を使用する者は、言葉から取り残され、概念なき暗闇に放り置かれる。

個体の事象性は、すべての本質的存在規定と根源的に異なるものである(ista realitas individui est primo diversa ab omni entitate quiditativa)。このことは、次のことから証明される。およそ、何であるかという本質的存在規定の認識においては、(或る限られた何性の存在規定について言うならば、)それが多くの事物に共通であり、〈それ自身〉と同じ多くの事物に述語づけられることがそれ自身に反しないと認識されるのだからである。それゆえ個体の存在規定は、自体的に何性(quiditas)、つまりそれが何であるかという本質的存在規定とは異なった存在規定であり、本質存在においてて(その部分として)全体を構成することはできない。個的存在規定は、別の種類の存在においてあるものである。

(ドゥンス・スコトゥス『命題集註解(オルディナチオ)』第二巻第三篇第六問)

ここでもまた、「根源的な差異」が語られているだけで、個体化の具体的な機序はほとんど明らかになっていないし、〈このもの性〉が何であるか、判然と語られているわけではない。根源的な差異(primo diversa)という、微細でありながら落差を伴う絶対的な差異は深淵の中にとどまっている。

このような見解は、流出論的構図を継承しているし、最終的実在性、最終的抽象のあり方、つまり、最終的抽象が、無規定性ではなく、充実性であることを示している。スコトゥスの〈このもの性〉は、あくまで普遍を個別化する序列の中で、個体化の原理が問われた場合に、見出される概念である。その場合、普遍的なものが先にあって、それが限定されるという言説の秩序をとる。しかし、同時に彼の立場は、個体主義である。少なくとも、神の場合では、神の個体本質を先なるものとしている。その場合、異なった秩序の言説が求められる。

同様のことは、被造物の個体化にも言えるのではないか。スコトゥスの個体論は、個体を先なるものとして、充実した規定性を備えながらも、未展開のままにとどまる個体性を先なるものとして、その未展開のものが展開されて――もちろん、彼の様相理論が示すように、可能なものがすべて現実化するのではないが――、述語となっていく系列を前提すれば、理解しやすいように思われる。言説の秩序においては、普遍を先立てながら、存在の秩序においては、個体を先立てた場合に、〈このもの性〉といった概念が生じると思われる。

例えば、「ソクラテス」の〈このもの性〉は、「ソクラテスである限りのソクラテス」と示されるだろうが、この「である限り(inquantum)」という重化子によって表現されるものが、ソクラテスという個体から、他の個体と共通するものを除外した抽象態なのではなくて、純化することで取り出されたものである。これは、通常の述語を受け入れるものではなく、端的に単純であって、「馬性は馬性である」といった、特殊な述語づけ(「同一性による述語づけ」)を受け取るものでしかない。通常の述語を付した場合には、「Aは一でも多でもなく、精神の外にも内にもなく、可能態でも現実態でもない」というように、ほとんどの述語を拒絶してしまう。すると、それは、いかなるものでもなく、したがって「無性」とでもいうべきしかないもの、無規定性であるということにもなりそうだが、そうではない。むしろ、規定性において充満したものであり、しかしにもかかわらず端的に単純なものである。

存在の海

このような事態は、スコトゥスがしばしば用いる「無限なる実体の海」という神の個体本質に範型を見出すことができるが、内包的に無限なる実体にのみ妥当することではない。例えば、数列の項を3, 13, 43, 133, 403, 1213,……と具体的に列挙した場合、そこには「形相的述語」による記述と同様なものが見出され、「最終的抽象」による記述は、上記の数列に関しては、$a_1=3, a_{n+1}=3a_n+4$という漸化式に対応する。漸化式は、ほぼ

「端的に単純」であり、すべての項を内含しながら、どの項をも述語としているわけではない。

この漸化式は潜在的に諸項を含む限りで〈共通本性〉に対応するものである。しかし同時に、この漸化式は、〈このもの性〉にも対応する。つまり、全体を同時に(simul et totum)含む限りにおいて、換言すれば、多を一に(unum in multis)含む限りにおいて対応する。このように考えた場合、個体の概念規定はすべて種の概念規定であること、にもかかわらず〈このもの性〉は種の概念規定を越えていること、〈このもの性〉が最終的抽象態であって、端的に単純であることなどの規定を何ら神秘的なものとしてではなく、受け取ることができる。要するに、スコトゥスの〈このもの性〉は、ちょうど闇から光が登場してくるように、そして闇が光の充満であるように、未展開のもの(implicatum)が展開されたもの(explicatum)への系列の始源にあるあり方である。卑俗な例でいえば、照明を浴びる前の舞台のようなものだ。舞台の上でしか話は進まない。

スコラ的議論はここまでにしよう。スコラ哲学という重武装に身を固めていると、鎧を着ながらの水泳と同じでどこまでも沈んでしまうのだ。〈このもの性〉が、定義に書き表せるようなものではないことは、定義によって表されるのが普遍である以上、当然のことなのだが、定義とは異なるが、濃度であるということは、クリスマスプレゼントのように、既製品の個体性が「外から」与えられるということではない。だから、新たなものが付け加わるとすれば、「内から」付け加わるしかない。スコトゥス自身、肉体を持った人間はこの世で〈このもの性〉を認識できないと明言している。認識するとはどういうことか、急に分からなくなってしまうが、別に認識できなくとも困ることはないだろう。〈このもの性〉が個体の中でどのような契機となっているかを知ることと、それぞれの個体において、〈このもの性〉が何であるかを認識することは別なのだから。

自分の為したことが、自分を越えたところに立ちはだかり、あたかも自分の外側から自分を支配し、その挙げ句自分をも変えてしまうが、実際のところ、自分で直接自分を変えることが困難なために、自分を外側に押し出し、目に見えるものに変化させた上で、その外に現れる自分、目に見えるものとなった自分、客体のようになった自分に、自らを変えることで自分が変わっていくのかもしれない。

〈私〉は、対象や他者に向かった自己の前方からやってくるものであるより、背後からやってくるように感じる。自己の深層への沈殿と、自己の内部からの湧出ということが重なって生じているようにも感じる。なぜこのようなことが生じるのか。神が精神の外側に存在するものではないように、自己も精神の内側に存在するものではないからなのか。

〈私〉とは、「外から」与えられるものではなく、「内から」得られるものでしかないのに、あたかも「外から」与えられ、それを獲得するような枠組みの中で、得られるもののなのだろう。内部と外部の反転可能性の中でしか、〈私〉とは得られないものなのだろう。〈このもの性〉の議論を発展させれば、個体化とは、個体性を己有化(appropriatio)することだが、己有化するためには、源泉が内側にあっても、外側から獲得したと当人に映じるような枠組みが必要だ。その意味では、個体性は内側にもなければ、外側にもなく、内部と外部の反転の中でしか、姿を現さないということだ。

リアリティが内側にも外側にもないということは、端的にないということではない。もちろん、こういった反転可能性にしろ、超越的内在にしろ、それが可能性にとどまる限り、〈私〉は姿を現さない。それを広い意味での「身体」に定着させ、ハビトゥスとして内在化するしかない。

私が言いたいのは、〈私〉とはハビトゥスであるということだ。そして、それが成立するのは、それを実現する技法をハビトゥスとして身につけたときだ。対象も手段もハビトゥスである。ここにも、スコトゥスが語る「融合的内含」と近いものがある。のっぺりした水平的で連続的な過程ではなく、亀裂だらけの、飛躍しながら進むしかないような平面なのだ。

終章　〈私〉というハビトゥス

〈私〉ということのリアリティのなさ、この出発点に戻ろう。「透明な存在であり続けるボク」という言葉や「存在感なし」「存在感欲しい」という言葉を残した少年たちが、他者や世界の暴力的な破壊、何も得ることなく、結局自己破壊に帰着するしかない暴力的破壊に及びながら、背後にリアリティの欠落を抱えていたことは、偶々のことにすぎないのだろうか。もしかすると、リアリティの欠落に駆り立てられて、天使が墜落する刹那に味わう、激しく、熱い時間を求めたためだったのではないか。もちろん、このことはいかようにも解釈できる。しかし、薄い空気の中でリアリティをあえぐように求める人々が多くなったことは確かなことだろう。

透明であること、純粋であることは、清浄な水の姿でもあるためか、無垢、イノセントの象徴として捉えられてきた。もし純粋なままに生まれ、純粋に生き、死の穢れを帯びぬまま純粋に死ぬことが、人間の理想であるとすると、人間とはこの世に生まれることなく、存在しない方がよかったのかもしれない。

近世以降、死体や汚物が人目から遠ざけられるようになり、しかもタブーの領域は幾重にも及ぶ外装によって覆われるようになってしまった。文明化、近代化とはそういうものなのだろう。そして、思惟の主体としての近世的意識概念は、そういった時代を背景にして生まれてきた。確かに、日本にせよ西洋にしろ、一七世紀に始まる近世的思想空間が、純粋主義、天使主義に陥っていたかとなると、そう簡単に決めつけられることではないが、近世以降に強まっていく脱呪術化の過程は、儀式における口頭での祈りや、祈りにおける身振り、偶像崇拝、呪術・魔術など、「非科学的」「非合理的」思考を除去してきたことは確かだろう。

そういった流れと、身体を持たない、純粋な意識形態としての超越論的統覚に至る流れ(カントの観念論)は、私には無関係には思われない。その延長線上に、現代に瀰漫《びまん》するリアリティの空白があるのか、よく分からないが、少なくとも作業仮説としてもかまわないだろう。その際、近世が中世という歴史空間を捏造し、仮想的な負の空間を背景にして己の姿を浮かび上がらせたように、「近世」という負の空間を作り上げ、その裏返しとしてのポストモダンを僭称することは、あまり好ましい方法とは思えない。いつの時代も自分たちが浮かび上がるために前の時代を低く貶める。その後に来る時代は、先行する時代をめぐる「物語」を後生大事に受け止める必要はない。

先行する時代と後続する時代との間には、非連続性より連続性の方が多く見出されるのが常だ。ルネサンスが近世というよりも中世のままであったこと、一七世紀が魔術的に生きられていたことを現代の人間は忘れがちだ。科学や技術は人間精神を置き去りにしたまま進み、精神は臆病に過去のままにとどまる。

連続性を閑却して、後の時代が直前の時代を批判するのは、「遅れてきた者」の優位さに安住した、ドミノ式時代批判になりかねない。私は、時代を順繰りに追っていった挙げ句、問題の姿を徐々に見失うことを避けるために、現代から近世を飛び越して中世に向かった。中世を鏡として、現代を顧みることは、進歩や発展という尺度がかえって適用しにくいために、現代の欠落を示す縁となるかもしれないのだ。アナクロニズム(時代錯誤)は時として、時代の精神が行う自己偽装を免れられる効果もある。

さて話を戻そう。リアリティの空白は現代に限ったことではない、と突き放す見方も可能だ。二〇世紀の後半、特に最後の四半世紀に瀰漫していた空気は、決して濃いものではなかったし、様々な表現行為(小説も歌も絵画も思想もマンガも含めて)にも、ヤケクソになって軽躁的にハシャぐ風潮を除けば、概して、意味やリアリティの欠落を表現したものが目立ったと思われる。時として現れた、激しい表現は、グノーシス的な世界拒絶に発するものであったとも言えるだろう。激しい表現でさえ、背後に欠落を抱えていたのだ。私は、その欠落に対して「大人」の立場に立って、説教・訓導・指導などをしようとは思わない。私もまたリアリティの欠如の中に住んできたのだから。二一世紀に入ってもリアリティの欠如は、改善していないどころか、さらに悪化しているように感じられる。

リアリティの欠如を曲がりなりにも埋め合わせ、リアリティをどう捉えるべきか教えてくれたのは、皮肉なことに、リアリティからもアクチュアリティからも一番遠く、最も抽象的で、無味乾燥に見える、西洋中世のスコラ哲学だった。私はスコラ哲学に一目惚れしたのだ。私はドゥンス・スコトゥスの哲学に魅せられた。

とはいえ、私は中世のスコラ哲学は確かに好きだが、今では無条件で礼賛しようというつもりはない。一目惚れの時期を過ぎれば、冷たく突き飛ばされることも少なくない。スコラ哲学のテキストは、言葉と概念の洪水なのに、そして、論証の形式に則った明確な形式に収まりながら、最後まで語りきらず、途中で終わったように感じることも少なくない。冗長を慎む美徳ということもあるだろう。一面において寡黙でありながら、言葉の量の面では、辟易するばかりの言葉と概念の過剰な様を見ると、彼らは、言葉では届かないことに心を向けながら、届かないことを知っていたから言葉の上に言葉を重ねていたのか、それとも、何も気づかないまま語り続けたのかと考えずにはいられない。言葉では届かないとすると、ここでもまた、つい天使の言葉に憧れが起きてしまう。

しかし、多弁と寡黙が両立するのはどういうことか。具体的な人間は、無益に一方に偏してしまうが、それらはもしかすると対立していないのかもしれない。祈るとき、一心不乱に聖典を誦するとき、それは多弁と呼べるのだろうか。祈りの言葉は、発信者と受信者、伝達内容と伝達媒体でコミュニケーションを考える枠組みを越えているはずだ。そこから浮かび上がってきたのが、コミュニカビリティという概念だった。

形象化する機序

このような概念を持ち出すのは、最初にあった渾然たるもの・不分明なものが〈形〉を受け取って姿を現す過程に、リアリティがあって、そのリアリティを語るためには、〈形〉に先立つ〈かたち〉の領野を語るしかない、と思われたからだ。〈かたち〉とは、〈形〉を持たないが、〈形〉を潜在的に含むものだ。もしそうでなければ、〈形〉として現れることは、単なる偶然となろう。〈形〉に先行するものが、非物体的な概念であって、その概念に、具体的な〈形〉への適用可能性が備わっていなければ、特定の〈形〉が現実にあることの理由は見失われる。事物の〈形〉であれ、人間の〈形〉であれ、思想の〈形〉であれ、表すもの・ことが同じであれば、その〈形〉はどれも同じだということにはならない。〈形〉にはそれぞれ個体性が備わっており、その個体性を単なる偶然とするのでは、芸術も思想も愛情も成立しないだろう。

〈形〉にも様々ある。「〈私〉ということ」のリアリティに関わりのある〈形〉は、現代人にとっては、欲望であったり、自己の身体へのイメージではないのか。欲望の〈形〉の根底にハビトゥスがあり、肉体の〈形〉のイメージとしての〈身体イメージ〉の根底に〈身体図式〉があり、結局、この〈身体図式〉もまた、ハビトゥスに至るのではないか。

そういった欲望、肉体、聖霊、コミュニケーションという、具体的な問題から、なぜ〈存在〉という最も抽象的なものに飛び移らなければならないのか、訝る人も少なくないだろう。〈存在〉とは最も豊穣なものだ、〈存在〉とは抽象的ではなく、最も身近な事柄だと述べても、すべての人がそう感じられるわけではないだろう。近世以降、存在論や形而上学が形骸化してゆく様を見ていると、〈存在〉の豊穣性が中世から近世を介して現代にまで伝わったなどとは、なかなか考えにくい。〈存在〉の豊穣さを受け入れないと、具体的な問題から抽象的な問題への移りゆきは理解できないということだろうか。

私としては、そういった飛躍を強要するつもりはない。①限定されるもの＝被限定項(determinabile)、②限定するもの＝限定作用(determinans)、③限定態(determinatum)という、存在論の三項図式に基づいて考える場合、共通の枠組みが背後に控えていることが見えてくるのだ。限定作用とは作用であり、限定態は作用の対象でもあるから、限定作用から限定態に向かう作用だけに、考えが向けられがちだが、限定作用(媒介)は被限定項と限定態の両者にむかうものだ。

近世的思考では、思惟主体(res cogitans)－思惟作用(cogitatio)－思惟対象(cogitatum)という枠組みが強く見られる。近世的主体主義というものだ。そして、そこでは思惟の主体としての「私」が原点に置かれた。感覚や肉体への顧慮が欠けていたわけではないのに、上記の基本的枠組みの中には収まりにくい。ところが、中世的思考では別の枠組みが支配的だったのだ。そこには、肉体にしても感覚にしても、被限定項－限定作用－限定態のいずれの項にも入り込む余地がある。「存在論の三項図式」は、原点、始点を特定の領域に限定しているわけではないからだ。

この「三項図式」を〈存在〉において考えれば、本質(essentia)－存在(esse)・存在作用(actus essendi)－存在者(ens)という枠組みが得られる。そこでは、〈本質自体〉といった未規定的な次元が持ち出され、その次元をめぐって、〈本質存在〉、〈共通本性〉、〈絶対的に捉えられた本性〉といった語概念が考案されたという経緯を垣間見た。

最初に、現実化はしていないが、規定性を備えた次元として本質があるというのではなく、未規定的なものが自己限定すると語るしかない事態がそこには見られる。実はこのことが、コミュニケーションの領域でも成立し、伝達されうるもの(communicabile)－伝達作用(communicans, communicatio)－伝達結果(communicatum)という図式を考え、「伝達されうるもの」を、〈本質自体〉と同じように、自己限定の始源にある状態として考えた場合に、「コミュニカビリティ」が得られるのである。欲望の場合であれば、触れはしなかったがラカンの「欲動(pulsion)」といったものを考えても同じことだ。

始源にあるものは、それ自体で取り出せば、いかなる述語であれ、ＡでもなくＡでもないと語るしかないが、そういうものも現実性に至り、具体的なものとなる。その現実性は、必ず何らかの〈形〉をとることで実現する。私は、その〈かたち〉が〈形〉に転じる場面が、存在と本質の問題においても、個体化の問題においても、扱われていたと思う。「形」になる前の「かたち」ということ、現実性の前にあるというより、現実性を準備し、生み出すものとしての「可能性」ということが問題なのだ。「可能性」とは、確かに、まだ現実化していないことであり、したがって現実性の相において捉えれば、たかだか「……でないこと」になってしまう。現実化していないことが、リアルでないとすれば、世界とは陰翳を持たない、平板な、分かりやすい空間であろう。しかし、現実化とは、「彼は生きていない」事態から「彼は生きている」事態への瞬時の変化でも、或る時点において「彼は生きている」という命題の真理値が偽から真へと変化するということでもないだろう。当然のことながら、事態の方は徐々に進展し、それを言葉で切り取った場合に「である／でない」という対立が現れるということなのだろう。

すると、可能性とは現実化したとたん、消滅するものではなく、現実化の働きの中でもとどまるものだ。言い換えれば、現実性は必ず幾ばくかの可能性を含んでいるし、可能性も、現実化し得ないものを除けば、必ず幾ばくかの現実性を含んでいるということになる。可能性は、現実性を準備し、しかも同時に支えていると述べてもよい。ライプニッツは「すべての可能性は現実存在を要求する(Omne possibile exigit existentiam.)」と定式化したが、今述べたことと近いだろう。

可能性が現実化への志向性であり、現実性が可能性を含んでいるとしたら、可能性が未来に投影された場合、それは目的《テロス》として映じることになる。目的論的記述には危ういところもあるが、現実に成立していることを記述さえすればよいというのでなければ、そういった記述も必要だろう。

目的《テロス》は、観察し、記述する能力を持った存在者がいるという条件が満たされている場合には、可能性にとどまりながらも、現実性に含まれているばかりでなく、現実性の表現の中に登場する。その場合には、最後に現れるものが、最初にあたかも原因であるかのごとく、いやたぶん実際に原因として存在する。

目的論と欲望、最普遍者としての〈存在〉と個体、言葉と肉体といった問題が、からまった糸のように、一つのかたまりとなって与えられることが多いと私には思われる。当然のことながら、混乱した思索にならざるを得ない。とりわけ、〈存在〉への関心と、個体性への関心が同時に現れるとき、対応は簡単なことではない。

だがドゥンス・スコトゥスが、〈存在〉の一義性と、〈このもの性〉に見られる個体性の重視を提唱しているのを見ると、手がかりがあるように思われたのである。やはりスコトゥスに見られる主意主義と実在論も、一つのシステムを形成しているとすれば、からまり合った思索も解きほぐせるかもしれないと感じたのである。その際、〈存在〉の豊穣性を思わずにはいられなかった。〈存在〉にエロティシズムがあるのは当然のことだろう。

存在そのもののリアリティ

世界は、〈存在〉という最普遍者からなる生地の上に、性的欲望という図柄を織り込んでいるのであって、両者の布置を見ないまま、世界を観照することはできない。この本の要点を取り出せば、ほぼそういうことになるだろう。こういう存在論や形而上学のモデルを通して、リアリティの問題に踏み入った場合、リアリティは、被限定項－限定作用－限定態という三項図式においては、限定作用に現象するものであると考えている。

結局のところ、私は〈私〉とはハビトゥスであるということが表現したかったのだろう。〈私〉とは、肉体でも脳でも精神でも無意識でも関係でも幻でもないとすれば、少しは意味があるかもしれぬ。〈私〉は必ず具体的な姿で、形を持って存在するしかない。子どもでも大人でも、女でも男でもない、健康でも病気でもない〈私〉というのは、現実には存在しない。「今・ここ」にいる〈私〉以外に、〈私〉は存在するはずもない。

にもかかわらず、「今・ここ」に与えられているものがリアリティでありアクチュアリティであるということに満足できず、「なぜ今・ここにいるのか」と問いたくなるというのはどういうことか。手術台の上での朧気《おぼろげ》な意識の中でも、無機的な分娩室で陣痛と呱々《ここ》の声に立ち会うときでも、死にゆく肉親のそばにいるときでもよい。なぜ「なぜ?」ということを問うてしまうのだろう。

おそらく、「なぜ?」ということへの答えは、問いの向こう側にあるのではなく、問いの手前にあるのだろう。ちょうど、「私とは何か?」という問いの答えが、問いの手前にあるように。そして、手前にあるものが〈ハビトゥス〉であって、問いの可能性の条件を構成しているのだ。〈存在〉の一義性を端的に表現すれば、〈存在〉は〈存在〉において〈存在〉に至るというように表現できるかもしれない。一見すれば愚かしいようにしか見えない命題によって、私はそういうことが確認したかったのだ。根源的な差異は〈ハビトゥス〉によって乗り越えられるものなのだ。


ベンヤミンが語る「新しき天使」は、絶えざる生成の中に生まれ次々と消滅していくものだった。そこに、万物流転、栄枯盛衰を見出し詠嘆することも、情報化された高度消費社会の速度と強度を見つけ、現代に生きることの意味を直観することもできる。もはや実体的な同一性に拘泥する時代ではない。聖霊の流れが消費の流通と類比的なところがあることは、聖霊論という枠組みは因循たる観を免れられないように見えて、物質を介さない記号による交換の予言的表現として読み直されるべきところを有している。

天使の言葉は、直接的な交流という側面もあるが、同時に非物質的な交換でもあり、その点で聖霊による交流と重なってくる。物質としての瞬間性は、霊的なものの永続性と両立しうるのだ。感覚や肉体は、絶えざる変化を把握し、それに対応することで自分の存在を保持しようとする。

天使は身体を持たず、感覚を持たないことにおいて、物質的世界から遊離した存在者だ。「新しき天使」は瞬間的に生成消滅していくことによって、リアリティの希薄さの権化であるように見える。

しかしながら、天使の本質を媒介としてみた場合、媒介を求める実体的存在者、つまり質料的な事物と関係を持ちながら、媒介が媒介である限り、媒介を待ち望む事物と異なったものでなければならない。

媒介の本質は、非実体性・非質料性であり、乗り越えられるべき性質なのである。〈見えるもの〉を顕わしめるために、自らは〈見えざるもの〉に転じながら、乗り越えられ、渡りきった後には忘却されるべき「橋」なのである。架橋する働きを有するものは架橋を果たした後は、忘却され、消滅していくべき存在者なのである。

にもかかわらず、その瞬間的可滅性は、物質としてのあり方に着目した場合であって、霊的なものとしてはとどまる。

媒介は自らを隠すことによって自らを顕すのである。天使は自らを消滅させながら世界にとどまり続ける存在者なのである。

参考文献

＊邦語文献に限定し、また参照した文献の内主なものにとどめた。
訳文については一部改変したところもある。

全体に関して

上智大学中世思想研究所編訳、《中世思想原典集成》全二〇巻、平凡社、一九九二―二〇〇二年

序章

丸山眞男『日本の思想』岩波新書、一九六一年

第1章

トマス・アクィナス『神学大全』第一部第八冊、高田三郎、横山哲夫訳、創文社、一九七三年
M・J・アドラー『天使とわれら』稲垣良典訳、講談社学術文庫、一九九七年
稲垣良典『天使論序説』講談社学術文庫、一九九六年
庵野秀明『The End of Evangelion――僕という記号』幻冬舎、一九九七年

第2章

トマス・アクィナス『神学大全』第二‐二部第一冊、稲垣良典訳、創文社、一九八二年

アウグスティヌス『キリスト教の教え』加藤武訳、《アウグスティヌス著作集第六巻》教文館、一九八八年
R・ジラール『欲望の現象学——文学の虚偽と真実』古田幸男訳、法政大学出版局、一九七一年
荒井献『原始キリスト教とグノーシス主義』岩波書店、一九七一年
大貫隆『グノーシスの神話』岩波書店、一九九九年／講談社学術文庫、二〇一四年
斎藤学『生きるのが怖い少女たち——過食・拒食の病理をさぐる』光文社、一九九三年
宮本久雄、山本巍、大貫隆『聖書の言語を超えて——ソクラテス・イエス・グノーシス』東京大学出版会、一九九七年
入江良平『世紀末精神世界』WAVE出版、一九九八年
宮台真司『世紀末の作法——終ワリナキ日常ヲ生キル知恵』メディアファクトリー、一九九七年／角川文庫、二〇〇〇年
桜井亜美『イノセントワールド』幻冬舎文庫、一九九七年
岡崎京子『リバーズ・エッジ』宝島社、一九九四年
岡崎京子『Pink』マガジンハウス、一九八九年
松浦理英子『親指Pの修業時代』上・下、河出書房新社、一九九三年／河出文庫、一九九五年
松浦理英子『優しい去勢のために』筑摩書房、一九九四年／ちくま文庫、一九九七年

第3章

G・ベイトソン『精神の生態学』改訂第二版、佐藤良明訳、新思索社、二〇〇〇年
ワツラヴィック、バヴェラス、ジャクソン『人間コミュニケーションの語用論——相互作用パターン、

病理とパラドックスの研究』山本和郎監訳、尾川丈一訳、二瓶社、第二版二〇〇七年
Y・コンガール『わたしは聖霊を信じる』全三巻、小高毅訳、サンパウロ、一九九五―九六年
G・S・ヘンドリー『聖霊論』栗田英昭訳、一麦出版社、一九九六年
アタナシオス、ディデュモス『聖霊論』小高毅訳、創文社、一九九二年
聖大バシレイオス『聖霊論』山村敬訳、南窓社、一九九六年
W・ベンヤミン『ベンヤミン・コレクション1』浅井健二郎編訳、ちくま学芸文庫、一九九五年
W・ベンヤミン『ベンヤミン・コレクション2』浅井健二郎編訳、ちくま学芸文庫、一九九六年
W・ベンヤミン『暴力批判論――他十篇』野村修編訳、岩波文庫、一九九四年
M・マクルーハン『グーテンベルクの銀河系――活字人間の形成』森常治訳、みすず書房、一九八六年
W・J・オング『声の文化と文字の文化』桜井直文他訳、藤原書店、一九九一年

第4章

《ナグ・ハマディ文書》全四巻、荒井献、大貫隆、小林稔、筒井賢治訳、岩波書店、一九九七―九八年
『魂の解明』荒井献訳、《ナグ・ハマディ文書第三巻　説教・書簡》、岩波書店、一九九八年
G・ドゥルーズ『差異と反復』財津理訳、河出書房新社、一九九二年／上・下、河出文庫、二〇〇七年
B・バース『純粋欲望』中原拓也訳、青土社、一九九五年
M・ダグラス『汚穢と禁忌』塚本利明訳、思潮社、一九九五年／ちくま学芸文庫、二〇〇九年
グレゴリオス・パラマス『聖なるヘシュカスト(静寂主義者)のための弁護』《中世思想原典集成第三巻、後期ギリシア教父・ビザンティン思想》大森正樹編訳・監修、平凡社、一九九四年
I・カント『純粋理性批判』高峯一愚訳、《世界の大思想10》河出書房新社、一九六五年

稲垣良典『習慣の哲学』創文社、一九八一年
坂部恵『〈ふるまい〉の詩学』岩波書店、一九九七年
田淵安一『イデアの結界——西欧的感性のかたち』人文書院、一九九四年

第5章

ドゥンス・スコトゥス『命題集註解』第一巻第三篇、第八篇、『存在の一義性』花井一典、山内志朗訳、哲学書房、一九八九年、所収
加藤雅人『ガンのヘンリクスの哲学』創文社、一九九八年

第6章

《プロティノス全集》全四巻、田中美知太郎、水地宗明、田之頭安彦訳、中央公論社、一九八六—八七年
井筒俊彦『イスラーム哲学の原像』岩波新書、一九八〇年
松本耿郎『イスラーム政治神学——ワラーヤとウィラーヤ』未来社、一九九三年
山内志朗『普遍論争——近代の源流としての』哲学書房、一九九二年／平凡社ライブラリー、二〇〇八年

終章

木村敏『心の病理を考える』岩波新書、一九九四年
木村敏「リアリティとアクチュアリティ——離人症再論」『講座生命 v.2』哲学書房、一九九七年、所収

あとがき

私が育った家の前の畑からは、縄文時代の石器や土器がよく出土した。そして、家の裏には、清水が湧き出ていたが、人家もなかった山野に家を建てるときに、水源から連なる溝跡が見つかったというから、縄文人も飲んでいたらしい。私もその水を飲んで育った。食べ物の方も、交通が不便で、人間よりカモシカの方が多いような山中では、縄文時代とさほど違いがないようだ。鳥獣の他に、山菜と山の果実と木の実が食膳を賑わすことになるが、似たような環境で自給自足すれば、食べ物が似てくるのは当たり前である。そのせいで、私も縄文的思考から抜け出ることができないでいるが、案外、縄文人も形而上学的思索を好んだのかもしれないと思うと、妙に納得できるところもある。

それと関連してくるのかどうか、小学生の頃、裏山に荒れ果て、誰も訪れることのない江戸時代の墓地があり、何やら感じるところがあって、何度か足を運んだ。子どもの頃からお墓が好きだったのだから、変わり者である。墓地の由来について聞いてみると、江戸時代に繁栄を極めた湯殿山信仰に関わる寺院の住職の墓地であるという。なぜ湯殿山信仰は廃れたのか、なぜかつての大寺院の墓地が見捨てられたままになっているのか、そして、なぜこの宗教集落はただの僻地で過疎の山村になってしまったのか。子どもにとって山村も一つの世界であったためなのだろう、湯殿山とその山岳信仰を調べようと決心した。スコラ哲学への関心も同じことで、見捨てられたものだと俄然興味が湧くのだ。とはいえ、湯殿山を調べる決心が現実化したのは、二十数年たってからのことだが。

ところで、縄文時代の東北地方は、現在ほど寒冷ではなかったようだが、積雪地帯であったことは間違いない。雪と言えば、スキーというように、現在では楽しみの表象を伴うようだが、基本的に人間の行動を制約するもので、生命を危険にさらしかねない、恐ろしいものでもある。東北の縄文人も、雪国の人間として雪に恐怖心を持っていたに違いない。

吹雪のときは雪が視界を遮り、数十メートルの距離をも、迷い道にしてしまう。頰を突き刺す寒風、目に入ってくる粉雪、寒さのためにジンジンと痛んでくる手足の指先、踏み進んでいく力を奪っていく雪だまり、雪とは呪うべきものでしかない。晴れていれば、周りの山並みが道しるべとなるのに、雪の中では何も分からなくなってしまう。

雪の中で途方に暮れ、歩むべき道が分からない切なさ、そういう原風景が、東京で西洋哲学のことを研究していると、しばしば心に浮かんできた。哲学も東京も、私にとって、いつも吹雪の吹き荒れる世界だった。いや、現代がそういう時代ということなのか。何も感じない心があれば、そういう状況も耐えることができる。そして、何も感じないでいようとした。しかし、何も感じない心は、リアリティも感じることはできない。そういう時期がずいぶん続いていたように思う。

この本は、その時期に兆し始めたように思われる。本の内容を繰り返すつもりはないが、スコラ哲学に一目惚れしてしまい、そして癒されてしまったのは事実である。その中でも、特に砂を噛むように味気なく見える、〈存在〉の一義性に魅惑されながら難渋していたが、それが身近に感じられるようになったのは、湯殿山の自然に囲まれながら散策しているときだった。大げさというより、多少おめでたいが、〈存在〉のエロティシズム、性とは無縁のエロティシズムもあると思ったのである。残念ながら、そういう経験は筋道立てて考えていった結果得られたもので、霊験のためなのかどうかは判然としない。湯殿山研究者としては未熟な証拠である。

湯殿山研究にしても、中世のスコラ哲学にしても、最近夢中になっているイスラーム哲学にしても、見捨てられたものを集めたいという趣味が高じたもので、本来私の本職ではないはずなのだが、そこから抜け出ることができなくなってしまった。正面にあるものは目に入らず、周縁にあるものだけが気になるためらしい。ずいぶんと、ひねくれた「縄文人」になってしまった。

いまだに、文章を書いていると、どこかから湧いてくる声を書き留めているだけという感じが拭えないから、結局私はメッセンジャーなのだろう。天使もメッセンジャーなのだから、それほど不満があるわけではないのだが。

前著『普遍論争』の時も、冷や汗だらけの素人の無謀な試みだったが、今回もイスラーム哲学の素人がまたちょっかいを出してしまった。正しい理解かどうかはともかくとして、面白いことさえ伝われば私の役割は果たされたことになる。

ところで、この本の成り立ちについて述べておくと、本書は、『ロゴス その死と再生』(岩波書店、一九九八年、新・哲学講義第一巻)所収の「天使の言語」を発展させていったものである。その論考を改稿した上で第一章に収めたが、それ以外のところは、ほとんど書き下ろしになってしまった。

ただし、部分的に、「習慣について」(『創文』九八年七月号)、「アヴィケンナの存在論との関連から見た、スコトゥスの個体化論」(『中世思想研究』九八年)を一部分改稿して取り入れたところもある。

この本が完成したのは、編集部の中川和夫さんの慫慂と激励と督促と鼓舞によるところが大きく、何と申し上げたらよいか分からない。また、草稿段階で小笠原史樹君に査読してもらい、誤りを訂正していただいた。ありがとうございました。

ここで、献呈の言葉が来るのが普通だが、私はもともと献呈の言葉というのが大嫌いである。特に、家族に献呈しているのを見ると厭な感じがする。人間としての品格も、人格も、人間性も、廉恥の心も疑わずにはいられない。しかしながら、はじめて単行本を出したとき、本を出すのもこれが最後だろうからと、我が意に反して、老いし両親への献呈の辞を付しておいた。献呈の辞を書いたのだからと、一応送っておいた。もちろん、スコラ息子の書いたことなど理解できるはずもないとは思ったのだが。ところが、本が届いた翌日、老父から電話があった。読んでもさっぱり分からないと言いながらも、本を何度もめくったのか、最後の献辞に眼がいったらしい。父はその辞を暗記していたから、感じるところがあったらしい。その辞を自分に言い聞かせるように、読み上げ始めると「涙《なんだ》こぼっちぇきて読まんにぇ」と言って声をとぎらせた。私が読むべきだったのか。その父も今では白い骨となってしまった。声の名残に誘われて、父の書棚の本を開くと、献辞の横には、涙の跡が残っていた。

今度も献辞を書くなどということはしたくないのだが、本を書けなくなると困るので、今のうちに書いておく。縄文人と結婚してしまった妻明子にこの本を捧げる、リアリティを教えてくれたことへの感謝を込めて。

二〇〇〇年一一月

山内志朗

文庫版のためのあとがき

二〇〇〇年に単行本として『天使の記号学』を書き始めたとき、無謀な冒険を行おうとしていた。書いていた頃の時代に見られた直接的コミュニケーションへの願望、身体性の排除、刹那的強度性への希求といったことの中に、天使への憧憬を読み取ろうとしたのだ。

予想以上に好評を博した。それはそれで一つの時代の読み取り方として成り立ったのだろう。天使の言葉、コミュニケーション、聖霊論、メディア論、身体論などが、前半で論じられたのだが、強引であるとしても共感をもって読んでくれる人が現れた。

しかしながら、途中からは難しくなったという感想をたくさんいただいた。私は前半で描いた道筋を、そのままドゥンス・スコトゥスの哲学に結びつけ、存在の一義性、普遍論争、個体化論に至るまで一気に駆け抜けようとした。おぼろげな見通しはあったが、十分な根拠のある見通しではなかった。論述は途中から難渋を極めた。前半と後半との間に奈落が生じてしまった。越えるに越えられない断絶が生じてしまったのである。

にもかかわらず、私はこの書を書き始めたとき、天使の言葉から〈このもの性〉にたどり着くことを、絶対的な使命として考えていた。私には書き連ねるという選択肢しかなかった。「書けない」とか「書かない」という選択肢は存在しなかったのである。無理であることは承知の上で、存在論の断崖絶壁を天使の如く飛翔して登り切ることを夢見たのである。その結果、無理は無理として残った。

二〇年弱の時間が過ぎた。この度、文庫化し、書き加える機会を与えられて、その道筋を再び踏破してみた。単行本を書いたとき、存在論の絶壁に微かに残された「けもの道」を見つけることも、登攀する力もなかったが、天使のように上昇することを夢見ていた姿がよく分かった。私は登らなければならなかったのだが、登れなかったのである。墜落した天使が横たわることとなった。

今回書き加える機会を与えられて、飛躍していた部分、書き足りない部分について、加筆修正を行った。全体の論旨は変えていない。無理に無理を重ねた論旨を無理のないものにすることはできない。それをしたら、『天使の記号学』の表題を『人間の記号学』にでも変えるしかなくなってしまう。それは避けた。断念すれば平坦な地面を歩いて行けるのだが、いつまでたっても天使主義は抜けていってはくれない。

今回もまた登り切れたわけではない。ただ、少しだけ以前よりも高くまで登れたとすれば、草むらの中にたとえ細くても連なっている小径を見つけられたのだ。「根源的に異なるもの(primo diversa)」ということが、ドゥンス・スコトゥスの哲学において決定的に重要であること、そしてこの微細な差異と強度を同時に内包する概念が、欲望においてもコミュニケーション論においても存在論においても、重要であることが分かった。私はこの「根源的差異」を追い求めていたのである。

この「根源的差異」というモチーフを、ハビトゥスとして心に刻むことで哲学史に入り込めば、それにしか、心は反応しないし、それを表そうとしていたのである。いまだにドゥンス・スコトゥスという神学者にこだわり続けながら、彼が「精妙博士」と呼ばれながらも別名として「マリア的博士」でもあったということが気にかかっている。「汚れなき御宿り」を擁護したためにそう呼ばれているのだが、スコトゥスの思想は、精妙さばかりでなく、愛に満ちた思想でもあったと思わずにはいられない。岩から蜜のごとき甘美な思想を湧出させたとすれば、彼の思想を「蜜の流れる神学(Theologia melliflua)」と呼ぶことも必ずしも無理なことではないと思う。

今回、岩波書店の松本佳代子さんのお勧めと尽力によって文庫化が可能となった。「好きになるってどんなこと?」という小文でのお仕事以来、お世話になっている。他の著作の計画がいくつか同時に進んでいるのだが、まずはこの『天使の記号学』の文庫化が最初の仕上がりとなった。

個体化が成立する場合、根源的な差異と落差を乗り越えて、具体化し、物象化するプロセスを踏まなければならない。松本さんは、著作行為における差異と落差を乗り越えさせてくれる名人である。墜落していた思索に再び飛び立とうとする勇気を与えていただいたことに心より感謝申し上げます。

二〇一九年一月

山内志朗

解説
——とりあえず山内志朗を天使だと思っておけばよいのではないでしょうか

北野圭介

門外漢ならではの野蛮さを駆動させて、こう啖呵を切ってはじめよう。山内志朗を天使だと思っておけばよいのではないでしょうかと。

天使主義を慎重に遠ざけようとするこの本に、こんな虚仮《こけ》おどしを書きつけるのは倒錯的かもしれないし、いつもの仕草で頭に手をやりながら、天使主義者ではないと繰り返し書いているのになあとほかでもない山内自身が嘆息する姿さえ目に浮かぶ。でも、筆者は、自分は天使主義者であるのかもしれないと単行本の最後に漏らしていたことを、ちゃあんと覚えているのだ。とはいえ、そこに逡巡を読み取ろうというのではない。

天使主義に陥らないようにと論述が方向付けられていることは確かではある。けれども、『天使の記号学』の醍醐味は、周到に紡がれた言葉の迂回《うかい》(＝冗長性)をしっかりと堪能することにこそあると確信するのだ。わたしたちの思考回路(もしかすると心身)には、幾重にも襞《ひだ》が折り畳まれている。人類の知の地層が抱え込まざるをえない襞の迷路といってもいいものだ。それは実際、折にふれ、いや、なかなか頻度高くわたしたちを迷子にしてしまう。さらには迷子になることから逃れようともがき、ときにわたしたちは余計な堂々めぐりの苦しみをはぎ取ろうと純粋さをどこまでも希求しあがきもする。天を舞う天使のような純粋さだ。山内の戦略は、読む者をして、そんな天使主義へといたりかねない思考の迷路の周りを旋回させ、そこに分け入らせ、思惟の可能性と限界にかかわるダイナミズムに浸らせるだろう。そんな手並みはかなりアクロバティックで、逆説的にも、ふいに天使のような相貌を帯びてしまいさえもするだろう。だとすれば、この本を読む者の嗜《たしな》みは、そうした旋回や分け入りあるいは浸潤を、愉快に笑いながら「享受」することにこそある——実のところ、この本はたくさんのジョークが鏤《ちりば》められてさえいる。山内流のフレージングを重ねて使うなら、わたしたちは、自らのやり方でこの本を目と手でじっくりと「味わう」のが、最善の応援だと思うのだ。

どのように味わえばいいのだろう。それについて、筆者の経験をもとに、二、三の覚書きを記しておきたい。

スコラ哲学から現代哲学へ

筆者は、哲学の専門家ではないが、哲学的な議論につい興奮してしまう凡庸なディレッタントではある。それは、学部生の頃にウィトゲンシュタインを齧《かじ》り、それについて卒論を書こうという無謀な企みに挑んでしまったことに起因する。奥雅博という、知る人ぞ知る、哲学的興奮を侮蔑するのが大好きな哲学研究者の指導のもとでだったのだが、ご多分にもれず、抑制すれば抑制するほど、哲学的興奮に陥るからだになってしまった。とまれ、そのような若気の至りのなかで出くわしてしまったのが、世にいうところの普遍論争である。オッカムやら唯名論やらの中世哲学の用語が飛び交い、こんなものがどうして現代分析哲学にせり出してくるのかと右往左往する日々となった。そんな頃、往時、ポストモダン思想で沸いていた雑誌『現代思想』の特集「フーコーの18世紀」に、右手に煙草をくゆらせ、触れれば刺されそうに才気走った山内志朗の顔写真が掲載された。そう、わたしと山内志朗の最初の遭遇は、まことに天使らしく、イメージを通してだったのだ。そのうえ、彼の筆致は、ゴリゴリの分析哲学的ではもちろんなく、にぎやかなポストモダン思想風でもなく、中世哲学という彼方の森から「唯名論」やら「オッカム」を縦横無尽に論じあげるという具合で、異様ともいえる強度でわたしを打ちのめしてしまった。

私的な履歴を漏らしてまで見定めようとしているのは、山内哲学は当初より、中世哲学についての思考実践であると同時に、現代思想も分析哲学も広くのみこむダイナミックなエンジンを備え付けていたという点である。

それは本作『天使の記号学』でも、変わるところはない。冒頭から痛みをめぐる問題が触れられているが、それは後期ウィトゲンシュタインの主要なトピックのひとつでもあって分析哲学の学徒には垂涎のものであるし、中盤で議論にあがる色の問題にせよ顔の問題にせよ同様である。そして、それらの問題は、山内の手にかかると、表層での現れ方を一変させていくのだ（と素人は思う）。分析哲学系の問いだけではない。ポストモダン思想と呼ばれた知のムーヴメントの主役たちも同じだ。フーコーのエピステーメー論が、ラカンの欲望論が、そして何よりもドゥルーズの生成論が、新しい相貌をもって視界に浮上するだろう。ただし、大ぶりな構想力の競い合いというレヴェルではなく、むしろ、哲学研究の王道ともいえる、人類の知が格闘してきた、哲学的としかいいようがない問題群の連なりのなかで、フランスの知の巨人たちの言葉が新しい輝きを身に纏って現れるのである。山内の論究の手さばきは、哲学的興奮を覚えやすい者には、たまらなく誘惑的であるだろう。しかも、そればかりでない。

だが、現代哲学との共振は、いましがた述べたような水準をはるかに越える。二十一世紀の現代哲学にかかわる論考へと及ぶのだ。

踏み込んでいえば、世紀もあけて二十年近く経とうとするいま、思弁的実在論や新しい唯物論といった「ポスト現代思想」とも呼称される実在性をメタ存在論的に問う諸思潮が世間を賑わしている。確かな手応えを感じつつ、こう断言しよう。本作も含め山内哲学は、そうした動向に激しく響き合うものであると。第4章の身体論を軸にした現象学の更新をみよ。第5章の偶有性をめぐる存在論をみよ。第6章の生成論をみよ。しかも、それらは全体として「リアリティ(実在性)」をめぐる哲学的思考の仕切り直しの試みのなかで論じられているのだ。本作の初版刊行が二〇〇一年であることは、驚くべき事実であるといっていい。

急いで付け加えておこう。本作のあとに書かれた『「誤読」の哲学』(青土社、二〇一三年)では、ドゥルーズ／中世哲学／フーコーの三つ組みが大鉈をもって接続され論じられているが、そこで要諦となっているテーマは、記号(感覚の次元)と概念(思惟の次元)と対象(世界の次元)がねじれながら絡み合い、生成変化するメタ存在論的足場の変容である。先ほど言及した今日の諸思潮のなかには、言語の存在論的身分を称揚したポスト構造主義の喧噪に疲れて、言語を越えた世界をことさらに、しかも素朴に対立させる着想のものが多い。なかには、終末論がごとくの大げさな話を騒ぎたてるコスモロジー構想の譚のようなものさえある。それらの論立てが、いかに哲学的にはミスリードであるかを山内の仕事は知らしめてくれるのだ。キケロ学者の碩学高田康成が「山内志朗から目が離せない」(『UP』一八巻六号)と記していたが、まったくもって首肯《うなず》くところである。ど真ん中を歩み、深く深く掘り下げていく山内哲学は、昨今あまり聞くことがない「第一哲学」という言葉にまことにふさわしい。

情報やメディアをめぐる哲学の問いへ

中世スコラ哲学を通した分析哲学の照らし返しという点でいえば、別の著作になるのだが、山内がふいにエリザベス・アンスコムの名を出す箇所がある(『感じるスコラ哲学』慶應義塾大学出版会、二〇一六年)。「意図」を論じる箇所だ――どこかしら、本作の第3章に通じるものでもある。筆者が学部生の頃、アンスコムが古典古代学で学位をとっていたことは、ヨーロッパ的な教養の深さという脈絡で解さざるをえなかったのだが、山内の著作を読み、理解は一新された。英国の哲学研究室では問題の組み立てそのものが綿々とつながっていたのだ。それだけでない。「意図(intention)」の問題は、分析哲学系の「志向性(intentionality)」の問いへとつながり、さらには、二十一世紀の今日、人工知能やロボティックスをめぐる設計理論上の課題にも直結している、分析哲学者ダニエル・デネットが提起した「志向姿勢」をめぐる論議へも展開していくものだろう。安易に用語を関連させていくのは性急にすぎるし、概念の系譜に自堕落に溺れることは慎まなければならない。実際、フッサールやブレンターノなどのビッグネームを担ぎだして、偉い大家もこういっているといわんばかりに、およそ哲学的(知を愛する)とはいいがたい、人間性を粗雑に擁護しようとする与太話も散見されるのが今日の知的状況だ。大事なのは、人工知能に関する具体的なリサーチプログラムに沿って、人工知能マシンにはいったい何ができて何ができないのかについて論点整理や概念整理をすることであるはずだろう。私見では、山内による「意図」をめぐる概念系譜の精緻な洗い出しは、十分な確度をもって羅針盤のひとつになりうるものだろう。

こういうことだ。山内哲学は、情報社会あるいはメディア社会をめぐる哲学的アプローチへのヒントも数多く潜在させている。むろん、『天使の記号学』は、初版にあっても今次の新版にあっても、ストレートな仕方で、人工知能やロボティックスなどの最先端のトピックを扱っているわけではない。だが、山内が、いま彼が生きている時と場所から、未来へ向けて言葉を書き出そうとしていることは間違いなく、そのなかで、情報やメディアにかかわる諸問題が特権的に注視されていることは疑いようがない。それは本作でも明らかで、とくに、「コミュニケーション」という言葉が頻出する第3章に顕著だろう。さらにいえば、「媒介」がタイトルにも入っている第5章では骨がらみでさえある。筆者自身、情報とは何かを問い直す仕事で山内哲学を活用させていただいたことがある(今回この新版を読み直して、己の青臭さにまたまた打ちのめされることにもなったのだが)。

日本における哲学的問いへ

情報そしてメディアをめぐる問いは、「現代のグノーシス主義」と括られる、現代世界を生きる人間の諸困難にも向かう。すなわち、山内哲学は、いまここにある生への真撃なコミットメントも隠さない。本作でも第2章などで、社会学や心理学の論議に言及しつつ、山内がさらに展開していくのは、それら諸学であれば提出できるかもしれないいまひとつの処方箋ではない。そうではなく、そうした諸学を支えている厚みのある思惟の地層をより広い視界のなかで文脈化することなのだ。折々の処方箋の効果に疑念が挟まれ諸学が己の概念の仕切り直しを目論むときに、道を見誤らないように。迷子にならないように。

とはいえ、いまここにある生へと向かう山内のまなざしは、抽象的な絵空事の水準にとどまるものではない。日本という具体的な地に深く根を下ろしたものであるからだ。西洋からの安易な輸入物の議論ではけっしてない、実存的な震えを引き起こさないではいられない凄みを帯びているのは、そのためである。第4章の身体論はその必然的な帰結であるかもしれない。また、終章での〈私〉をめぐる省察につながるものだろう。ここでは、さわりだけ触れておきたい。

『天使の記号学』の序章で、丸山眞男が言及されていることは気の利いた方便などではない。極端な文学的思考と極端な身体的コミットメントの間で揺れ動く日本では知的実践が難しいことを指摘した丸山の言は、単なる脚注の域を越えるものだろう。日本哲学に関してカール・レーヴィットが述べた二階建て構造を想起させもするが、むしろ、別の著作で山内が漱石の『門』を引いていることと響き合う。門の内側(宗教的コミットメントの内側)に入るのでもなく、門を立ち去り実務的な現実に塗《まみ》れてしまうことをよしとするのでもなく、門に佇みつづけるのだという山内の言葉が想起される。宗教と俗世の境界に佇むという覚悟のみならず、西洋と日本の合間に佇むという覚悟へと山内は読み返しているだろう。素朴にいえば、日本における思考の可能性というい方にもなるかもしれないが、ありがちな、ナイーブに日本の内に籠もりながらそれを夢見るという振る舞いではない。西洋の知への深い参入を日本人の心身において引き受けることの、世界史的な意義といえばいいのだろうか。坂部恵の哲学にせよ、湯殿山の時空間にせよ、山内は、日本精神の問題圏と、それを越え出でて人類史の問いの間で揺れ動きながら、きわめて強い磁力をもつ言葉を織り上げている。

かつて、活字と写真を通してしか知らなかった、なかば畏怖の対象であった山内と新潟で知己を得て、談論に興じたり宴席をともにしたりする幸運に恵まれるようになった。近年は、互いに忙しく年始のあいさつをとりかわすだけになっているが。ドゥンス・スコトゥスはもとより、レヴィ＝ストロースやドゥルーズ、即身仏やアニメーション、ホイジンガや井筒俊彦などの名を挟みながらの、ユーモアに富む語らいは愉快のかぎりだ。そんな折、こんなふうに酒杯を交わし合うときに神は降りてくるのですよね〜などとぽつりと山内は漏らしたりする。筆者は、いやいや、あなたが降ろして来ているのではないですかあと口には出さず返すことにしている。重ねていえば、温かい言葉づかいで繰り広げられる倫理学(人生論風?)の一連の入門書は、どれかは必ず寝室においておくことにしている。身の回りがざわついたりする夜に、和ませてくれもするのである。そのなかの一冊のタイトルには「小さな」という形容詞が用いられているが、見誤ってはならない、絶妙の語り口で、密度の高い議論ができるのが山内なのだ。そうした仕事と大著『存在の一義性を求めて』のような仕事の間で、本書は、両者を媒介するような見事な傑作だと最後に付言しておきたい。

山内さんを天使だととりあえず思い、心身を宥《なだ》める癖はなかなか抜けそうにない。

(映像理論、メディア理論)

本書は二〇〇一年二月、岩波書店より刊行された。文庫版刊行にあたり、加筆・修正のうえ新たに索引を付した。

索　引

あ 行

アヴィセンナ(イブン・シーナー)　38, 181, 218-220, 237, 254, 264, 266, 271-273, 276, 279, 280, 283, 284, 286, 287, 296-298
アウエルバッハ　105
アヴェロエス　252, 284
アウグスティヌス　60, 76, 80, 219, 284
アエギディウス・ロマヌス　289
アグリッパ(ネッテスハイムの)　90
アナロギア説　202, 204-206, 218, 221, 222
アブダクション　130, 132, 133
アベラール　250
アリストテレス　31, 133, 203-205, 207, 208, 247, 255, 261, 274, 275, 283-285, 291
アル・キンディー　267
アンブロシウス　70
一義性　182, 185, 191, 192, 199, 202-205, 209-215, 217-222, 224-230, 233, 236-238, 287, 296, 297, 300-302, 307, 308, 325, 327
〈一者〉　256-258, 260, 261, 264, 282
イブン・シーナー　→アヴィセンナ
〈馬性の格率〉　181, 218, 219, 272, 286, 297
エーコ，ウンベルト　116
エロス　47, 83, 150
オウィディウス　74
オリゲネス　80

か 行

悔悛　71
可逆性　152, 153
〈かたち〉　36, 138, 162-164, 173-177, 179, 180, 282, 321, 324
〈形〉　138, 154, 159, 162, 163, 165, 171-177, 179, 239, 282, 321, 324
カント　110, 175-178, 203, 237, 318
帰属類比　205, 207, 208
偽ディオニュシウス・アレオパギタ　224, 284, 308
キュプリアヌス　80
境界性　→リミナリティ
享受　54, 61, 74, 76-79, 83, 126, 307
共約不可能性　28, 29, 102, 140, 190-197, 199, 200, 212-215, 217, 229, 237, 238
グノーシス主義　7, 15, 44-50, 142, 143, 182, 183, 260, 261
クレー，パウル　125
形而上学的濃度　226, 297
形相性　291, 292, 309, 310
肯定神学　223
個体化　23, 30, 59, 72, 141, 159,

160, 184, 215, 222, 226, 231, 239, 266, 267, 270, 275, 282, 286-290, 292-300, 302, 304, 305, 307, 309, 311, 312, 316, 324
個体的強度　290
個体的差異　290, 303, 305, 306
個体的事象性　290
個体的存在規定　290
個体本質　231, 312, 313
ゴドフロア(フォンテーヌの)　289
〈このもの性〉　217, 222, 226, 231, 233, 263, 287, 288, 290, 292, 296-300, 302, 303, 305-307, 309, 311, 312, 314-316, 325
コミュニカビリティ　86, 93, 99-103, 112-114, 117-120, 123, 125, 126, 128, 130, 137, 138, 140, 160, 192, 193, 195, 214, 237, 238, 321, 323
己有化　59, 60, 68, 75, 159, 172, 246, 316
コンガール，イヴ　106, 108
根源的な差異　184, 214-217, 309, 311, 312, 327

さ 行

再備給　71, 83-85
サルトル，ジャン＝ポール　269
三位一体　106, 107, 111, 114, 191, 197, 215, 231, 234, 286
実体変化　35
至福者の神学　225, 230, 231
至福直観　182, 230, 231
シメオン(新神学者)　108
受肉　35, 37, 39, 106, 127, 141, 153, 154, 234
純粋言語　124, 127, 128
「使用」　76-78, 126
小罪　63, 65, 71
ジラール，ルネ　57, 62
身体イメージ　154-162, 165, 166, 175, 178, 179, 245, 322
身体図式　86, 154, 155, 160-163, 166, 175, 178, 179, 245, 322
スアレス　203, 291
スコトゥス，ドゥンス　168, 197, 202, 204, 205, 209, 210, 214, 217, 218, 221-227, 230, 231, 233-236, 263, 269, 271, 281, 287, 288, 290-292, 294-297, 299-301, 303-316, 320, 325
図式　175-179
絶対的に考察された本質　→〈本質自体〉
相互浸透　→相互内在
相互内在(相互浸透)　109-112, 183

た 行

大罪(七つの大罪)　63-65, 68-71, 73, 84
タナトス　47, 83
田淵安一　162, 173, 174
ダブルバインド育児法　96, 97
ダマスケヌス，ヨハネス　224, 309
端的に単純なもの　215, 216, 313
秩序付け　66, 67, 72, 73, 75, 84, 207, 208, 231

中動相　127, 169, 170, 172
中立無記性　212, 213, 218-221, 223, 254, 272, 280, 281
超越概念　211, 216, 226, 234, 235
超越的内在　112, 183, 217, 238, 239
テルトゥリアヌス　80
転向　71, 72
天使主義　15, 24, 26, 28, 30, 40, 44, 45, 50, 61, 91-93, 101, 124-126, 140, 181-183, 188, 189, 193, 199, 318
《同一性》　255, 262-266, 268, 274, 279
動物そのもの　307
ドゥルーズ, ジル　167, 185, 199, 209, 307
トマス・アクィナス　16-18, 20, 22, 24, 60, 64-66, 72, 88, 144, 145, 167-169, 201, 205-207, 221, 222, 271, 272, 285, 290, 293, 301

な 行

内在的様態　226, 295, 297, 300
七つの大罪　→大罪
何性　270, 311
西田幾多郎　110, 266

は 行

バース, ベルナール　178, 179
パース, C.S.　133
パスカル　182
ハビトゥス　73, 80, 159, 161-164, 166-172, 184, 188, 230, 232, 233, 244, 316, 322, 326, 327
バフチン　6, 144
パラマス, グレゴリオス　145
反転可能性　21, 103, 110, 138, 152-154, 316
比例類比　205, 207, 208
フウィーヤ　263, 264, 267, 268, 274, 280, 281
フーコー, ミシェル　121
普遍論争　185, 246, 250, 279, 285
フランシスコ(アッシジの)　197, 287
ブルデュー, ピエール　167
プロティノス　238, 255, 256, 258, 260, 261, 263, 269, 274, 279
ベイトソン, グレゴリー　95
ペリコーレーシス　109
ヘルダー　110
ベルナール(クレルヴォーの)　182
ベンヤミン　118, 120-128, 327
ヘンリクス(ガンの)　218-224, 269, 289, 293
ホイジンガ　6, 144
〈本質自体〉(絶対的に考察された本質)　265, 271-274, 277, 278, 281-283, 299, 323

ま・や・ら行

マクルーハン　114, 118
丸山眞男　3, 4
無限なる実体の海　224, 313
メタ・コミュニケーション　94-98, 100, 102, 135, 137
メルロ＝ポンティ　110, 216, 245, 310

融合的内含　281, 297, 299, 301-304, 309, 316
ヨアキム(フィオーレの)　115, 116
欲望の三角形　58, 62
ライプニッツ　92, 196, 291, 308, 324
リカルドゥス(サン＝ヴィクトルの)　197
離接様態　235
リミナリティ(境界性)　150, 151
ルター　114, 115
霊的教会　115
ロスケリヌス　249
ロック，ジョン　117

新版 天使の記号学――小さな中世哲学入門

2019年3月15日 第1刷発行

著 者 山内志朗《やまうちしろう》

発行者 岡本 厚

発行所 株式会社 岩波書店
〒101-8002 東京都千代田区一ツ橋2-5-5

案内 03-5210-4000 営業部 03-5210-4111
現代文庫編集部 03-5210-4136
http://www.iwanami.co.jp/

印刷・精興社 製本・中永製本

ISBN 978-4-00-600401-9 Printed in Japan

岩波現代文庫の発足に際して

新しい世紀が目前に迫っている。しかし二〇世紀は、戦争、貧困、差別と抑圧、民族間の憎悪等に対して本質的な解決策を見いだすことができなかったばかりか、文明の名による自然破壊は人類の存続を脅かすまでに拡大した。一方、第二次大戦後より半世紀余の間、ひたすら追い求めてきた物質的豊かさが必ずしも真の幸福に直結せず、むしろ社会のありかたを歪め、人間精神の荒廃をもたらすという逆説を、われわれは人類史上はじめて痛切に体験した。

それゆえ先人たちが第二次世界大戦後の諸問題といかに取り組み、思考し、解決を模索したかの軌跡を読みとくことは、今日の緊急の課題であるにとどまらず、将来にわたって必須の知的営為となるはずである。幸いわれわれの前には、この時代の様ざまな葛藤から生まれた、人文、社会、自然諸科学をはじめ、文学作品、ヒューマン・ドキュメントにいたる広範な分野のすぐれた成果の蓄積が存在する。

岩波現代文庫は、これらの学問的、文芸的な達成を、日本人の思索に切実な影響を与えた諸外国の著作とともに、厳選して収録し、次代に手渡していこうという目的をもって発刊される。いまや、次々に生起する大小の悲喜劇に対してわれわれは傍観者であることは許されない。一人ひとりが生活と思想を再構築すべき時である。

岩波現代文庫は、戦後日本人の知的自叙伝ともいうべき書物群であり、現状に甘んずることなく困難な事態に正対して、持続的に思考し、未来を拓こうとする同時代人の糧となるであろう。

（二〇〇〇年一月）